国家自然科学基金项目"数字金融发展对居民消费的影响：作用机理与结构差异研究"（项目批准号：72003011）

光明社科文库
GUANGMING DAILY PRESS:
A SOCIAL SCIENCE SERIES

·经济与管理书系·

数字金融发展的经济效应研究

何宗樾 ｜ 著

光明日报出版社

图书在版编目（CIP）数据

数字金融发展的经济效应研究 / 何宗樾著 . —— 北京：
光明日报出版社 , 2024.2

ISBN 978-7-5194-7822-3

Ⅰ .①数… Ⅱ .①何… Ⅲ .①数字技术—应用—金融
业—研究—中国 Ⅳ .① F832-39

中国国家版本馆 CIP 数据核字（2024）第 050674 号

数字金融发展的经济效应研究
SHUZI JINRONG FAZHAN DE JINGJI XIAOYING YANJIU

著　　者:	何宗樾		
责任编辑:	陈永娟	责任校对:	许　怡　温美静
封面设计:	中联华文	责任印制:	曹　净

出版发行：光明日报出版社

地　　址：北京市西城区永安路 106 号，100050

电　　话：010-63169890（咨询），010-63131930（邮购）

传　　真：010-63131930

网　　址：http://book.gmw.cn

E － mail：gmrbcbs@gmw.cn

法律顾问：北京市兰台律师事务所龚柳方律师

印　　刷：三河市华东印刷有限公司

装　　订：三河市华东印刷有限公司

本书如有破损、缺页、装订错误，请与本社联系调换，电话：010-63131930

开　　本： 170mm×240mm

字　　数： 321 千字　　　　印　　张： 21

版　　次： 2024 年 2 月第 1 版　　印　　次： 2024 年 2 月第 1 次印刷

书　　号： ISBN 978-7-5194-7822-3

定　　价： 99.00 元

前　言

国务院发布的《"十四五"数字经济发展规划》中指出，"数字经济是继农业经济、工业经济之后的主要经济形态，是以数据资源为关键要素，以现代信息网络为主要载体，以信息通信技术融合应用、全要素数字化转型为重要推动力，促进公平与效率更加统一的新经济形态"。

数字金融是与数字经济相匹配的金融形态，数字金融的产生与发展是金融领域的一场重大变革。

近十年，得益于数字金融技术的进步，普惠金融逐渐普及开来，由此只要通过智能手机等移动设备，人们就能获得大部分金融服务，包括支付和理财等。事实上，中国数字金融正在深刻改变着人们的生产和生活方式，不断提升经济活动效率，对社会经济的方方面面产生深远的影响，成为中国经济发展的新支撑。

本书围绕数字金融的经济效应展开深入研究，对科学认识中国数字普惠金融发展的格局，理解数字金融影响微观主体及其经济行为的内在机理，对促进数字金融领域的研究和实践发展具有一定的参考价值。

本书内容分为三大部分。本书的第一部分对数字金融的发展情况进行科学、系统的介绍。本书的第二部分聚焦数字金融对家庭收入、消费、就业／创业、金融资产配置，以及家庭风险应对的影响。本书的第三部分对中国数字金融发展相关政策进行梳理，并对未来研究进行展望。

本书是国家自然科学基金项目"数字金融发展对居民消费的影响：作用机理与结构差异研究"（项目批准号：72003011）的成果之一。

本书汇集了多位专家、学者的真知灼见，搁笔之际，特别感谢我的研究合作者宋旭光教授、万广华教授、张勋教授对本书所做出的重要贡献，他们的专业知识和智慧使本书的内容更加丰富和深入。

在本书研究过程中，以下团队成员参与了部分章节的统计数据分析、初稿撰写工作：陈一鸣（第三章）、张延红（第四章）、梁依然（第七章）、李亦涵（第八章）、杨荣标（第十一章）、刘鑫（第十三章）。同时，团队成员赵怡然、胡晓芸、冯辙承担了资料整理、文稿校对工作。此处难免挂一漏万，谨向所有参与本课题研究、讨论的师友和同学表达我最衷心的感谢。

此外，感谢所在单位的支持与帮助，北京工业大学不仅专家云集，而且学风严谨，为本书的创作提供了良好的研究环境。

最后，感谢光明日报出版社的大力支持，并对所有为本书出版提供帮助的人表示感谢。

何宗樾

2023年7月1日

目　录
CONTENTS

第二篇　数字金融发展的经济效应

第三篇 政策梳理与研究展望

第一篇

01

| 数字金融在中国的发展 |

第一章

从互联网金融到数字金融

一、数字金融的概念

数字金融是应新一轮科技革命和产业变革而产生的，其随着新一轮科技革命和产业变革的深入发展而不断壮大。

在数字金融的概念界定方面，理论界普遍将数字金融与互联网金融以及金融科技视为内核基本一致的新型金融业态，但在范畴的偏倚程度方面略有差异。"互联网金融"，在中国人民银行等十部委发布的《关于促进互联网金融健康发展的指导意见》（银发〔2015〕221号）中被正式定义为传统金融机构与互联网企业利用互联网技术和信息通信技术实现资金融通、支付、投资和信息中介服务的新型金融业务模式。对于"金融科技"，金融稳定理事会（Financial Stability Board，以下简称FSB）于2016年将其定义为"技术驱动金融形成新的业务模式、技术应用、流程或产品"。该定义目前已成为全球共识。中国人民银行印发的《金融科技（FinTech）发展规划（2019—2021年）》延续了FSB对金融科技的界定，指出金融科技是技术驱动的金融创新，旨在运用现代科技成果改造或创新金融产品、经营模式、业务流程等，推动金融发展提质增效。

现阶段，数字金融尚无统一规范的定义，但是，随着金融与科技融合的不断深化，数字金融的内涵也在不断拓展。利用数字技术和互联网等信息通信技术创新金融服务形态属于广义数字金融范畴，它不仅包括了基于数字技术开展的金融业务，还包括了数字技术在金融领域的创新应用。

国内外机构及学者从不同视角对数字金融的内涵进行了界定和阐释。黄益平和黄卓（2018）将数字金融定义为传统金融机构与互联网企业运用数字技术实现投融资、支付、借贷等新型的金融业务模式，既强调了其科技属性，又强调了其金融属性。中国人民银行联合世界银行集团发布的《全球视野下的中国普惠金融：实践、经验与挑战》（2019）报告中提出，数字金融泛指传统金融机构和新提供商在金融服务的交付中运用数字技术的业务模式。滕磊和马德功（2020）认为数字金融是金融服务与包括互联网（移动互联与物联网）、大数据、分布式技术（云计算和区块链）、人工智能、信息安全（生物识别与加密）等数字技术结合的产物，其与互联网金融、金融科技等是一系列金融创新的谱系概念，提供普惠且精准的金融服务是其核心属性。

相较于互联网金融和科技金融，数字金融的概念更加中性，覆盖面更广，更强调数字科技运用于金融领域（黄益平，2023）。

本书将数字金融定义为传统金融机构与科技公司利用大数据、云计算、人工智能及区块链等数字技术，构建数字化金融生态系统，以便提供高效、便捷、智能、个性化的金融服务。

二、数字金融的特征

数字金融最大的优势是具有普惠性和包容性。

2016年，国务院印发的《推进普惠金融发展规划（2016—2020年）》明确界定，普惠金融是指立足机会平等要求和商业可持续原则，以可负担的成本为有金融服务需求的社会各阶层和群体提供适当、有效的金融服务。

小微企业、农民、城镇低收入人群、贫困人群和残疾人、老年人等特殊群体是普惠金融重点服务的对象，是明显的"长尾"群体，具有分布广、规模小、风控难等特点，这也是普惠金融服务早期发展规模有限的原因。

那么，数字金融发展是如何推动普惠金融的呢？

一是突破地域限制。依托于互联网技术和信息通信技术，数字金融的发展突破了传统金融的服务边界，提高了金融服务的触达能力和覆盖面。

二是全方位提升和改善金融行业的效率和风控。依托于大数据、人工智能、区块链、云计算等数字技术，数字金融极大地降低了金融服务的门槛、交易成本和信用风险，有效拓展了普惠金融的服务广度和深度。

数字技术对金融的赋能，使得传统金融体系无法触及的弱势群体有更多的机会获得便捷安全的金融服务。

三、数字金融的发展历程

中国数字金融生态系统的发展过程可划分为三个阶段。

第一阶段是金融向电子化和信息化方向发展。标志性产物为 ATM 机、信用卡以及网上银行。金融领域由模拟技术向数字技术转变，改变了传统金融的存储、支付、咨询以及理财等金融服务模式，极大地提高了金融服务效率。降低交易成本、提高交易效率是数字金融发展第一阶段的重要特点。

第二阶段是中国的互联网金融时代。标志性产物是以蚂蚁金服、腾讯金融、宜信等为代表的金融科技企业。这一阶段互联网技术与金融服务融合，发展互联网移动支付、网络借贷、消费金融、互联网财富管理、互联网保险、网络众筹等金融服务，打破了金融服务的空间和时间限制，极大地提高了金融服务的普惠性、便利性、可得性。

第三阶段是传统金融机构数字化转型阶段。人工智能、区块链、大数据、云计算等数字技术在金融领域的深化应用和发展智能支付、智慧网点、智能投顾、数字化融资等新模式，使得金融服务更加平台化、移动化、智能化、场景化以及综合化。

从技术维度来看，人工智能、区块链、大数据、云计算是数字金融的四大关键技术。其中，人工智能是数字金融的核心要素，是重要的风险控制和决策支撑工具；区块链以其安全可靠不可篡改的特性，解决金融交易信任问题，推动新模型的产生；云计算扫除在人工智能落地金融场景过程中的算力障碍；大数据为人工智能不断学习、快速成长提供源源不断的动力。

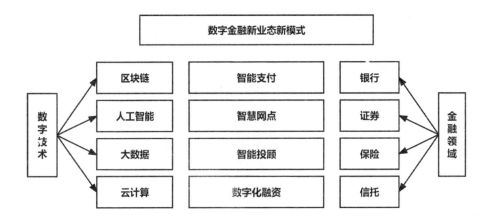

图1-1 基于数字技术的金融数字化转型

第二章

数字技术与数字金融 ①

数字金融是数字经济的重要组成部分，区块链技术等数字技术，是数字金融的核心驱动力（黄益平和黄卓，2018）。区块链技术在数字货币、支付交易等方面正以前所未有的方式改变着传统金融体系。

本章从金融中介服务去中心化、资产数字化以及数据资产化等几个角度来探讨区块链技术的重大突破对金融数字化转型的影响。

一、引言

比特币是最为典型的数字货币，其底层技术正是区块链技术。区块链技术诞生于2008年，以2008年11月Nakamoto发表的白皮书《比特币：一种点对点的电子现金系统》为标志，区块链技术以其独特的分布式记账和去中心化技术颠覆了人们对传统行业的认知，迅速在全世界产生了巨大的影响。

2019年10月，习近平总书记在主持中共中央政治局第十八次集体学习时指出"要把区块链作为核心技术自主创新的重要突破口，明确主攻方向，加大投入力度，着力攻克一批关键核心技术，加快推动区块链技术和产业创新发展"。② 习近平总书记的重要讲话对各地方各部门全面和深刻认识区块链

---

① 本章内容主要来自宋旭光，花昀，何宗樾.区块链技术对国民经济核算发展的影响［J］.统计研究，2021，38（02）.

② 习近平在中央政治局第十八次集体学习时强调 把区块链作为核心技术自主创新重要突破口加快推动区块链技术和产业创新发展［EB/OL］.新华网，2019–10–25.

技术的发展现状和趋势、提高运用和管理区块链技术的能力起到巨大的指导作用。

具体到金融领域，区块链技术对数字金融发展将产生什么样的影响呢？

二、区块链的本质：记账技术的重大创新

区块链技术对数字金融发展的影响正是从改变记账方式开始的。区块链技术首先是对核算体系的巨大革新，而这一场革新会孕育出新的金融范式与新型金融基础设施。

（一）记账方式的改变

历史上，记账方式经历了一个逐渐发展的过程。从"结绳记事"的统计萌芽到单式记账法的原始会计，再到目前广泛运用的复式记账法，人们的记账方式随着经济发展在不断进步。

单式记账法是一种初级的记账方法，因为只能按照时序反映单方面的经济业务，也被称为流水账。单式记账法的出现是一个重要的进步，它使得记账行为从生产行为中分离出来，记账技术的中心化也由此开始。单式记账实现了账本的中心化，但没有解决记账的可信问题，也就是说记账人所记的账是否准确很难在账面上得到检验。为了解决这一问题，随着12世纪至13世纪意大利银行业和商业的发展，复式记账技术开始出现。

复式记账技术的理论依据是资产等于负债与所有者权益之和。按照这一等式，任何一项经济业务都会引起至少两个项目发生金额相等的增减变动。因此，每当一笔经济业务发生时，都可以在两个相关账户中以相等的金额进行双重记录。显然，与单式记账法比较起来，复式记账法可以在两个账户间相互验证，这明显增强了记账技术的可信性。但不管是单式记账还是复式记账，账本信息的准确性都要寄希望于记账者恪尽职守，一旦记账者失误或故

意造假，账本的可信性问题还是难以解决。

随着现代企业制度和大公司的出现，为了提高记账的可信性，专业从事记账的职业开始出现，中心化的现代会计体系和审计体系也应运而生。由于国家宏观管理的需要，国民经济核算体系也逐渐在复式记账的基础上发展起来。进入21世纪以后，随着信息技术的不断发展，记账的方式也逐渐电子化，会计方面的会计电算化以及统计方面的联网直报等技术的应用进一步提高了复式记账的及时性和准确性。

中心化的复式记账技术有很多优点，但中心化记账也有很多问题难以解决。比如，中心化的记账仍难以避免记账者对数据的篡改，同时中心化记账使交易行为过于依赖中心机构或交易平台，这在很大程度上提高了交易成本。

（二）区块链记账技术与复式记账技术的比较

从记账方式上看，现有的国民经济核算体系是基于复式记账技术的。由于大多数交易都涉及交易双方，而交易双方又分别记录2次，这样每一笔交易都要记录4次。以某企业向慈善机构支付100元现金捐赠（情形1）为例，这笔钱在企业账户中，要作为使用列在经常转移项下，同时作为资产的负获得列在通货和存款项下；在慈善机构账户中，要作为来源列在转移项下，同时作为资产的获得列在通货和存款项下。这就是国民经济核算体系的四式记账原则。四式记账在提高国民经济核算体系的数据质量的同时，也增加了核算的复杂性。

在某些特定的情况下，国民经济核算体系还需要对交易流程进行虚拟处理，这使得复式记账的工作量加倍。以某制药企业向慈善团体捐赠价值100元药品（情形2）为例，我们按现有的核算规则，需要先将交易过程虚拟成制药企业向慈善机构捐赠现金，然后慈善机构再用这些现金向制药企业购买药品。由于涉及了两笔交易，按照四式记账原则，这一过程需要在双方不同账户上共记录8次。

当交易涉及多个环节时，复式记账方法就变得更加复杂。我们如果以制药企业 A 向制药企业 B 购买100元药品捐给慈善机构（情形3）为例，按照同样的原理，需要先由虚拟企业 A 向慈善机构捐赠现金，然后再由慈善机构向企业B购买药品。该情形由于涉及多个交易者，记录就更加复杂。

上述过程如表2-1所示。

表2-1　四式记账方法示例

使用（资产变化）		情形1	来源（负债和净值变化）	
慈善机构	企业	交易和平衡项	企业	慈善机构
	100	经常转移（收入再分配账户）		100
100	−100	通货和存款（金融账户）		

使用（资产变化）		情形2	来源（负债和净值变化）	
慈善机构	企业	交易和平衡项	企业	慈善机构
	100	经常转移（收入再分配账户）		100
100	−100	通货和存款（金融账户）		
		产出（生产账户）	100	
100		最终消费支出（收入使用账户）		
−100	100	通货和存款（金融账户）		

使用（资产变化）			情形3	来源（负债和净值变化）		
慈善机构	企业B	企业A	交易和平衡项	企业A	企业B	慈善机构
		100	经常转移（收入再分配账户）			100
100		−100	通货和存款（金融账户）			
			产出（生产账户）		100	
100			最终消费支出（收入使用账户）			
−100	100		通货和存款（金融账户）			

区块链技术带来了记账方式的颠覆式创新。简言之，区块链就是一种开

放、分布式的账本，它能以可核查与永久性的方式有效记录双方交易（Lansiti 和 Lakhani，2017）。与过去的记账方式不同，它基于数据加密技术，通过激励机制设计，借助大规模计算与存储能力实现了去中心化的记账，从根本上改变了传统记账方式。同时，区块链去中心化、开放式、不可篡改的信息记录方式使得交易者可以不再借助第三方机构完成交易，这极大地节约了交易成本，提高了交易效率，它是一次划时代的伟大创新。

区块链的基本记账单位就是区块，区块信息一经确认就不可篡改，而且区块链上的所有信息都可追溯，并向所有参与人开放。显然，在一个没有数据篡改风险、交易者高度互信的区块中，复式记账以及四式记账等方法就没有存在的必要了，人们只需在区块中如实记录各项交易行为结果即可，记账方式可见即可得，这种方式也减少了传统记账中的信息损耗（比如，"从谁到谁"的信息）。还以表2-1中的三种情形为例，四式记账法复杂的记账过程在区块链账本中可以简化为：①

情形1：企业以现金方式向慈善机构支付100元。

情形2：企业向慈善机构交付100元药品。

情形3：（1）企业A以现金方式向企业B支付100元；（2）企业B向企业A交付100元药品；（3）企业A向慈善机构交付100元药品。

（三）区块链对记账技术的重大创新

初看起来，区块链的记账方式似乎又回到了单式记账法流水账的记账方式。其实不然，不同于单式记账法，交易在记入区块前后都要进行大量复杂的技术处理，以确保所记录的交易真实不可篡改。以情形1企业以现金方式向慈善机构支付100元为例，这一交易信息会向所有用户广播，为了使人们愿意主动记录该信息，并确保这条信息是真实且不可篡改的，区块链设计了如下记账机制。②

---

① 区块链中记录的信息还包括区块链代码、时间戳等信息，区块链也可记录更加复杂的非文本信息。此处仅以易于理解的方式简述。

② 以比特币为例。

1. 为什么会有人记账

与传统会计不同，区块链记账是去中心化的，任何注册用户都可以记账，为了调动记账人的积极性，区块链设计了记账的激励机制，成功记账并被认可的记账者可获得奖励，同时还会获得所记录交易的一定数量的手续费收入。

2. 如何确认信息的发送者

区块链为每一位注册用户提供了非对称加密的签名系统。发送者掌握唯一的私钥，并在此基础上计算可公开的公钥和地址，其中私钥用于将交易信息的摘要（哈希值）加密成密码，而公钥可用于将密码解密成摘要。在情形1中，企业在支付给慈善机构100元后，会将此交易信息以及相应的密码和公钥同时发送出去。接收者要利用公钥将密码转换成摘要，并与自己计算的交易摘要对比，如果一致，即可认证信息确实发自该企业。

3. 如何验证信息的真实性

区块链建立了追溯机制，比如，对情形1中企业声称已支付100元的信息，记账者要在前面的区块中查询该企业的余额，只有在该企业的余额不低于100元的情况下，该条信息才会被接受。这一机制也可用于避免双重支付的情况。比如，企业余额只有100元，广播却同时要向两个不同的人支付100元，则其中只有一条信息会被接受。

4. 以谁记的账为准

区块链设计了工作量证明机制，只有最先完成某一任务的记账者才有权将新的账本区块链接到区块链上。具体说来，记录者需要将前一区块的信息摘要值、本次记录的交易信息、时间戳、个人信息以及一个随机数经过两次哈希运算后形成一个哈希值字符串，只有该字符串符合已经规定好的数字特征，本次记账才能被接受。为了达到要求，记录者需要不断调整区块中的随机数，直到符合条件为止。这一过程没有捷径，只有进行大量的计算，不断尝试。这就是所谓的"挖矿"过程。

5. 如何避免账本被篡改

区块链设计了最长链原则。记账者的账本区块被接受后，会依次首尾相接形成区块链，如果形成分支，则以最长的那条链为准。显然，如果想篡改链上某区块中的某条信息，只能从这个区块开始重新计算新的区块并形成一条分链，而只有当这条分链比原区块链主干更长时，篡改的信息才有可能被接受，这在激烈的"挖矿"竞争中几乎没有可能实现。

综上，区块链的记账技术创新从根本上保证了其开放性、匿名性、可追溯性、去中心化和防篡改性等特征，而上述特征使交易信息无须通过任何中心化的核算平台就可确保信息的可信性，这使复式记账等传统的记账技术失去了优势。也就是说，由于不需要通过中心化的账本建立信任机制，区块链技术将信息可信化的过程和信息的记录过程一体化，使记账方法回到最初的交易行为汇总状态。

显然，在区块链记账技术面前，没有哪个用户处于中心地位或支配地位，这保证了所有参与人都能以最低的成本根据自身需求有效分享账本信息。显然，区块链技术是记账技术上的一次巨大进步，分布式记账将对建立在复式记账技术基础上的会计、审计技术产生根本性的影响（高廷帆和陈甬军，2019；樊斌和李银，2018），金融领域也将面临全新的发展机遇和挑战。

从机遇来看，区块链记账技术在重构金融生态、重塑信任机制方面为我们提供了全新的思路；从挑战来看，区块链账本信息标准化程度较低，结构复杂，这些信息也许并不都能被金融系统所使用，或者至少不能直接被其所使用。面对区块链技术带来的机遇和挑战，数字金融发展要重点关注在新经济环境中出现的新问题、新矛盾。

三、区块链技术的重要应用

现阶段，区块链技术已经对数字金融发展产生了现实影响。区块链在数字金融市场有哪些应用探索呢？从具体的应用领域看，金融中介服务去中心化、资产数字化和数据资产化等问题需要我们重点关注。

（一）金融中介服务去中心化

区块链技术最大的特点是去中心化，可以让交易者不再依赖原有的中介体系就可以实现交易。在此情况下，金融体系，尤其是提供信用中介服务的金融机构和金融工具面临着巨大的挑战。当下，区块链在传统银行、跨境支付、证券交易、保险管理等领域产生着颠覆性的金融创新活动，深刻改变着金融行业的运作方式。

显然，区块链金融创新不同于以往任何一次金融创新。过去，历次金融创新发展都会强化金融体系框架，而这一次情况不同，传统金融的底层逻辑首次成为金融创新的对象，可以肯定的是，区块链技术的不断发展将推动金融领域进一步变革与突破，进而重构金融生态系统。

（二）资产数字化

区块链技术作为一种新型的分布式账本技术，可以实现资产的数字化。相较于传统的金融资产交易方式，区块链技术可以将资产信息通过数字化的方式存储在区块链上，实现资产的数字化管理和交易。这种方式降低了资产交易成本并减少了中间环节，提高了交易效率和安全性。

（三）数据资产化

当前我国数字经济正在快速发展，对于许多新兴的数字经济企业来说，数据资产变得越来越重要，也给企业带来大量收益（许宪春等，2020）。党的十九届四中全会明确提出健全数据等生产要素由市场评价贡献、按贡献决定报酬的机制，这是一个重大的理论创新。

发挥数据的交换价值和使用价值，我们需对数据资源进行资产化并完成交易流通，使数据资源实现跨域验证和共享，使其作为生产要素参与市场化配置，最终给数据使用者或所有者带来经济利益。因此，数据要素发挥社会经济价值的关键是完成数据的资产化，而数据资产化的前提是能够实现精确的数据确权（胡达川等，2022）。

区块链技术之所以能让数据要素成为资产，最基本的原因在于其可以为数据确权。相较于传统的数据要素，区块链技术通过区块链特有的价值交换机制、多方共识机制和分布式存储机制可以对数据资产做唯一标识，确保其不被复制和篡改，并实现数据价值的转移，进而完成数据的资产化。

四、区块链技术推动下的数字金融发展思考

区块链技术对数字金融发展的影响是一个长期的过程，而数字金融创新应在现有框架下逐步完善。我们应该指出的是，区块链与金融深度融合发展，并不意味着对传统金融体系的全盘否定。相反，我们要充分重视区块链技术发展趋势，推动金融领域创新发展。

（一）关于金融产出和金融资产的处理

区块链技术在数字货币、支付汇兑、登记结算等方面正以前所未有的方式改变着金融机构的传统业务模式，中央银行、商业银行、保险机构、证券行业和其他金融公司部门的核算规则都需要进行相应的调整。

以数字货币为例，数字货币可以被认为是一种基于节点网络和数字加密算法的虚拟货币。与传统的银行转账、汇款等方式相比，数字货币交易不需要任何类似清算中心的中心化机构来处理数据，交易的成本更低，交易的安全性更高，交易的速度更快。数字货币算法解的数量有限，所以数字货币的规模固定，这可以从根本上消除由虚拟货币滥发而导致通货膨胀的可能性。

鉴于数字货币具有传统货币无法比拟的优势，目前世界上一些大型公司和部分国家央行正在研究数字货币的应用问题，数字货币技术的应用显然会对传统的央行货币发行、货币政策服务和登记结算服务产生巨大的影响。

区块链技术将进一步推动现有金融生态体系的大转型。由于银行、保险和证券等传统的金融中介服务核算可直接在区块链账本中体现（长铗等，2018），现有的基于参考利率的金融中介服务的间接测算方法将会被区块链账本中基于服务费的直接测算方法取代。同时，由于金融中介服务成本大大降低，商业银行、证券和保险业务将进一步转向提供法律或评估服务，传统的

金融部门也将得到重新界定。另外，大量实际从事金融中介服务的区块链平台将成为事实上的金融公司，这些新型区块链金融平台也需要被纳入金融公司范畴内。

在金融资产分类方面，数字货币等新型金融资产应与货币黄金或特别提款一样被视为金融资产，而它与传统通货与存款的关系则需要进一步明确。区块链技术在金融资产记录上还有一个先天的优势，即区块链的记录方法是点对点的，这使得现有的涉及第三方的复杂金融核算流程不再是必需的，有关雇员股票期权、养老金权益等金融核算方法可大大简化。

（二）关于跨境经济活动

区块链技术会为某些跨境经济活动提供便利。在国际贸易领域，区块链可以提供方便快捷的支付汇兑、金融清算、保险等服务，在国际航运、跨境通关、贸易融资等方面都有广泛和成功的应用（涂红和刘程，2018），其强大的所有权确权功能将为跨境贸易提供全新的思路。

比如，区块链技术点对点支付，省略大量中间环节，提高了交易效率。又比如，区块链网络去中心化/弱中心化的特点，更有利于实现在跨境支付过程中各个参与方相对平等地位的形成，这是更符合"命运共同体"这个理念下的一种技术解决方案。再比如，区块链可溯源、难以篡改的特点，有助于降低监管成本和欺诈风险，也有助于在反洗钱、反恐监管领域开展（巴曙松和乔若羽，2021）。

当然，区块链技术也给跨境经济活动带来了比较大的挑战。由于区块链支持匿名化的支付，交易双方可以在完全陌生的情况下完成交易，这虽然能够保护交易者的隐私，但同时也给逃避对外经济监管提供了可能，使相应的国际收支核算的难度进一步加大。

比如，区块链交易者甚至可以不通过任何中心化的机构（包括政府部门）就可以完成很多跨境交易。又比如，交易者可以以匿名身份在区块链平台上通过版权或专利认证获得财产权，随后通过智能合约等方式自动获取收入，再通过区块链交易平台在全球任何一个地点支付任何费用。因此，传统的基于经济利益中心的常住性原则很难识别区块链条件下的匿名交易者。这就好像比特币的创始人中本聪一样，尽管其区块链技术创新成就举世瞩目，但迄今没有人知道中本聪到底是谁以及身处何方。

五、小结

区块链对记账技术的重大创新主要体现在，它以分布式账本改变了以复式记账技术为代表的中心化账本。区块链技术在记账的同时通过加密算法等手段确保账本的开放性、匿名性、可追溯性、去中心化和防篡改性，这重新构建了信任范式，改变了金融生态环境。

从总体上看，区块链主要通过金融中介服务去中心化、资产数字化，以及数据资产化等途径影响数字金融发展。

从应用上看，区块链技术对当前数字金融的具体影响主要表现为区块链技术对金融产出和金融资产的处理提出了新要求，在跨境经济活动方面提出了新的研究课题。

当然，区块链技术还在发展完善中，区块链技术也存在很多理论问题亟待解决（徐忠和邹传伟，2018），区块链从理论创新到全面应用也还存在着诸如海量存储与传输设备、量子计算等超高速运算和人工智能等关键技术瓶颈。无论如何，区块链技术作为一种具备革命性和基础性的创新技术，正在与传统金融深度融合，持续赋能金融数字化转型。对此，我们建议加强区块链技术等数字技术顶层通用技术的研发以及相关算力、算法等新型基础设施的建设，为数字金融发展贡献力量。

第三章

中国数字金融发展水平及演变测度

在新一轮科技革命和产业变革的背景下，数字金融正以前所未有的速度和规模发展。本章主要基于北京大学数字金融研究中心和蚂蚁集团研究院团队合作编制的中国数字普惠金融指数，深入剖析数字金融发展的时空演变特征。

一、数字金融的测度研究

近年来，随着新一轮科技革命深入推进，人工智能、大数据、云计算、区块链等新一代信息技术蓬勃兴起。数字金融作为数字经济时代的金融形态，其发展尤为强劲。

当前，数字金融正在深刻影响实体经济各领域，对家庭等微观主体也产生了广泛影响，引起政府部门、学术界以及社会公众的高度关注。如何衡量和测度数字金融，已经成为数字金融发展的重要问题。

我们通过梳理现有文献资料发现，不同国家、机构，以及学者尝试从不同侧重点对数字金融指标体系进行测度与评价研究，这些测度与评价研究逐渐在学术研究上得到应用，这为数字金融经济效应的相关研究提供了较好的数据支撑。

本章集中梳理了部分具有代表性的成果，以期对数字金融研究领域的基础数据有一个宏观的把握。（如表3-1）

表3-1　数字金融相关指标体系一览表

指标名称	核心维度	发布机构
全球金融包容性指数	账户拥有率	世界银行（World Bank）
	数字支付率	
	储蓄参与率	
	借贷参与率	
全球普惠金融指数	政府支持	美国信安金融集团（Principal Financial Group，PFG）与经济与商业研究中心（Center for Economics and Business Research，CEBR）
	金融系统支持	
	雇主支持	
中国普惠金融指标	使用情况	中国人民银行
	可得性	
	质量	
中国城市科技金融发展指数	政策环境服务	清科研究中心
	创新创业资源服务	
	科技金融活跃度	
	科技金融发展成果	
北京大学数字普惠金融指数	数字金融覆盖广度	北京大学数字金融研究中心
	数字金融使用深度	
	数字化程度	
金融科技发展指数	投融资指数	零壹智库
	社会认知指数	
中国金融科技指数	金融科技禀赋基础	中央财经大学中国金融科技研究中心
	金融科技业务发展	
	金融科技认知	
	金融科技核心能力	

续表

指标名称	核心维度	发布机构
中国数字金融指数	新形态	浙江大学工程师学院数字金融分院、浙江大学资产管理研究中心
	新工具	
	新技术	
中国城市科创金融指数	投资景气度	中国（深圳）综合开发研究院
	融资景气度	
	政策景气度	
	绩效景气度	
中国县域数字普惠金融发展指数	服务深度	中国社会科学院农村发展研究所
	服务广度	
	服务深度质量	

注：作者整理。

现有的数字金融的统计指标体系各具特色，但是仍存在一些问题：一是在数字金融评价指标的选择和指标权重的确定上尚未达成共识，数字金融指标体系的构建仍处于探索实践阶段。二是评价数字金融发展的目标指标、过程指标与结果指标未能有效区分。三是指标维度相对有限，且数据来源相对单一，难以构建全视角数字金融发展指数（郭峰和熊云军，2021）。

二、数字金融的发展现状与趋势

（一）数据

本部分主要以北京大学数字金融研究中心和蚂蚁集团研究院团队合作编制的中国数字普惠金融指数为基础数据，揭示中国数字金融发展的现状与趋势。

中国数字普惠金融指标体系一共包含数字金融覆盖广度、数字金融使用深度和普惠金融数字化程度三个大类，共计33项具体指标。数字普惠金融指数的时间跨度为2011—2021年，覆盖了中国内地31个省（自治区、直辖市，简称"省"）、337个地级以上城市（地区、自治州、盟等，简称"城市"）和约2800个县（县级市、旗、市辖区等，简称"县域"）（郭峰等，2020）。

表3-2报告了数字普惠金融具体指标体系。

表3-2　数字普惠金融指标体系

一级指标	二级指标		具体指标
覆盖广度	账户覆盖率		每万人拥有支付宝账号数量
			支付宝绑卡用户比例
			平均每个支付宝账号绑定银行卡数
使用深度	支付业务		人均支付笔数
			人均支付金额
			高频度（年活跃50次及以上）活跃用户数占年活跃1次及以上比例
	货币基金业务		人均购买余额宝笔数
			人均购买余额宝金额
			每万支付宝用户购买余额宝的人数
	信贷业务	个人消费贷	每万支付宝成年用户中有互联网消费贷的用户数
			人均贷款笔数
			人均贷款金额
		小微经营者	每万支付宝成年用户中有互联网小微经营贷的用户数
			小微经营者用户平均贷款笔数
			小微经营者平均贷款金额

续表

一级指标	二级指标	具体指标
使用深度	保险业务	每万支付宝用户中被保险用户数
		人均保险笔数
		人均保险金额
	投资业务	每万支付宝用户中参与互联网投资理财人数
		人均投资笔数
		人均投资金额
	信用业务	自然人信用人均调用次数
		每万支付宝用户中使用基于信用的服务用户数（包括金融、住宿、出行、杜交等）
数字化程度	移动化	移动支付笔数占比
		移动支付金额占比
	实惠化	小微经营者平均贷款利率
		个人平均贷款利率
	信用化	花呗支付笔数占比
		花呗支付金额占比
		芝麻信用免押笔数占比（较全部需要押金情形）
		芝麻信用免押金额占比（较全部需要押金情形）
	便利化	用户二维码支付的笔数占比
		用户二维码支付的金额占比

注：资料来源于郭峰等（2020）。

（二）数字金融的发展现状

2011—2021年中国数字普惠金融指数情况如图3-1所示。通过观察图3-1可知，中国数字金融发展体现出三大发展特征。

首先，数字金融在中国总体实现了跨越式发展。省级数据的测算结果显示（如表3-3），数字普惠金融指数持续走高，2011年中国数字普惠金融指数的均值为40.00，到2021年增长到372.72，年均增长率83.18%，这表明数字金融增长动能整体强劲，金融数字化进程正在加速阶段。

其次，数字金融不同维度的发展趋势存在差异。从分指标来看，数字金融发展不同维度均呈持续上升趋势，其中，数字化程度得分最高，发展较快，2011年数字化程度的均值为46.32，到2021年增长到407.88，年均增长率78.06%；数字金融使用深度得分次之，2011年数字金融使用深度的均值为46.93，到2021年增长到373.93，年均增长率69.68%；数字金融覆盖广度得分最低，2011年数字金融覆盖广度的均值为34.28，到2021年增长到361.41，年均增长率95.43%，增长最为显著。

最后，数字金融发展呈现阶段性特征。从数字化程度指数来看，2011—2015年，数字化程度指数增幅最大，有效支持了金融的数字化转型，是数字普惠金融发展的重要增长点。随着数字化程度不断加深，增长逐步放缓。

表3-3　2011—2021年数字金融指标（省份）

名称	样本量	最小值	最大值	平均值	标准差	变异系数
数字金融总指数	341	16.22	458.97	230.46	103.36	0.4485
覆盖广度	341	1.96	433.42	211.65	103.92	0.4910
使用深度	341	6.76	510.69	225.92	105.88	0.4687
数字化程度	341	7.58	462.23	300.85	116.93	0.3887

从数字金融使用深度指数来看，2014—2017年和2018—2021年是数字金融使用深度快速发展的两个阶段，数字金融使用深度的增长已经成为数字普惠金融指数的重要驱动力。其中，2014—2021年，在支付业务、货币基金业务、信贷业务、保险业务、投资业务和信用业务中，投资业务和信用业务发展较快，增长最为显著。以指数得分来看，投资业务得分较2014年增加12倍以上，信用业务得分较2014年增加近3倍。这得益于近年来政府积极推进金融数字化转型，金融服务场景持续拓展，服务深度不断取得新突破。

　　从数字金融覆盖广度指数来看，数字金融覆盖广度的增长最为稳定，2011—2021年持续快速增长，极大增强了数字金融服务的触达能力，减弱了金融排斥，使越来越多的居民的理财需求得到满足。

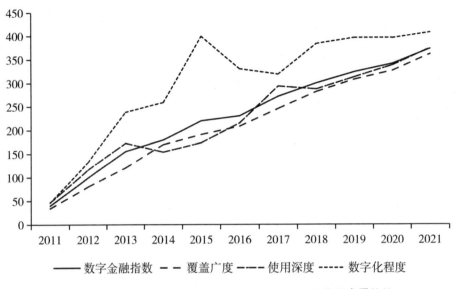

图3-1　2011—2021年数字金融普惠指数及其一级指数发展趋势

三、数字金融发展的时空特征

　　数字金融在快速发展的同时，也面临着不平衡、不充分的问题。一方面体现在数字技术带来的"数字鸿沟"方面的问题日益凸显；另一方面数字金融发展具有空间集聚效应，区域内部及区域之间均存在较大的差距。

　　为了揭示中国数字金融发展的时空特征，本章借助描述性统计和推断性统计从时间和空间两个维度展开分析。

（一）四大经济区的时空特征

首先，我们从四大经济区视角考察数字金融发展的区域异质性。我们根据国家统计局公布的经济区域划分标准，将内地31个省（直辖市，自治区）划分为东部、中部、西部和东北四大经济区（如表3-4），分析四大经济区之间以及区域内部的发展差异。

表3-4　四大经济区划分

地区	省份
东部地区	北京、天津、河北、上海、江苏、浙江、福建、山东、广东、海南
中部地区	山西、安徽、江西、河南、湖北、湖南
西部地区	内蒙古、广西、重庆、四川、贵州、云南、西藏、陕西、甘肃、青海、宁夏、新疆
东北地区	辽宁、吉林、黑龙江

我们通过观察四大经济区数字普惠金融指数情况可知，2011—2021年四大经济区数字金融均保持增长态势，但总规模和增速均存在较大差异（如图3-2）。

从指数均值得分来看，2021年，东部地区数字普惠金融指数得分最高，为407.3；中部地区次之，为374.19；西部地区和东北地区发展较为滞后，分别为349.86和345.93。从发展趋势来看，西部地区数字普惠金融指数年均增速最快，达到28.80%；中部地区次之，为27.54%；东北地区第三，为26.19%；东部地区最低，为20.96%。从增幅来看，2011年东部地区数字普惠金融指数分别是中部地区、西部地区和东北地区的1.8490倍、2.1810倍和1.7974倍，但到2021年这一差距分别缩小至1.0885倍、1.1642倍和1.1774倍。

以上分析表明，东部地区和中部地区、西部地区与东北地区的绝对差距有所扩大，但数字金融发展的相对差距则呈现缩小的趋势。

进一步从省份来看（如图3-3），数字金融发展Top5的省份集中在东部地区。其中，上海、北京、浙江位居三甲，与数字化领域的投入和政策支持密切相关。江苏和福建分列前五，发展成效突出。

相对而言，中部和西部的大部分地区数字金融发展落后于东部地区，以

2021年为例，东部的上海、北京、浙江等地区位于全国前列，数字普惠金融指数在430~460之间。西部的青海、贵州以及东北的吉林等地区排名靠后，位于全国平均水平之下，数字普惠金融指数在330~340之间。

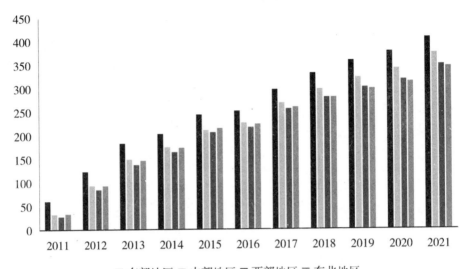

图3-2 四大经济区数字金融发展趋势

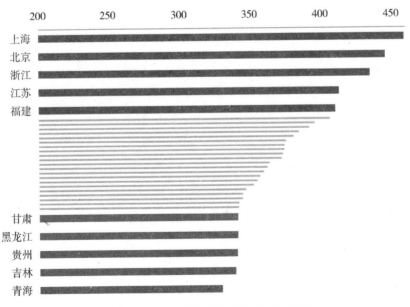

图3-3 2021年各省数字金融发展情况

（二）五大城市群的时空特征

其次，从五大城市群视角考察数字金融发展的区域异质性。

长江三角洲城市群、粤港澳大湾区城市群、京津冀城市群、成渝城市群和长江中游城市群作为中国数字经济发展五大核心区，覆盖了全部数字经济一线城市以及绝大部分数字经济新一线城市，具有较好的代表性。因此，这一部分基于五大城市群，分析城市群之间以及城市群内部的发展差异。这五大城市群的城市划分如表3-5所示。

表3-5 五大城市群城市划分

城市群	城市
长三角	上海市、南京市、无锡市、苏州市、杭州市、宁波市、温州市、嘉兴市、湖州市、绍兴市、金华市、衢州市、舟山市、台州市、丽水市
粤港澳大湾区	广州市、深圳市、珠海市、汕头市、佛山市、江门市、湛江市、茂名市、肇庆市、惠州市、阳江市、清远市、东莞市、中山市、潮州市、揭阳市、云浮市
京津冀	北京市、天津市、石家庄市、唐山市、秦皇岛市、邯郸市、邢台市、保定市、张家口市、承德市、沧州市、廊坊市、衡水市
成渝	成都市、自贡市、攀枝花市、泸州市、德阳市、绵阳市、广元市、遂宁市、内江市、乐山市、南充市、宜宾市、达州市、巴中市
长江中游	武汉市、黄石市、十堰市、宜昌市、襄阳市、鄂州市、荆门市、孝感市、荆州市、黄冈市、咸宁市

通过观察五大城市群数字普惠金融指数情况可知，2011—2021年各城市群数字金融总体发展水平快速提升，但各城市群之间的数字金融发展仍存在不平衡的问题（如图3-4）。

从指数均值得分来看，2021年，长三角城市群数字普惠金融指数最高，为331.29；粤港澳大湾区城市群次之，为302.99；长江中游城市群位列第三，为295.60；京津冀城市群位列第四，为285.20；成渝城市群最低，为268.14。从发展趋势来看，长江中游城市群数字普惠金融指数年均增速最快，达到19.51%；成渝城市群次之，为18.59%；京津冀城市群为18.09%；粤港澳大湾区城市群为16.55%；长三角城市群最低，为15.40%。从增幅来看，2011年长三角城市群数字普惠金融指数分别是粤港澳大湾区城市群、京津冀城市群、成渝城市群和长江中游城市群的1.2081倍、1.4630倍、1.6226倍和1.5913倍，但到2021年这一差距分别缩小至1.0934倍、1.1616倍、1.2355倍和1.1207倍。

以上分析表明，长江三角洲城市群、粤港澳大湾区城市群、长江中游城市群、京津冀城市群和成渝城市群的数字金融发展水平持续提升，但速度趋于放缓，城市群之间的相对差距有所缩小。其中，长三角城市群全国数字金融发展领先，对推动金融数字化转型的贡献最为显著。长江中游城市群规模扩大趋势明显，增长潜力正在被不断释放。

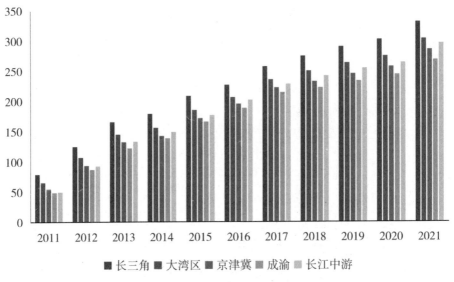

图3-4 五大城市群数字金融发展趋势

从城市来看（如图3-5），数字金融发展Top10的城市主要集中于长三角城市群。其中，杭州、上海、深圳、厦门、北京等城市持续领衔，数字普惠金融指数均值得分明显高于其他城市，是数字金融发展的主力。南京、武汉、苏州、广州、金华等城市数字金融发展稳定，数字普惠金融指数得分基本持平。

相对而言，数字金融发展的城市间差异明显，以2021年为例，杭州、上海等城市位于全国前列，数字普惠金融指数在350~360。玉树、辽源等城市排名靠后，位于全国平均水平之下，数字普惠金融指数在210~220之间。数字普惠金融指数高的城市是数字普惠金融指数低的城市的1.5倍以上。

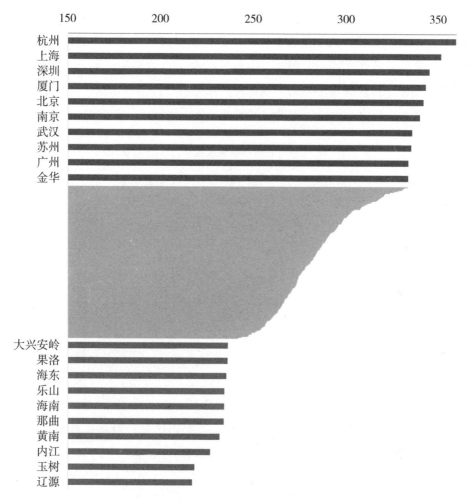

图3-5　2021年各城市数字金融发展情况

（三）区域的梯度特征

最后，基于GIS热力图，我们进一步展示和分析数字普惠金融指数的密度分布情况和空间集聚模式，来识别出热点区域、冷点区域和梯度变化的空间趋势特征。

通过观察数字普惠金融指数地域分布情况可知，数字普惠金融指数呈现出明显的东高西低、南高北低的梯度特征。

以2011年为例（如表3-6），上海、北京、浙江、广东等省份位列第一梯队；江苏、福建、天津等省份位列第二梯队；海南、辽宁等省份位列第三梯队；重庆、陕西、四川、湖北、山东、广西、黑龙江、山西、安徽、湖南、河北、宁夏、江西等省份位列第四梯队；内蒙古、河南、云南、吉林、新疆、甘肃、贵州、青海、西藏等省份位列第五梯队。

表3-6 2011年数字普惠金融指数梯度分布

第一梯队（>68）	第二梯队（55, 68]	第三梯队（42, 55]	第四梯队（29, 42]	第五梯队（≤29）
上海、北京、浙江、广东	江苏、福建、天津	海南、辽宁	重庆、陕西、四川、湖北、山东、广西、黑龙江、山西、安徽、湖南、河北、宁夏、江西	内蒙古、河南、云南、吉林、新疆、甘肃、贵州、青海、西藏

以2021年为例（如表3-7），上海、北京、浙江、江苏、福建、广东等省份位列第一梯队；天津、湖北、安徽等省份位列第二梯队；山东、海南、河南、陕西、重庆、江西、四川等省份位列第三梯队；湖南、山西、辽宁、广西、河北、云南、宁夏、内蒙古等省份位列第四梯队；西藏、新疆、甘肃、黑龙江、贵州、吉林、青海等省份位列第五梯队。

表3-7 2021年数字普惠金融指数梯度分布

第一梯队（>403）	第二梯队（383, 403]	第三梯队（363, 383]	第四梯队（343, 363]	第五梯队（≤343）
上海、北京、浙江、江苏、福建、广东	天津、湖北、安徽	山东、海南、河南、陕西、重庆、江西、四川	湖南、山西、辽宁、广西、河北、云南、宁夏、内蒙古	西藏、新疆、甘肃、黑龙江、贵州、吉林、青海

通过对比2011年与2021年的数字普惠金融指数分布情况可知，中国数字金融发展呈现出以下特征：

第一，从空间特征来看，数字金融发展呈现明显的空间集聚特征。

第二，从梯度分布来看，各省之间数字金融发展存在梯度差异，但发展差距有所缩小。以数字普惠金融指数均值得分来衡量，2011年，作为第一梯度省区的上海得分是第五梯度省区的西藏得分的4.9439倍。但到2021年，两者的差距缩小至1.3416倍。

与此同时，相较于2011年，2021年第四梯队的省份明显减少，第三梯队的省份显著增加。中国内地31个省（自治区、直辖市，统称"省"）中，有13个省份实现了梯度的跃升，其中，湖北、河南和安徽呈现出快速发展的趋势，实现两级跃升。特别是作为中部省份的河南发展迅猛，动能强劲。2011—2021年，河南的数字普惠金融快速增长，年均增率达到29.42%。其中，数字金融覆盖广度提升最快，对河南数字金融发展起到重要的支撑作用。与此同时，数字金融使用深度也实现大幅提升。

接下来，我们从数字金融覆盖广度（如表3-8）、数字金融使用深度（如表3-9）和数字化程度（如表3-10）三个维度，进一步考察数字金融发展的梯度分布情况。

表3-8 2021年数字金融覆盖广度梯度分布

第一梯队 （>410）	第二梯队 （380, 410]	第三梯队 （360, 380]	第四梯队 （340, 360]	第五梯队 （≤340）
上海、北京、浙江	广东、福建、江苏、天津	湖北、海南、山东、河南、安徽、陕西、山西、重庆	宁夏、江西、内蒙古、新疆、贵州、甘肃、四川、广西、辽宁	湖南、河北、云南、黑龙江、青海、吉林、西藏

表3-9 2021年数字金融使用深度梯度分布

第一梯队 （>420）	第二梯队 （383, 420]	第三梯队 （363, 383]	第四梯队 （343, 363]	第五梯队 （≤343）
上海、北京、浙江、广东、福建、江苏	湖北、天津、安徽、江西	山东、湖南、海南、四川、重庆、陕西、辽宁	河南、西藏、河北、广西	云南、黑龙江、吉林、山西、内蒙古、新疆、甘肃、宁夏、贵州、青海

表3–10　2021年数字化程度梯度分布

第一梯队 （>433）	第二梯队 （417，433]	第三梯队 （403，417]	第四梯队 （390，403]	第五梯队 （≤390）
上海、北京、浙江	江苏、天津、安徽、山东、河南、湖北、福建	广东、湖南、陕西、江西、四川、重庆、河北	辽宁、广西、青海、黑龙江、吉林、山西、海南、贵州、云南	甘肃、内蒙古、宁夏、新疆、西藏

通过观察各省数字金融不同维度指数情况可知，数字金融发展的省际差异主要来源于数字金融使用深度和数字金融覆盖广度，而数字化程度的省际差异相对较小。

四、数字金融发展的空间集聚性

以上分析表明，数字金融发展呈现一定的空间集聚性。本章进一步运用空间自相关指数（Moran's I）对数字金融发展的空间特征展开定量分析。

Moran指数是一种用于空间数据分析的统计指标，用于衡量空间相关性的强度和方向。其计算公式如下所示：

$$I = \frac{n}{S_0} \times \frac{\sum_{i=1}^{n}\sum_{j=1}^{n} W_{ij}\left(y_i - \overline{y}\right)\left(y_j - \overline{y}\right)}{\sum_{i=1}^{n}\left(y_i - \overline{y}\right)^2} \qquad (3-1)$$

$$S_0 = \sum_{i=1}^{n}\sum_{j=1}^{n} w_{ij} \qquad (3-2)$$

在上式中，n 为空间单元总个数，y_i 和 y_j 分别表示第 i 个空间单元和第 j 个空间单元的属性值，$\overline{y}$ 为所有空间单元属性值的均值，w_{ij} 为空间权重值。

Moran指数的数值范围为 –1 到 1。当 Moran 指数接近 –1 时，表示空间存在分散性；当 Moran 指数接近 0 时，表示空间存在随机性；当 Moran 指数接近

1时，表示空间存在集聚性。

表3-11报告了2011—2021年局部Moran指数区域分布情况。结果显示，中国数字金融发展呈现显著的空间相关性。具体而言，绝大多数省份落在第一象限和第三象限。其中，东部沿海地区主要集中于第一象限（高—高组合）；西部大部分地区主要集中于第三象限（低—低组合）。

从发展趋势来看，数字普惠金融指数的空间自相关性还有进一步加强的趋势。研究时段内，大多地区并未发生跃迁，且即使发生跃迁的地区，多数也跃迁至相邻的区域。

表3-11　2011—2021年局部Moran指数区域分布情况

年份	促进区 （High—High）	过渡区 （Low—High）	低水平区 （Low—Low）	辐射区 （High—Low）
2011年	北京、天津、辽宁、上海、江苏、浙江、福建、广东、海南	河北、内蒙古、安徽、江西、山东	山西、吉林、黑龙江、河南、湖北、湖南、广西、贵州、云南、西藏、甘肃、青海、宁夏、新疆	重庆、四川、陕西
2012年	北京、天津、辽宁、上海、江苏、浙江、福建、山东、广东、海南	河北、内蒙古、安徽、江西	山西、吉林、黑龙江、河南、湖南、广西、贵州、云南、西藏、陕西、甘肃、青海、宁夏、新疆	湖北、重庆、四川
2013年	北京、天津、辽宁、上海、江苏、浙江、福建、山东、海南	河北、内蒙古、安徽、江西	山西、吉林、黑龙江、河南、湖南、广西、四川、贵州、云南、西藏、陕西、甘肃、青海、宁夏、新疆	湖北、广东、重庆

续表

年份	促进区 （High—High）	过渡区 （Low—High）	低水平区 （Low—Low）	辐射区 （High—Low）
2014年	北京、天津、辽宁、上海、江苏、浙江、安徽、福建、山东	河北、内蒙古、江西、海南	山西、吉林、黑龙江、河南、湖南、广西、四川、贵州、云南、西藏、陕西、甘肃、青海、宁夏、新疆	湖北、广东、重庆
2015年	天津、辽宁、上海、江苏、浙江、福建、山东、海南	河北、内蒙古、安徽、江西	山西、吉林、黑龙江、河南、湖南、广西、四川、贵州、云南、西藏、陕西、甘肃、青海、宁夏、新疆	北京、湖北、广东、重庆
2016年	天津、辽宁、上海、江苏、浙江、福建、山东、海南	河北、内蒙古、安徽、江西	山西、吉林、黑龙江、河南、湖南、广西、四川、贵州、云南、西藏、陕西、甘肃、青海、宁夏、新疆	北京、湖北、广东、重庆
2017年	天津、上海、江苏、浙江、福建、山东、广东、海南	河北、内蒙古、辽宁、安徽、江西、湖南	山西、吉林、黑龙江、河南、广西、四川、贵州、云南、西藏、陕西、甘肃、青海、宁夏、新疆	北京、湖北、重庆
2018年	天津、上海、江苏、浙江、安徽、福建、山东、广东、海南	河北、内蒙古、辽宁、江西、湖南	山西、吉林、黑龙江、河南、广西、四川、贵州、云南、西藏、陕西、甘肃、青海、宁夏、新疆	北京、湖北、重庆

年份	促进区 （High—High）	过渡区 （Low—High）	低水平区 （Low—Low）	辐射区 （High—Low）
2019年	天津、上海、江苏、浙江、安徽、福建、山东、广东、海南	河北、内蒙古、辽宁、江西、湖南	山西、吉林、黑龙江、河南、广西、四川、贵州、云南、西藏、陕西、甘肃、青海、宁夏、新疆	北京、湖北、重庆
2020年	天津、上海、江苏、浙江、安徽、福建、山东、广东、海南	河北、内蒙古、辽宁、江西、湖南	山西、吉林、黑龙江、河南、广西、四川、贵州、云南、西藏、甘肃、青海、宁夏、新疆	北京、湖北、重庆、陕西
2021年	天津、上海、江苏、浙江、安徽、福建、山东、河南、湖北、广东、海南	河北、内蒙古、辽宁、江西、湖南	山西、吉林、黑龙江、广西、四川、贵州、云南、西藏、甘肃、青海、宁夏、新疆	北京、重庆、陕西

　　从数字金融不同维度来看，空间集聚性在数字金融使用深度上体现得较为明显，具体表现为多数地区分布在第一象限（高—高组合）和第三象限（低—低组合），极少出现在过渡区（低—高组合）和辐射区（高—低组合）（如图3-6、3-7、3-8）。

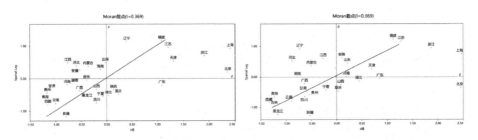

图3-6　2011年（左）和2021年（右）数字金融覆盖广度局部Moran指数散点图

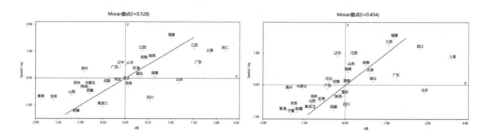

图3-7　2011年（左）和2021年（右）数字金融使用深度局部 Moran 指数散点图

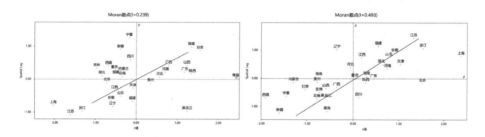

图3-8　2011年（左）和2021年（右）数字化程度局部 Moran 指数散点图

以上结果表明，理论上的数字金融发展具有超地理特征，但是现实中仍无法完全脱离地理限制。因而，如何破解数字金融的非均衡发展已经成为迫切需要回答的时代问题。

五、数字金融发展与数字基础设施建设

为了回答这一问题，本章尝试从数字基础设施建设视角，探讨数字金融均衡发展的可能路径。

事实上，数字基础设施是数字经济的基石，是支撑经济社会发展的信息"大动脉"，能够为数字金融发展提供重要载体和平台。

（一）数字新基建指数的构建

参考既有研究，结合数字基础设施建设新形势新特点，以及数据的可得性，本章从互联网宽带、光缆建设和通信建设3个维度构建数字新基建的评价指标体系。具体而言，该指标体系共包含3个维度，共计5项具体指标。数字新基建指标体系如表3-12所示。

表3-12　数字新基建指标体系

指数	一级指标	二级指标
数字新基建	互联网宽带	互联网宽带接入端口数
		域名数
		互联网宽带接入用户
	光缆建设	长途光缆线路长度
	通信建设	电话普及率

数据来源：国家统计局。

（二）测算方法

熵值法是一种客观赋权法，用于确定多个指标的权重。它基于信息熵的概念，通过计算每个指标在整体指标体系中所提供的信息量大小，来确定每个指标的权重。具体计算步骤如下所示：

第一步：计算调节系数。

$$k = \frac{1}{\ln(n)} \tag{3-3}$$

第二步：数据的标准化处理。

在熵值法中，首先需要将原始数据标准化，使不同指标的取值范围相同或可比较。由于各项指标的计量单位不同，正负项指标的含义不同，因此，我们可以把指标的绝对值转化为相对值，解决各项指标的同质化问题。除此之外，我们还需对指标进行正向化处理。标准化的公式为：

$$X^* = \frac{X - \min(X)}{\max(X) - \min(X)} \tag{3-4}$$

第三步：计算各评价对象在各指标下的比值。

第 i 个评价对象关于第 j 个指标值的比重，公式记为：

$$P = \frac{X^*}{\sum_{i=1}^{a} \sum_{j=1}^{b} X^*} \tag{3-5}$$

第四步：计算各项指标的熵值。

信息熵的计算基于信息论中的熵概念，表示一组数据的不确定性或无序度。对于每个指标，我们可以通过计算其标准化值的负对数的均值来得到其信息熵：

$$E = \frac{\sum_{i=1}^{a} \sum_{j=1}^{b} (P \times \ln P)}{\ln ab}, \ E \geqslant 0 \tag{3-6}$$

第五步：通过熵值计算各指标的权重。

根据信息熵的定义，信息熵越大表示指标提供的信息越多，即其越重要。因此，我们可以通过对每个指标的信息熵进行归一化处理，得到每个指标的权重：

$$W = \frac{(1-E)}{\sum_{k=1}^{c} (1-E)} \tag{3-7}$$

第六步：计算各评价对象的综合评分。

$$S = \sum_{k=1}^{c} W * X^* \tag{3-8}$$

（三）数字金融发展与数字基础设施建设

数字基础设施建设为数字金融发展提供重要的载体和平台。从理论上讲，数字基础设施建设必然会对数字金融发展产生影响。

因此，我们首先将数字新基建指数和数字金融指数绘制在图3-9中。图3-9表明，数字基础设施建设的快速发展阶段与我国数字金融的崛起阶段基本吻合，初步验证了两者之间存在联系。

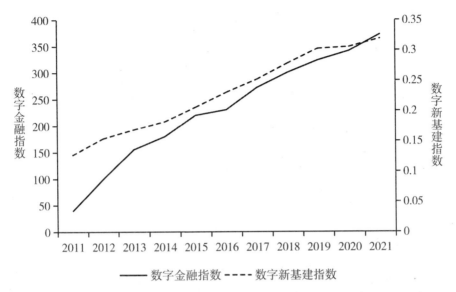

图3-9 2011—2021年数字金融指数与数字新基建指数发展趋势

那么，两者之间的关联在统计意义上是否成立呢？

本章借助协整模型，实证检验数字基础设施建设与数字金融发展之间是否存在长期稳定的关系。

表3-13报告了Johansen协整检验的结果。结果显示，迹统计量值为18.610，在5%的水平上通过了显著性检验，表明数字新基建指数与数字金融发展指数之间存在长期协整关系。数字基础设施建设带动了数字金融的发展，同时数字金融的发展也促进了数字基础设施的建设。

表3-13 Johansen 协整检验

原假设 H₀	特征根	迹	5% 临界值	Prob.**
None	0.838283	18.60979	12.3209	0.0039
最多1个协整	0.217958	2.212621	4.129906	0.1615

最后，本章构建以数字新基建指数和数字普惠金融指数的方差衡量的区域内部发展不平衡情况（如图3-10），从区域差异视角，进一步考察了数字基

础设施建设与数字金融发展之间的关系。

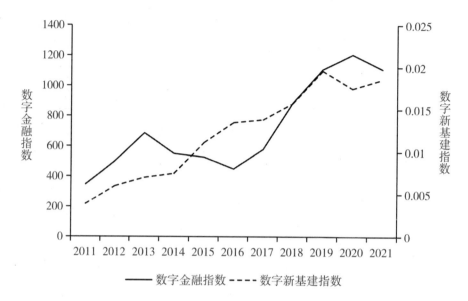

图3-10　2011—2021年数字金融指数与数字新基建指数区域内部差异变动趋势

表3-14　Johansen 协整检验

原假设 H_0	特征根	迹	5% 临界值	Prob.**
None	0.963617	39.16346	25.87211	0.0006
最多1个协整	0.645782	9.340586	12.51798	0.1604

表3-14的结果显示，数字新基建不平衡指数与数字金融不平衡指数之间也存在显著的正向相关关系，表明地区数字基础设施差距是数字金融非均衡发展的原因之一。

对此，我们建议进一步扩大数字基础设施覆盖范围，加大对欠发达地区数字基础设施建设的支持力度，加快消除区域间数字鸿沟，促进数字金融均衡发展，推动数字普惠的进程。

第四章

数字金融研究进展

数字经济蓬勃发展，数字金融作为数字经济时代的金融形态成为学者关注的重点领域。本章利用 CiteSpace、VOSviewer 以及战略图谱，从微观视角对数字金融经济效应的相关文献进行可视化分析，结合文献内容进行总结归纳并分析发展趋势。

一、引言

随着新一轮科技革命和产业变革持续推进，以大数据、云计算、区块链、人工智能为代表的新一代信息技术在金融领域不断推广、应用，极大提高了金融的触达能力和服务能力，推动了普惠金融的进程。数字金融对社会生产带来的效率、动力、分配方式的变革，都深刻影响着中国式现代化发展的实践路径。

数字金融方面的研究已经成为金融学、经济学研究的重点内容。但是，国内外目前关于数字金融经济效应的研究尚未形成统一的理论体系和分析框架，也缺乏对数字金融发展微观机制的深入剖析。

鉴于此，本章使用文献计量方法，对相关文献进行统计和可视化分析，旨在厘清数字金融微观视角下的研究现状，为数字金融发展相关的理论与实践提供参考。

二、研究现状

（一）数据收集

中国数字金融可追溯到2004年的支付宝上线，但业界通常将2013年余额宝上线视为中国数字金融发展的元年（黄益平和黄卓，2018）。自2013年起，中国数字金融进入发展爆发期，学界对数字金融的研究由此进入新的阶段。本章将分析起点设为2013年。

为了保证所选文献具有较强的科学性和较高的质量，本章只选择类型为学术期刊论文的文献，剔除了会议、学位论文、报纸等类型的文献。在筛选过程中，我们结合中国知网数据库提供的相关度排序，通过详细阅读文献标题、摘要、关键词及正文内容来剔除部分相关程度低、非学术研究类的文献。

最终用于文献计量的文献包括651篇中文文献。在内容分析部分，本章主要包含已经收录的文献内容。表4-1显示了本章的文献检索和筛选过程。

表4-1　数据库检索与数据筛选过程

数据库	中国知网核心期刊数据库
检索时间	2023年6月22日
初次检索主题	数字金融（普惠金融）
初次检索数量	20262篇
二次检索主题	数字金融（普惠金融）+家庭
二次检索数量	658篇
文献筛选后有效数量	651篇
文献时间跨度	2013年1月至2023年6月

（二）研究方法

本章首先使用文献计量方法，通过对文献摘要、参考文献、发表情况等文本特征和信息开展量化分析，然后借助 Citespace6.2.R4 和 VOSviewer1.6.18 等工具将文献以可视化的方式呈现出来。这种方法有助于全面客观地探索和展示研究主题的知识体系与研究脉络。在此基础上，本章还通过对文献基本内容的梳理、归纳和概括，进一步剖析了数字金融的研究现状，以及发展趋势。

（三）文献发表概况

2013年起，学界关于数字金融的研究呈显著上升态势。基于微观视角的数字金融相关研究进程大致可分为两个阶段：第一阶段是2013年至2019年，数字金融的研究尚处于探索阶段，缺乏系统的理论框架；第二阶段是2020年之后，数字金融研究进入爆发期。2022年度发文量超过200篇（如图4-1），同比增长81.58%，近两年的复合增长率约为75.86%。

从总趋势来看，数字金融已逐步成为学界关注的重要课题。

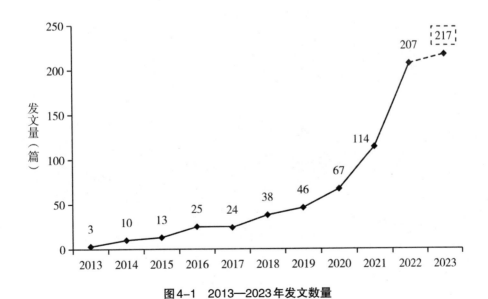

图4-1　2013—2023年发文数量

三、研究热点和前沿演进

（一）关键词共现分析

关键词共现是指一组词语两两统计在同一组文献中出现的次数，通过共现的次数测量它们之间的亲疏关系，用以研究该领域的研究热点，判断发展动向。通过 VOSviewer1.6.18进行关键词共现的可视化分析，筛选出频次大于5的关键词，最终可视化分析结果见图4-2。图4-2中圆点的大小表示出现的频次，圆点越大说明频次越多，表明该词在当前领域中关注度越高，颜色代表关键词的类别。

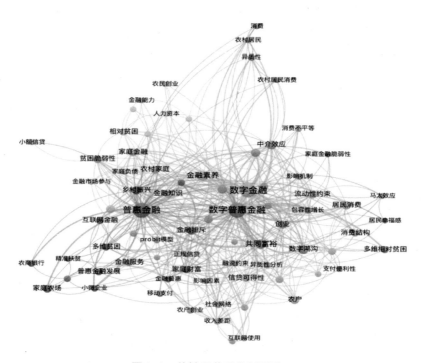

图4-2　关键词共现分析图谱

从图4-2的圆点大小来看，"普惠金融""数字金融"属于高频词汇，说明在该领域关注度较高。

（二）关键词聚类分析

在关键词共现性分析的基础上，我们通过 Citespace6.2.R4 对关键词进行聚类分析。聚类分析的结果如图4-3所示，由293个节点和448条线组成。根据聚类结果，本章选取前九个类别（#0至 #8）进行分析，发现聚类模块值（Q值）为0.6591（大于0.3），说明聚类结果是显著的，聚类平均轮廓值（S值）为0.8893（大于0.7），说明聚类是高效且可信的。

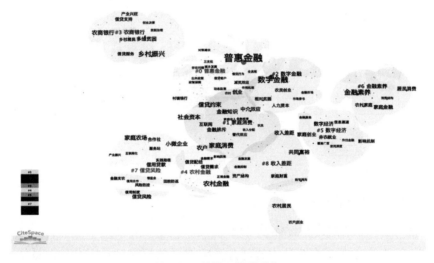

图4-3 关键词聚类分析

聚类模块按文献的数量规模由大到小排列，基于关键词之间的网络联系而相邻排列。由图4-3可知，基于家庭视角的数字金融研究文献主要聚焦于两大维度上：其一，金融理论与政策，包括聚类0（普惠金融）、聚类3（农商银行）、聚类4（农村金融）、聚类7（信贷风险），以上聚类聚焦于信贷支持以及相关政策扶持上。其二，数字金融的经济效应，包括聚类1（家庭消费）、聚类2（数字金融）、聚类5（数字经济）、聚类6（金融素养）、聚类8（收入差距），从消费、收入、贫困等视角分析数字金融的影响。

表4-2报告了基于 CiteSpace 的关键词聚类标签。

表4-2　CNKI关键词聚类表

ID	TOP 5聚类标签词				
	关键词1	关键词2	关键词3	关键词4	关键词5
0	普惠金融	数字金融	数字普惠金融	借贷行为	金融扶贫
1	家庭消费	信贷约束	中介效应	金融知识	创业
2	数字金融	相对贫困	普惠金融	移动支付	政策保障
3	农商银行	乡村振兴	脱贫攻坚	贫困治理	多维贫困
4	农村金融	正规金融	信贷配给	信贷需求	信贷可得性
5	数字经济	影响机制	经济增长	信息渠道	家庭创业
6	金融素养	居民消费	消费结构	家庭金融	固定效应
7	信贷风险	合作社	小微企业	家庭农场	实践路径
8	收入差距	共同富裕	家庭财富	数字鸿沟	资产结构

（三）热点主题

本章结合关键词聚类标签和相应文献内容，进一步凝练数字金融的研究热点主题。我们归纳如下。

热点一：数字金融指标体系构建。

基于传统金融调查统计中的部分数字金融指标测度数字金融，是学术研究中常用的方法之一。其中，尹志超和张号栋（2018）基于中国家庭金融调查（China Household Finance Survey，CHFS），根据网购方式构建指标，衡量家庭互联网金融参与情况。王小华等（2022）基于中国家庭金融调查，从数字支付、数字借贷、数字理财三个角度构建指标，衡量家庭数字金融的使用及多样化程度。李政和李鑫（2022）基于全球普惠金融数据库（Global Findex Database），从供给和需求两个层面构建数字金融指标，衡量居民数字普惠金融使用水平。供给层面囊括数字金融服务可得性基石：网银账户、手机钱包、网银账单查询。需求层面侧重金融服务利用率：数字支付、网络购物、网购在线支付、手机收到工资支付、手机支付水电费、手机收取政府转移支付、手机收取农业付款，以及手机收取自营款等。

热点二：数字金融与居民消费。

关于数字金融与居民消费的关系，学者的研究主要聚焦于数字金融对家庭消费行为的影响效应及作用机制上。数字金融的发展促进了消费增长，同时，数字金融的发展也改变了居民的消费行为和消费结构（张勋等，2020；何宗樾和宋旭光，2020）。研究进一步表明，数字金融发展对居民消费的影响存在群体异质性。部分学者发现，数字金融的发展更有助于农村地区、中西部地区以及中低收入阶层的家庭提升消费水平（易行健和周利，2018；孙玉环等，2021）。也有学者持相反结论，认为数字金融的发展能够使城镇地区、东部地区以及中高收入家庭获益更多，进而在一定程度上扩大了不同地区居民的消费差距（张勋等，2020；许兰壮等，2023）。

数字金融影响居民消费的机制在于，数字金融可以通过提高支付便利性、缓解流动性约束、增加收入、降低预防性储蓄等路径促进消费。

热点三：数字金融与共同富裕。

关于数字金融与共同富裕的关系，学者主要从减贫效应、金融普惠、数字鸿沟等视角进行研究。

基于减贫效应视角的研究，多数学者认为数字金融的发展有助于降低贫困发生率和减少贫困深度、降低贫困脆弱性。数字金融发展影响贫困的机制在于，数字金融可以通过促进收入增长、改善收入分配、促进居民创业、降低社会网络依赖、提升居民应对风险能力等方式实现减贫（黄倩等，2019；张勋等，2019；周利等，2021；李政和李鑫，2022）。也有部分学者持相反结论，指出数字金融发展可能存在结构性问题，数字金融发展给能够接触到互联网的居民带来便利以及机会，挤占了未能接触到互联网的居民原先所可能获得的资源，这种数字鸿沟使得位于贫困线附近和贫困线以下的居民由于数字金融的发展而愈加贫困（何宗樾等，2020）。

基于数字普惠金融视角的研究认为，数字金融是一项包容性创新，为低收入和数字金融能力较弱的群体，以及欠发达的地区创造更加平等的机会，弥合群体间财富差距，有助于经济包容性增长和社会共同富裕的实现（沈开艳，2023）。数字金融的发展在创造就业、倒逼利率市场化、投资机会均等化等方面发挥了显著作用，有助于实现收入和财富的均等化（张勋，2023）。

基于数字鸿沟视角的研究认为，信息技术获取与应用能力等方面的差异导致个体和群体层面的数字鸿沟，从总体上恶化了收入分配（王修华和赵亚雄，2020）。

此外，还有部分学者认为数字金融对收入差距的影响是一种复杂的非线性关系。Kim（2012）的研究指出，数字技术对收入不平等具有双重影响：一种是基于技术的经济增长效应而形成的"倒U形关系"；另一种是基于熊彼特创新理论的"U形关系"。

热点四：数字金融与家庭金融资产配置。

关于数字金融与金融资产配置的关系，学者主要从金融市场参与、金融资产投资多样性、金融资产组合有效性等维度进行研究。数字金融的发展有利于优化金融服务供给，提高金融服务便捷性，降低金融服务成本，使金融服务的可获得性大幅提升，从而对家庭经济、金融行为产生影响。

数字金融影响家庭金融资产配置的机制在于，数字金融可以通过增加投资便利性、促进金融信息获取、提升金融素养、提高风险承担能力等路径优化家庭金融资产配置（吴雨等，2021；周雨晴和何广文，2020）。

热点五：数字金融与居民创业。

关于数字金融与居民创业之间的关系，学者主要从就业创造效应和就业破坏效应等视角进行研究。

基于就业创造效应的研究认为，数字金融的发展催生新的就业形态和更加灵活的就业形式（李晓栋和万诗婕，2022）。数字金融还降低了长尾群体面临的信贷约束，缓解了信息不对称，提高了金融服务效率，促进了创业活动的开展（何婧和李庆海，2019）。

基于就业破坏效应的研究认为，数字金融对不同行业、不同技能劳动者产生冲击，改变了就业的结构。有研究成果显示，数字金融在促进创业方面具有技能偏向性，特别有利于促进高技能劳动力创业（张勋，2021）。

事实上，数字金融对就业有着较为复杂的影响，数字金融的就业创造效应与就业破坏效应并存，不仅改变了就业的规模，还改变了就业的结构。

（四）研究前沿

接下来，本章结合关键词频次表构建战略图谱，以厘清数字金融的研究前沿。

战略坐标图是一种呈现当前主题研究热点、预测未来发展趋势的可视化分析图谱，频次越高反映出该关键词在现有研究中的受关注程度和成熟度越高，中心度越高则显示出该关键词在共现网络中处于关键位置，该关键词有成为核心主题的潜力（宋华等，2022）。

首先，选择关键词频次排名前三十的词汇。在此基础上，以文献的关键词频次作为 X 轴，以中心度作为 Y 轴，以两类指标的中值作为坐标原点，绘制关键词的战略坐标图，具体结果如图4-4所示。

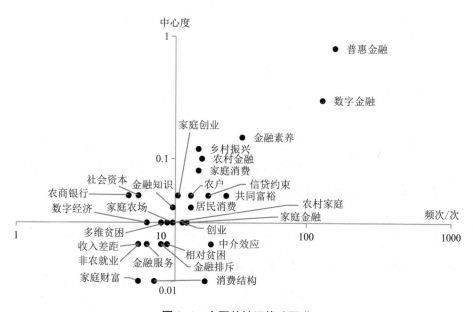

图4-4　主要关键词战略图谱

象限 I：该象限的关键词具有高频、高中心度的特点，反映了该领域的研究热点以及研究重点。在既有研究中，"数字金融""普惠金融""乡村振兴""共同富裕"等既是该领域的研究热点，又与其他领域联系密切。尤其"普惠金融"更容易成为核心议题，这与数字金融的普惠性特征相关。

象限Ⅱ：这一象限的关键词具有低频、高中心度的特点，尽管缺乏充分的探索，但往往代表着研究领域潜力较大、可与其他领域相结合的议题较多。如"社会资本"等。

象限Ⅲ：该象限的关键词具有低频、低中心度的特点。这些关键词代表的主题不仅发展不成熟，还与其他主题联系较差。如"家庭财富""消费结构""收入差距""非农就业"等。但是，上述议题未来是被逐渐边缘化还是能得到进一步发展，取决于今后能否得以深度挖掘或与其他领域相联系。

象限Ⅳ：该象限的关键词具有高频、低中心度的特点，围绕这类议题的研究相对成熟，但与其他研究领域的联系相对较少。这类关键词既存在退化到第三象限而逐渐边缘化的可能，也存在与其他领域相结合而获得纵深发展机会的可能。如"中介效应"分析方法和模型等。

（五）发展趋势

此外，本章通过关键词突现进一步了解该领域的研究趋势。突现词是指某一个时间段内被引频次突然增多的关键词，可以反映某一时间段内的研究趋势。

图4-5报告了核心词发生突变的起止年份，这表明某一关键词在某段时间内出现频次明显高于时间段外的关键词（突变关键词），可用于检测该领域内研究兴趣突变型的增长，也可反映该领域的发展脉络。

研究结果显示，"农村金融""农商银行""普惠金融""农信机构"突变时间最长。"数字鸿沟""中介效应""影响机制"在2021年发生突变，延续至2023年，说明相关问题已经逐步成为研究热点。

突变强度排名前20的关键词

关键词	年份	突现强度	开始	结束	2013—2023
小额信贷	2013	1.76	**2013**	2016	
合作社	2014	1.27	**2014**	2015	
农村金融	2015	4.92	**2015**	2019	
农商银行	2015	2.63	**2015**	2019	
家庭农场	2015	1.99	**2015**	2016	
普惠金融	2013	9.13	**2016**	2020	
农信机构	2016	1.45	**2016**	2020	
金融服务	2018	3.6	**2018**	2020	
金融能力	2018	2.22	**2018**	2019	
金融排斥	2018	2.07	**2018**	2019	
金融普惠	2018	1.79	**2018**	2020	
影响因素	2019	2.05	**2019**	2020	
农户	2018	1.26	**2019**	2020	
金融知识	2020	2.34	**2020**	2021	
多维贫困	2020	2.18	**2020**	2021	
家庭消费	2020	1.4	**2020**	2021	
农民收入	2020	1.27	**2020**	2021	
数字鸿沟	2021	1.89	**2021**	2023	
中介效应	2020	1.58	**2021**	2023	
影响机制	2021	1.38	**2021**	2023	

图4-5 关键词突现图谱

第二篇

02

| 数字金融发展的经济效应 |

第五章

数字金融发展与居民就业 [①]

就业不仅是民生问题，同样是发展问题。特别是在全球经济增长乏力的大背景下，深刻认识劳动力市场存在的结构性矛盾，认真厘清数字金融发展对就业的作用机制，充分总结数字金融在促进就业、创业中的创新经验，及时补上数字金融在服务劳动力市场方面的短板，因势利导做好稳就业促发展工作，这些已经成为各级政府和社会共同关注和亟待解决的问题。本章探讨数字金融发展与居民就业的关系。数字金融发展一方面催生新的就业形态和更加灵活的就业形式，为就业创业开拓更大的发展空间。另外，数字技术也将对不同行业、不同技能的劳动者产生冲击，给劳动力市场带来新的机遇和挑战（龚六堂，2021）。

一、引言

就业是最大的民生工程、民心工程、根基工程，是社会稳定的重要保障。2021年3月颁布的《中华人民共和国国民经济和社会发展第十四个五年规划和2035年远景目标纲要》明确提出，健全有利于更充分更高质量就业的促进机制，扩大就业容量，提升就业质量，缓解结构性就业矛盾。2021年8月，国务院印发《"十四五"就业促进规划》，指出要坚持经济发展就业导向，不断扩大就业容量，推动形成高质量发展与就业扩容提质互促共进的良性循环。

[①] 本章内容主要来自何宗樾，宋旭光．数字经济促进就业的机理与启示——疫情发生之后的思考[J]．经济学家，2020（05）．

2022年10月，党的二十大报告进一步强调，实施就业优先战略，强化就业优先政策，健全就业促进机制，促进高质量充分就业。

近年来，我国就业形势总体稳定。2022年，全国城镇新增就业1206万人，失业率保持低位。在全球经济复苏乏力的大环境下，我们取得这一成绩难能可贵。但与此同时，一方面，劳动力的供给持续高位运行，就业总量压力依然存在。另一方面，随着信息技术革命的发展，劳动力需求也在不断变化，就业供需不匹配的结构性矛盾逐渐凸显。因此，在国家增速换挡、质量上升的关键阶段，如何实现就业扩容、提升就业质量是现阶段面临的一项重要任务。

数字金融发展在促进就业结构优化进而带动经济结构转型方面大有可为。目前，数字金融是我国经济发展中创新最活跃、增长速度最快、影响最广泛的领域之一，推动生产生活方式发生深刻变革，已成为国民经济高质量发展的新引擎（曹淑敏，2022）。数字金融的发展催生新的就业形态和更加灵活的就业形式，打破时空局限，使我国劳动力市场表现出强大的就业韧性（李晓栋和万诗婕，2022）。数字金融发展通过数字技术实现金融包容性发展，有效缓解金融排斥，在降低创新生产成本的同时，激发了社会创新创业活力。然而，遗憾的是，现有文献主要聚焦于数字金融发展的就业增长效应，比较缺乏对数字金融与就业结构转型关系的研究。

鉴于此，本章试图从就业结构转型的视角，探究数字金融发展的经济效应，为我国数字金融发展带动经济结构转型提供定量化的参考依据。

本章力图在以下两方面有所贡献：第一，本章通过考察数字金融发展与就业的关系，特别是数字金融发展对不同类型就业的异质影响，补充数字金融的经济效应方面的研究。第二，本章的政策意涵明确，可以为相关部门的政策实践提供经验支持。

二、文献综述

与本章密切相关的文献主要有三类，其中，第一类文献与数字金融的经济效应研究相关。大数据、云计算、人工智能、区块链等新兴技术所推动的数字金融正成为经济高质量发展的新动能和新引擎，这一点已经成为广泛共识。部分文献从宏观层面讨论数字金融与经济增长的关系。Kapoor（2013）发现数字金融可以促进经济增长。钱海章等（2020）指出数字金融发展通过促进技术创新与地区创业，进而推动了经济增长。特别是在城镇化率低和物质资本高的地区，数字金融发展对经济增长的促进作用更强。王修华和赵亚雄（2019）认为金融包容性发展呈现"聚集""鸿沟"和"波动"三大特征，金融包容性发展可通过提供金融服务、降低交易成本、加强风险管理、促进能力创新等机制实现扩大再生产，进而影响实体经济产出。

与此同时，也有部分学者关注数字金融对全要素生产率、创新效率、包容性增长等经济高质量发展不同维度的影响。宋敏等（2021）发现金融科技有助于降低金融机构与企业之间的信息不对称，缓解企业融资约束，提升信贷资源配置效率，进而促进企业全要素生产率的提高。聂秀华等（2021）指出数字金融降低了金融服务门槛，数字金融通过缓解融资约束、优化产业结构，有效提升区域技术创新水平。数字金融的创新"激励效应"在数字金融发展较为成熟、制度质量较好、人力资本水平较高的地区更为突出。唐松等（2020）发现数字金融发展对企业技术创新存在"结构性"驱动效果，能够有效解决企业的融资约束，驱动企业去杠杆、稳定财务状况，进而提升企业创新产出。杜金岷等（2020）认为数字普惠金融通过收入差距缩小、资本积累、消费需求扩张以及技术创新，促进产业结构向合理化和高级化演化。宋晓玲（2017）指出数字技术与普惠金融的融合有助于缩小城乡收入差距，实现城乡包容性增长和共同富裕。张勋等（2019）认为数字金融使农村低收入群体获益更多，从而缩小了区域和城乡差别，促进经济的包容性增长。

第二类文献与就业的影响因素相关。国内外学者从宏观、微观不同层面寻找影响和制约就业的关键因素。微观层面主要涉及年龄、性别、健康、人力资本等人口特征因素（张川川和王靖雯，2020；王广州，2022；李琴等，2014；魏众，2004；李实，2001；邓峰和丁小浩，2012），以及家庭社会关系网络等家庭特征因素（陈钊等，2009）。宏观层面则主要涉及经济发展、技术变革、产业结构、制度与政策等环境特征因素（蔡昉，2007；龚玉泉和袁志刚，

2002；Hollander 和 Weel，2002；郭凯明，2019；余向华和陈雪娟，2012）。其中有一篇文献聚焦于数字金融对就业的影响，与本章密切相关。

第三类文献主要探讨数字金融与就业的关系。随着数字金融的发展，新业态、新模式不断涌现，开拓出更多新岗位。就业载体、就业形态、就业技能要求均发生变化，劳动力市场供求结构也在不断变化和调整。邢小强等（2017）采用案例研究方法，验证了数字平台通过电商消费的模式，带动贫困地区劳动力就业。莫怡青和李力行（2022）发现随着数字技术的发展，平台经济迅速崛起，拓宽了"零工经济"的应用场景，提升了工作岗位的匹配度，促进了工作效率的提升，创造出大量新的就业岗位和就业形态。

数字金融具有创业激励效应，而创业可以提供更多的就业岗位。数字金融拓展了传统金融的服务边界，降低了长尾群体面临的信贷约束，缓解了信息不对称，提高了金融服务效率（Karaivanov，2012；王博等，2017），有助于小微企业的创业活动。何婧和李庆海（2019）发现数字金融能够降低农户信贷约束，增强农户的金融服务可得性，提高农户的信息可得性，拓宽其信息获取渠道，提升农户对市场环境的信任度，促进合作，最终激励农户创业，并提升其创业绩效。张勋等（2019）认为数字金融可以进一步拓展金融的服务范围和提高触达能力，降低企业融资约束，促进家庭创业，推动创业机会的均等化。同时，数字金融通过改善融资环境，降低融资成本，为企业提供更加普惠的金融服务，降低企业的经营成本和交易成本（万佳彧等，2020），进而促进企业创新创业活动。Beck 等（2018）以支付技术创新为例，验证了移动支付能够提升创业，促进经济发展。Yin 等（2019）发现移动支付通过改变用户风险偏好、丰富社会网络，以及提供更便捷的金融服务等方式增加家庭创业的可能性。谢绚丽等（2018）认为数字金融降低了线下的搜寻成本与匹配成本，对城镇化率较低的地区、注册资本较少的微型企业起到了创业激励作用。

此外，数字金融的发展拓宽了长尾客户接触金融产品和服务的渠道，提高了低教育水平人群使用金融工具的频率和能力，进而改善了这部分群体的金融素养（李晓栋和万诗婕，2022）。数字技能和金融素养的提升，有效地促进了人力资本积累，进而促进就业。尹志超等（2019）也支持普惠金融的创业促进作用，指出普惠金融主要是通过对基础金融服务的使用，使家庭具备更强的经济金融决策能力，从而更敢于承担创业风险。

事实上，数字金融对就业有着较为复杂的影响，数字金融的就业创造效应与就业破坏效应并存，不仅改变了就业的规模，还改变了就业的结构。冉光和唐滔（2021）的研究发现，数字金融促进了第三产业就业增加，但抑制第一产业及部分第二产业的就业，有助于优化社会就业结构。Autor 和 Dorn（2013）则发现就业替代效应主要发生在中等技能劳动力群体中。田鸽和张勋（2022）认为数字金融发展在促进创业方面具有技能偏向性，特别是有利于促进高技能劳动力创业，有助于推动就业的高级化发展。

三、研究设计

（一）实证策略

为了探讨数字金融发展与家庭就业决策的关系，本章首先建立两者关系的实证模型。用 E_{ijt} 表示第 t 年 j 地区第 i 个个体是否处于就业的状态变量，个体所在地区的数字金融发展程度用 DF_{jt} 表示，可以得到如下基准模型：

$$E_{ijt} = \beta_0 + \beta_1 DF_{jt} + \gamma X_{ijt} + \theta_i + \delta_t + \mu_{ijt} \tag{5-1}$$

式（5-1）中，系数 β_1 衡量了数字金融发展对个体就业决策的总体影响。本章衡量就业决策 E_{ijt} 主要根据个体是否参与劳动并获得收益来定义，是一个二值变量，如果个体参与劳动并获得收益赋值为1，否则为0。

X_{ijt} 为控制变量，本章尽可能控制了影响就业的各类因素，来克服遗漏变量导致的偏差。户主特征变量包括户主的年龄、性别、受教育年限、政治面貌、户籍、健康，以及互联网使用等；家庭特征变量包括家庭的人口规模、家庭抚养比、是否银行借贷，以及家庭收入等。此外，本章进一步控制了地区层面的传统金融发展程度的变量。

本章采用双向固定效应，θ_i 表示家庭层面的固定效应，以控制不随时间变化的家庭差异对就业决策的影响；δ_t 表示时间固定效应，以控制影响居民就业决策的共同时间趋势；μ_{ijt} 为随机扰动项。

此外，E_{ijt} 也可以表示不同类型的就业决策。为了从不同角度来衡量就业行为，本章将就业决策细分为个体涉农就业决策和个体非农就业决策。在此基础上，我们进一步将个体非农就业决策细分为受雇者和个体创业[①]两类变量，以反映居民就业与创业的决策行为。因而，模型（5-1）可以进一步用来考察数字金融发展对居民就业结构的影响。

（二）估计方法

我们如果采用上述的模型进行估计，可能存在内生性的问题，从而导致估计系数产生偏误。我们借鉴张勋等（2019）研究中的方法，选取家庭所在地区与杭州的球面距离以及家庭所在地区与省会的球面距离两类工具变量。

这两类工具变量与本地区的数字金融发展程度显然具有相关性。众所周知，以支付宝为代表的数字金融的发展在杭州起源，因此，杭州的数字金融发展应处于领先位置，可以预期，在地理上距离杭州越近，数字金融的发展程度应越好。此外，省会通常是一个省的经济中心，也应是数字金融发展中心，距离省会越近，数字金融发展也应越好。因此，这两个指标与数字金融发展紧密相关。

（三）数据

本章使用的第一部分数据来自北京大学中国社会调查中心执行的中国家庭追踪调查（China Family Panel Studies，CFPS）数据库。该数据库于2010年正式开展调查，样本覆盖25个省（自治区、直辖市）162个县（县级市、旗、市辖区等），目标样本规模为16000户，调查对象包含样本家庭的全部家庭成员，数据具有较好的代表性。本章使用的就业决策、年龄、性别、受教育程度、婚姻、健康等信息来自个人问卷，而家庭抚养负担、家庭规模、家庭存款、银行借贷等信息来自家庭问卷。本章选取 CFPS2014 年和 2016 年两期调查数据。

---

① 在 CFPS 数据中，企业家群体的定义为私营业主和个体经营户，如果参与或完全经营则取值为1，否则为0。

  第二部分数据是地区层面的数字金融发展程度。本章选取中国数字普惠金融发展指数作为数字金融发展的代理变量。该指数采用了蚂蚁金服的交易账户大数据,这些数据由北京大学数字金融研究中心和蚂蚁金服集团共同编制(郭峰等,2020),是涉及省、市、县三级的年度数据,已经被广泛认可并应用于分析中国数字金融发展方面,具有相当的代表性和可靠性。

  第三部分数据是工具变量数据。构造数字金融发展的工具变量过程中,使用的距离杭州和距离省会的相关数据来自地理经纬度计算结果。

  表5-1报告了主要变量的描述性统计结果。

表5-1 主要变量的描述性统计

变量	观测值	均值	标准差	最小值	最大值
劳动参与(是=1)	27,072	0.794	0.405	0	1
受雇者(是=1)	27,072	0.0803	0.272	0	1
非正规就业(是=1)	27,072	0.286	0.452	0	1
数字金融指数	27,072	188.6	50.91	105.6	320.0
数字金融发展宽度	27,072	165.0	31.80	110.6	248.5
数字金融发展深度	27,072	225.4	109.0	72.68	454.6
数字金融支撑服务	27,072	199.9	42.95	141.9	311.4
年龄	27,072	44.50	12.87	16	65
性别(男性=1)	27,072	0.482	0.500	0	1
受教育年限	27,072	7.117	4.680	0	18
党员(共产党=1)	27,072	0.0727	0.260	0	1
户籍(农村=1)	27,072	0.733	0.442	0	1
健康(是=1)	27,072	0.853	0.354	0	1
互联网使用	27,072	0.358	0.480	0	1
婚姻(已婚=1)	27,072	0.846	0.361	0	1
家庭规模	27,072	4.387	1.867	1	17

变量	观测值	均值	标准差	最小值	最大值
儿童抚养比	27,072	0.152	0.158	0	0.800
老年抚养比	27,072	0.128	0.211	0	1
ln 家庭收入	27,072	8.991	1.230	0.223	14.21
是否银行借贷	27,072	0.139	0.346	0	1
金融机构贷款余额 / GDP	27,072	1.130	0.698	0.215	7.450

四、数字金融发展与就业：实证分析

接下来，本章考察数字金融发展与就业的关系，在基准分析之后，进行内生性讨论。

（一）数字金融发展与就业

本章根据模型（5-1），使用 Probit 模型研究数字金融发展与就业的关系。在回归分析中均控制了时间和地区的固定效应。此外，本章将使用地区层面的稳健聚类标准误。

表5-2第（1）列只引入数字金融发展和户主特征变量；第（2）列在第（1）列的基础上引入家庭特征变量；第（3）列进一步控制地区层面的控制变量。通过对比第（1）至（3）列的估计结果可以看出，数字金融变量系数的显著性和大小基本稳定。在所有回归中，数字金融发展的估计系数均在5%的水平上通过了显著性检验，表明从整体而言，数字金融发展能够促进居民就业。

其他控制变量的系数也大致符合预期。性别与就业呈显著的正向相关关系，说明劳动力市场仍存在明显的性别就业差距，且主要体现在就业机会获取方面。受教育年限、健康状况、互联网使用等与人力资本积累相关的变量对就业机会获得具有积极影响。

表5-2　数字金融发展与就业：基准分析

被解释变量 就业	Probit 模型		
	(1)	(2)	(3)
数字金融发展	−0.2309**	−0.2136**	−0.2889***
	(0.1056)	(0.1067)	(0.1087)
户主年龄	0.0151***	0.0051	0.0050
	(0.0030)	(0.0033)	(0.0033)
性别	0.4929***	0.5762***	0.5768***
	(0.0291)	(0.0288)	(0.0287)
受教育年限	0.0283***	0.0188***	0.0186***
	(0.0041)	(0.0037)	(0.0037)
党员	0.1144**	0.1159**	0.1176**
	(0.0526)	(0.0530)	(0.0530)
户籍	0.6095***	0.5988***	0.5975***
	(0.0407)	(0.0402)	(0.0399)
健康状况	0.3832***	0.3558***	0.3550***
	(0.0346)	(0.0354)	(0.0355)
互联网使用	0.0262	0.0809***	0.0804***
	(0.0298)	(0.0282)	(0.0281)
婚姻		0.8757***	0.8752***
		(0.0513)	(0.0514)
家庭规模		−0.0270***	−0.0269***
		(0.0078)	(0.0078)
儿童抚养比		0.1151	0.1159
		(0.0913)	(0.0914)

续表

被解释变量就业	Probit 模型		
	(1)	(2)	(3)
老年抚养比		−0.6194***	−0.6219***
		(0.0530)	(0.0527)
家庭收入		0.0173	0.0177
		(0.0118)	(0.0117)
是否银行借贷		0.0453	0.0442
		(0.0332)	(0.0327)
传统金融发展			0.0575*
			(0.0318)
时间固定效应	是	是	是
地区固定效应	是	是	是
样本量	27,072	27,072	27,072
R^2	0.0883	0.140	0.140

注：1）括号内为稳健标准误，且在地区层面聚类（Cluster）；2）*、** 和 *** 分别表示在 10%、5% 和 1% 的水平上显著。

（二）内生性问题

本章进一步利用工具变量法处理模型可能存在的内生性问题。本章选取家庭所在地区与杭州的平均球面距离，以及家庭所在地区与省会的球面距离两类工具变量。由于所选取的工具变量并不是随时间变化的，这使得一般的第二阶段估计失效。因此，我们如果将工具变量与全国层面相应的数字金融发展指数的均值进行交互，就会产生作为新的具有时间变化效应的工具变量。

表5-3报告了采用工具变量估计的回归结果。我们从第二阶段的估计结果可以看出，考虑异方差的弱工具变量检验 F 统计量大于10。因此，本章选取的工具变量是有效的。结果显示，数字金融发展对居民就业具有积极作用，

证实了基准估计结果的稳健性。

表5-3　数字金融发展与就业：第二阶段回归

被解释变量 就业	2SLS		
	(1)	(2)	(3)
数字金融发展	−0.0681**	−0.0739**	−0.0670*
	(0.0333)	(0.0334)	(0.0344)
户主年龄	−0.0089	−0.0123	−0.0122
	(0.0125)	(0.0125)	(0.0125)
受教育年限	0.0221***	0.0213***	0.0213***
	(0.0032)	(0.0032)	(0.0032)
党员	0.0114	0.0116	0.0114
	(0.0228)	(0.0228)	(0.0228)
户籍	−0.0225	−0.0207	−0.0206
	(0.0185)	(0.0185)	(0.0185)
健康状况	0.0328***	0.0325***	0.0325***
	(0.0090)	(0.0090)	(0.0090)
互联网使用	0.0402***	0.0381***	0.0380***
	(0.0083)	(0.0083)	(0.0083)
婚姻		−0.0308*	−0.0308*
		(0.0187)	(0.0187)
家庭规模		−0.0015	−0.0015
		(0.0030)	(0.0030)
儿童抚养比		−0.0135	−0.0132
		(0.0324)	(0.0324)

被解释变量 就业	2SLS		
	(1)	(2)	(3)
老年抚养比		−0.0928***	−0.0926***
		(0.0244)	(0.0244)
家庭收入		0.0128***	0.0129***
		(0.0026)	(0.0026)
是否银行借贷		−0.0047	−0.0047
		(0.0088)	(0.0088)
传统金融发展			0.0048
			(0.0049)
时间固定效应	是	是	是
家庭固定效应	是	是	是
样本量	25,140	25,140	25,140
R^2	0.007	0.011	0.011
First stage F−stat	9471	9444	8989

注：1）括号内为稳健标准误，且在地区层面聚类（Cluster）；2）*、** 和 *** 分别表示在 10%、5% 和 1% 的水平上显著。

（三）数字金融发展与不同类型就业决策

从目前的研究来看，数字金融发展促进经济增长的作用基本形成了共识，但是人们对于数字金融发展影响就业的方向和程度仍存在诸多分歧。考虑到数字金融的就业效应在不同产业、行业间存在较大差异，本部分将按照就业类型进行分类研究。

表5-4的第（1）和（2）列为涉农就业的估计结果，第（3）和（4）列为非农就业的估计结果。我们发现，数字金融发展确实与劳动力市场存在负向冲击，但是这种不利冲击主要针对的是涉农类型的就业。对于非农就业，

数字金融发展的系数估计值为正，且在统计意义上显著。这一结果表明，数字金融发展在释放非农就业的同时，也在一定程度上导致了农业就业的下降。

其原因：一方面是数字技术变革会对劳动力市场产生冲击（Acemoglu 和 Autor，2011），这主要源于数字技术变革所带来的产业结构和就业结构的调整，使得部分劳动者处于更加不利的位置。另一方面是数字金融发展催生出新的就业形态和更加灵活的就业方式，促使更多的非农就业机会被创造出来，释放了对现有就业机会的需求，甚至提高了劳动回报，进而也在一定程度上挤压了农业就业份额。

表5-4 数字金融发展与不同类型就业

被解释变量 就业	涉农就业		非农就业	
	(1)	(2)	(3)	(4)
数字金融发展	−0.7827***	−0.7641***	0.4882***	0.4520***
	(0.2564)	(0.2451)	(0.1760)	(0.1745)
户主年龄	0.0257***	0.0244***	−0.0094***	−0.0191***
	(0.0017)	(0.0018)	(0.0016)	(0.0020)
性别	−0.0416	−0.0275	0.4693***	0.5171***
	(0.0311)	(0.0316)	(0.0268)	(0.0275)
受教育年限	−0.0340***	−0.0354***	0.0602***	0.0530***
	(0.0045)	(0.0043)	(0.0040)	(0.0040)
党员	−0.0702	−0.0634	0.1174***	0.1040**
	(0.0556)	(0.0544)	(0.0440)	(0.0448)
户籍	1.4490***	1.3990***	−0.4817***	−0.4795***
	(0.0794)	(0.0765)	(0.0600)	(0.0552)
健康状况	0.0823**	0.0776**	0.3935***	0.3651***
	(0.0373)	(0.0380)	(0.0316)	(0.0340)

被解释变量 就业	涉农就业		非农就业	
	(1)	(2)	(3)	(4)
互联网使用	−0.5484***	−0.5001***	0.4091***	0.4068***
	(0.0317)	(0.0319)	(0.0311)	(0.0311)
婚姻		0.4321***		0.6583***
		(0.0530)		(0.0616)
家庭规模		0.0011		−0.0196***
		(0.0083)		(0.0064)
儿童抚养比		0.0543		0.0029
		(0.0896)		(0.0960)
老年抚养比		−0.2672***		−0.4444***
		(0.0689)		(0.0796)
家庭收入		−0.0940***		0.1145***
		(0.0145)		(0.0155)
是否银行借贷		−0.0608*		0.0605
		(0.0368)		(0.0409)
传统金融发展		0.0407		−0.0129
		(0.0528)		(0.0387)
时间固定效应	是	是	是	是
地区固定效应	是	是	是	是
样本量	27,072	27,072	27,072	27,072
Pseudo R^2	0.320	0.331	0.217	0.242

注：1）括号内为稳健标准误，且在地区层面聚类（Cluster）；2）*、** 和 *** 分别表示在 10%、5% 和 1% 的水平上显著。

（四）数字金融发展与不同类型非农就业决策

上述结果表明数字金融发展有利于促进非农就业，那么，数字金融发展的就业促进效应对哪些类型的非农就业者更为有利呢？换言之，哪一类就业者更容易从数字金融的发展中获益呢？本节将对此展开分析。

借鉴已有研究，我们将非农就业者细分为受雇者和创业者，其中受雇者中又进一步识别出非正规就业者，这样便于我们考察灵活就业问题。表5-5报告了不同类型非农就业决策受数字金融发展的异质影响。其中，第（2）列、（4）列和（6）列分别为全变量回归。结果显示，数字金融对于受雇型非农就业者具有积极影响，特别是有助于非正规就业者就业。随着数字金融发展，传统就业形态正逐步发生演变，不断催生新的就业模式，大量灵活就业的机会持续增加。对创业者而言，数字金融发展的系数为正，并且在10%的水平通过了显著性检验，表明数字金融对创业者也产生了积极的影响。数字金融发展有助于促进资源优化配置，降低创业者的金融排斥水平，有效改善创业的外部环境。

表5-5　数字金融发展与不同类型非农就业决策

被解释变量就业	受雇者				创业者	
	其余受雇者		非正规就业者			
	(1)	(2)	(3)	(4)	(5)	(6)
数字金融发展	0.5552***	0.3425**	0.3470**	0.3893**	−0.0300	0.2305*
	(0.1596)	(0.1412)	(0.1569)	(0.1635)	(0.1425)	(0.1274)
户主年龄	−0.0121***	−0.0214***	−0.0161***	−0.0244***	0.0031**	0.0001
	(0.0017)	(0.0022)	(0.0012)	(0.0015)	(0.0014)	(0.0021)
性别	0.3246***	0.3724***	0.3933***	0.4291***	0.2258***	0.2418***
	(0.0272)	(0.0281)	(0.0289)	(0.0295)	(0.0278)	(0.0338)
受教育年限	0.0638***	0.0541***	0.0321***	0.0257***	0.0181***	0.0195***
	(0.0041)	(0.0043)	(0.0035)	(0.0034)	(0.0045)	(0.0046)

被解释变量就业	受雇者				创业者	
	其余受雇者		非正规就业者			
	(1)	(2)	(3)	(4)	(5)	(6)
党员	0.2878***	0.2658***	−0.4558***	−0.4783***	−0.2929***	−0.2871***
	(0.0432)	(0.0440)	(0.0477)	(0.0506)	(0.0685)	(0.0599)
户籍	−0.5156***	−0.4404***	−0.0818	−0.0944*	0.0111	−0.1013***
	(0.0541)	(0.0493)	(0.0520)	(0.0485)	(0.0555)	(0.0391)
健康状况	0.3510***	0.3124***	0.3465***	0.3233***	0.2352***	0.2355***
	(0.0366)	(0.0396)	(0.0298)	(0.0312)	(0.0505)	(0.0400)
互联网使用	0.2874***	0.2314***	0.2243***	0.2349***	0.2932***	0.3591***
	(0.0331)	(0.0338)	(0.0317)	(0.0320)	(0.0357)	(0.0355)
婚姻		0.4299***		0.6200***		0.5176***
		(0.0623)		(0.0573)		(0.0688)
家庭规模		−0.0101		0.0010		0.0107
		(0.0075)		(0.0075)		(0.0094)
儿童抚养比		0.0647		−0.1394		−0.1389
		(0.0899)		(0.1003)		(0.1238)
老年抚养比		−0.3283***		−0.7202***		−0.3710***
		(0.0773)		(0.0749)		(0.0711)
家庭收入		0.3185***		0.0497***		−0.2011***
		(0.0151)		(0.0152)		(0.0171)
是否银行借贷		−0.1095***		0.0040		0.2579***
		(0.0308)		(0.0323)		(0.0508)
传统金融发展		0.0257		−0.0291		−0.0669**
		(0.0354)		(0.0268)		(0.0266)

被解释变量就业	受雇者				创业者	
	其余受雇者		非正规就业者			
	(1)	(2)	(3)	(4)	(5)	(6)
时间固定效应	是	是	是	是	是	是
地区固定效应	是	是	是	是	是	是
样本量	27,072	27,072	27,072	27,072	27,072	27,072
Pseudo R^2	0.213	0.254	0.131	0.155	0.0465	0.0963

注：1）括号内为稳健标准误，且在地区层面聚类（Cluster）；2）*、** 和 *** 分别表示在 10%、5% 和 1% 的水平上显著。

五、数字金融发展对居民就业的异质性影响

以上研究表明，数字金融发展在一定程度上，增加了居民的就业机会，特别是为居民提供更加灵活的就业机会，这意味着，现阶段中国数字金融的就业促进效应要大于就业抑制效应。那么，对于不同资源禀赋、不同社会处境中的群体，哪一类群体能够更充分地获得数字金融带来的红利呢？人们回答这一问题具有重要的理论和现实意义，有利于从政策层面上给出启示和建议。鉴于此，我们采用分样本回归讨论群体的异质性特征。

（一）人口特征的异质性

我们考察数字金融的就业促进效应在人口特征层面的异质性。表5-6报告了基于性别划分的异质性分析结果。我们发现，数字金融发展不仅有利于

稳定和扩大就业，还有助于缩小性别收入差异。具体而言，对于受雇者，数字金融发展使得女性劳动者有机会获得更多的就业机会。然而，对于创业者，数字金融发展则在一程度上更有助于促进男性创业者就业。

表5-6 数字金融发展与就业：性别的异质性

被解释变量就业	受雇者				创业者	
	其余受雇者		非正规就业者			
	(1)	(2)	(3)	(4)	(5)	(6)
	女性	男性	女性	男性	女性	男性
数字金融发展	0.4255***	0.2457	0.4252**	0.3206*	0.1652	0.2677*
	(0.1514)	(0.1563)	(0.1727)	(0.1735)	(0.1765)	(0.1588)
户主年龄	−0.0226***	−0.0212***	−0.0213***	−0.0278***	0.0021	−0.0007
	(0.0027)	(0.0024)	(0.0020)	(0.0020)	(0.0026)	(0.0024)
受教育年限	0.0604***	0.0477***	0.0398***	0.0118***	0.0356***	0.0079
	(0.0061)	(0.0052)	(0.0048)	(0.0045)	(0.0066)	(0.0056)
党员	0.3794***	0.1982***	−0.3068***	−0.5232***	−0.4367***	−0.2186***
	(0.0757)	(0.0526)	(0.0893)	(0.0546)	(0.1256)	(0.0828)
户籍	−0.3777***	−0.4903***	−0.1514***	−0.0220	−0.1258**	−0.0715
	(0.0569)	(0.0595)	(0.0524)	(0.0614)	(0.0600)	(0.0589)
健康状况	0.3015***	0.2997***	0.3139***	0.3145***	0.2089***	0.2701***
	(0.0531)	(0.0549)	(0.0418)	(0.0496)	(0.0664)	(0.0762)
互联网使用	0.2880***	0.1888***	0.2405***	0.2319***	0.3067***	0.3984***
	(0.0392)	(0.0522)	(0.0449)	(0.0391)	(0.0554)	(0.0419)
婚姻	0.2963***	0.5678***	0.5006***	0.7498***	0.6349***	0.4365***
	(0.0721)	(0.0812)	(0.0609)	(0.0755)	(0.0838)	(0.0742)
家庭规模	−0.0068	−0.0160*	0.0086	−0.0075	0.0043	0.0170
	(0.0114)	(0.0090)	(0.0108)	(0.0082)	(0.0135)	(0.0111)

被解释变量就业	受雇者				创业者	
	其余受雇者		非正规就业者			
	(1)	(2)	(3)	(4)	(5)	(6)
	女性	男性	女性	男性	女性	男性
儿童抚养比	−0.2076*	0.2763**	−0.3869***	0.0980	−0.2527*	−0.0271
	(0.1192)	(0.1194)	(0.1317)	(0.1101)	(0.1535)	(0.1440)
老年抚养比	−0.1998*	−0.4077***	−0.5696***	−0.8496***	−0.4345***	−0.3369***
	(0.1111)	(0.0859)	(0.0869)	(0.0934)	(0.1247)	(0.1143)
家庭收入	0.2846***	0.3531***	0.0318*	0.0680***	−0.2010***	−0.2045***
	(0.0223)	(0.0185)	(0.0187)	(0.0161)	(0.0203)	(0.0185)
是否银行借贷	−0.0971**	−0.1206***	−0.0005	0.0096	0.2864***	0.2377***
	(0.0449)	(0.0429)	(0.0424)	(0.0408)	(0.0592)	(0.0447)
传统金融发展	0.0376	0.0144	−0.0042	−0.0499*	−0.0917**	−0.0502*
	(0.0365)	(0.0382)	(0.0336)	(0.0273)	(0.0381)	(0.0261)
时间固定效应	是	是	是	是	是	是
地区固定效应	是	是	是	是	是	是
样本量	13,976	13,050	14,022	13,050	14,022	13,050
Pseudo R^2	0.269	0.230	0.157	0.141	0.0999	0.0898

注：1）括号内为稳健标准误，且在地区层面聚类（Cluster）；2）*、** 和 *** 分别表示在 10%、5% 和 1% 的水平上显著。

表5-7报告了基于年龄划分的异质性分析结果。考虑到不同年龄群体在金融素养、数字技能等方面的差异，我们按照联合国确定的年龄划分标准，以45岁为界，将样本分青年样本（16岁至44岁）和中老年样本（45岁以上）

两组。

从年龄的异质性出发，我们发现，数字金融发展对青年群体就业更为友好，为其拓展了更大的空间。具体而言，对于受雇者，数字金融发展显著提升了青年群体的就业概率，其对中老年群体的促进作用不显著。青年群体与新就业形态以及新工作场所特征相互影响，并相互成就。新业态就业以方式的灵活性、工作安排的自主性以及对互联网机制知识的掌握度为基本要求，吸引了大量青年劳动者加入其中（赵炜，2023）。对于创业者，数字金融对个体创业决策的影响，在不同年龄组别的差异较小，且在统计意义上未通过显著性检验。

表5-7　数字金融发展与就业：年龄的异质性

被解释变量就业	受雇者				创业者	
	其余受雇者		非正规就业者			
	(1)	(2)	(3)	(4)	(5)	(6)
	青年	中老年	青年	中老年	青年	中老年
数字金融发展	0.3571***	0.2624	0.4057***	0.3327	0.1931	0.2389
	(0.1368)	(0.1838)	(0.1563)	(0.2143)	(0.1602)	(0.1895)
户主年龄	0.0168***	−0.0615***	0.0121***	−0.0714***	0.0163***	−0.0173***
	(0.0035)	(0.0061)	(0.0028)	(0.0045)	(0.0034)	(0.0052)
性别	0.2454***	0.6053***	0.3970***	0.5378***	0.2782***	0.2154***
	(0.0364)	(0.0415)	(0.0435)	(0.0398)	(0.0398)	(0.0396)
受教育年限	0.0799***	0.0274***	0.0289***	0.0194***	0.0197***	0.0201***
	(0.0058)	(0.0064)	(0.0049)	(0.0050)	(0.0058)	(0.0064)
党员	0.3319***	0.3150***	−0.5335***	−0.4114***	−0.3523***	−0.2374***
	(0.0632)	(0.0604)	(0.0711)	(0.0728)	(0.1055)	(0.0887)

续表

被解释变量就业	受雇者				创业者	
	其余受雇者		非正规就业者			
	(1)	(2)	(3)	(4)	(5)	(6)
	青年	中老年	青年	中老年	青年	中老年
户籍	−0.3550***	−0.5711***	0.0363	−0.2629***	0.0280	−0.2339***
	(0.0526)	(0.0667)	(0.0541)	(0.0619)	(0.0588)	(0.0710)
健康状况	0.2868***	0.3127***	0.2736***	0.3320***	0.1172	0.2620***
	(0.0623)	(0.0492)	(0.0523)	(0.0436)	(0.0779)	(0.0641)
互联网使用	0.2521***	0.2468***	0.3177***	0.1852***	0.4204***	0.3088***
	(0.0373)	(0.0584)	(0.0379)	(0.0536)	(0.0471)	(0.0608)
婚姻	0.1266**	−0.0096	0.3291***	−0.0260	0.4635***	0.0094
	(0.0637)	(0.0774)	(0.0517)	(0.0824)	(0.0763)	(0.0854)
家庭规模	0.0248**	−0.0292**	0.0299***	0.0002	0.0173	0.0332**
	(0.0108)	(0.0130)	(0.0106)	(0.0127)	(0.0133)	(0.0138)
儿童抚养比	−0.0056	0.0399	0.0300	−0.4813***	0.0710	−0.6807***
	(0.1052)	(0.1828)	(0.1201)	(0.1648)	(0.1598)	(0.2197)
老年抚养比	0.0094	−0.2831***	−0.0395	−1.3269***	−0.1677	−0.3338**
	(0.1166)	(0.0971)	(0.1145)	(0.1206)	(0.1619)	(0.1342)
家庭收入	0.3846***	0.2716***	0.0702***	0.0331	−0.2271***	−0.1730***
	(0.0201)	(0.0202)	(0.0159)	(0.0221)	(0.0206)	(0.0210)
是否银行借贷	−0.2012***	−0.0205	−0.0132	0.0222	0.3022***	0.2032***
	(0.0458)	(0.0451)	(0.0405)	(0.0490)	(0.0535)	(0.0615)
传统金融发展	0.0074	0.0529	−0.0150	−0.0546	−0.0535	−0.0941*
	(0.0323)	(0.0461)	(0.0283)	(0.0384)	(0.0346)	(0.0486)

续表

被解释变量就业	受雇者				创业者	
	其余受雇者		非正规就业者			
	(1)	(2)	(3)	(4)	(5)	(6)
	青年	中老年	青年	中老年	青年	中老年
时间固定效应	是	是	是	是	是	是
地区固定效应	是	是	是	是	是	是
样本量	12,727	14,345	12,727	14,345	12,727	14,345
Pseudo R^2	0.241	0.270	0.101	0.212	0.110	0.0994

注：1）括号内为稳健标准误，且在地区层面聚类（Cluster）；2）*、** 和 *** 分别表示在 10%、5% 和 1% 的水平上显著。

（二）人力资本的异质性

在表5-8中，我们基于人力资本状况划分样本，进一步探讨数字金融在人力资本层面的异质性影响。通常，人力资本水平越高的群体具备较好的学习能力，更容易从数字金融的发展中获益。我们以受教育年限9年为界进行划分。

从人力资本的异质性出发，我们发现，对于受雇者，数字金融发展的就业促进效应在不同组别均产生积极影响，并且相较而言，能为低人力资本的群体提供更多的就业机会。然而，对于创业者，数字金融发展对高人力资本群体的创业促进作用更大。数字金融发展可能导致劳动力就业结构呈单向极化，增加对低技能劳动力的需求，这与既有研究结果基本一致。

表5-8　数字金融发展与就业：人力资本的异质性

被解释变量就业	受雇者				创业者	
	其余受雇者		非正规就业者			
	(1)	(2)	(3)	(4)	(5)	(6)
	低学历	高学历	低学历	高学历	低学历	高学历
数字金融发展	0.5224***	0.2445*	0.4382*	0.3824***	0.1642	0.3256**
	(0.1930)	(0.1382)	(0.2359)	(0.1465)	(0.2353)	(0.1369)
户主年龄	−0.0223***	−0.0225***	−0.0298***	−0.0201***	−0.0022	0.0025
	(0.0025)	(0.0025)	(0.0027)	(0.0020)	(0.0031)	(0.0022)
性别	0.4817***	0.3440***	0.5640***	0.3316***	0.2857***	0.1904***
	(0.0395)	(0.0333)	(0.0412)	(0.0342)	(0.0461)	(0.0369)
受教育年限	0.0225***	0.1096***	0.0301***	−0.0141	0.0220***	−0.0304***
	(0.0078)	(0.0074)	(0.0078)	(0.0095)	(0.0084)	(0.0097)
党员	0.2439**	0.2074***	−0.3896***	−0.4129***	−0.2527	−0.2206***
	(0.1192)	(0.0456)	(0.1232)	(0.0509)	(0.1603)	(0.0744)
户籍	−0.3090***	−0.4240***	−0.2698***	−0.0825	−0.3163***	−0.0853*
	(0.0650)	(0.0548)	(0.0745)	(0.0546)	(0.0907)	(0.0508)
健康状况	0.2359***	0.4228***	0.2659***	0.3431***	0.2945***	0.1319**
	(0.0510)	(0.0596)	(0.0392)	(0.0472)	(0.0719)	(0.0672)
互联网使用	0.2060***	0.2184***	0.2743***	0.2627***	0.3944***	0.3870***
	(0.0567)	(0.0387)	(0.0474)	(0.0365)	(0.0553)	(0.0409)
婚姻	0.4798***	0.4319***	0.8154***	0.5144***	0.5546***	0.4790***
	(0.0953)	(0.0638)	(0.1011)	(0.0631)	(0.1027)	(0.0695)
家庭规模	−0.0315***	0.0045	−0.0270**	0.0140	−0.0006	0.0138
	(0.0108)	(0.0097)	(0.0132)	(0.0098)	(0.0172)	(0.0127)

续表

被解释变量就业	受雇者				创业者	
	其余受雇者		非正规就业者			
	(1)	(2)	(3)	(4)	(5)	(6)
	低学历	高学历	低学历	高学历	低学历	高学历
儿童抚养比	0.1284	0.0191	−0.2906**	−0.0061	−0.4716**	0.0895
	(0.1138)	(0.1201)	(0.1468)	(0.1249)	(0.1991)	(0.1415)
老年抚养比	−0.3795***	−0.3540***	−1.1310***	−0.4080***	−0.3925***	−0.2964**
	(0.1065)	(0.0966)	(0.1340)	(0.0854)	(0.1365)	(0.1501)
家庭收入	0.3030***	0.3217***	0.0970***	0.0298*	−0.1497***	−0.2328***
	(0.0233)	(0.0165)	(0.0183)	(0.0177)	(0.0210)	(0.0190)
是否银行借贷	−0.1483***	−0.1097***	0.0542	0.0055	0.3021***	0.2612***
	(0.0532)	(0.0368)	(0.0536)	(0.0338)	(0.0670)	(0.0424)
传统金融发展	0.0021	0.0347	−0.0173	−0.0346	−0.0003	−0.1121***
	(0.0291)	(0.0393)	(0.0311)	(0.0281)	(0.0345)	(0.0277)
时间固定效应	是	是	是	是	是	是
地区固定效应	是	是	是	是	是	是
样本量	12,508	14,564	12,508	14,564	12,456	14,564
Pseudo R^2	0.188	0.212	0.200	0.0979	0.110	0.0933

注：1）括号内为稳健标准误，且在地区层面聚类（Cluster）；2）*、** 和 *** 分别表示在 10%、5% 和 1% 的水平上显著。

（三）社会资源的异质性

接下来，我们考虑数字金融在弥补个体社会资源不足方面的影响。已有研究表明，社会关系网络是个体获得就业机会以及创业机会的重要影响因素，能够在一定程度上弱化个体禀赋和家庭禀赋对个体机会获得的影响。为此，我们参考周广肃和李力行（2016）的方法，采用私人转移支付收入作为衡量社会资源的代理指标，并依据中位数将样本划分为较弱社会关系网络和较强社会关系网络两组样本，考察数字金融发展对不同社会关系网络群体的异质影响。

表5-9的结果显示，数字金融发展对处于较弱社会关系网络的群体具有更为显著的促进作用，有助于他们获得更多的就业机会。数字化发展通过增加弱关系的方式重新配置社会互动，而这种弱关系在获得关于工作和其他问题的非冗余信息方面至关重要。

表5-9　数字金融发展与就业：社会资源的异质性

被解释变量就业	受雇者				创业者	
	其余受雇者		非正规就业者			
	(1)	(2)	(3)	(4)	(5)	(6)
	弱关系网	强关系网	弱关系网	强关系网	弱关系网	强关系网
数字金融发展	0.4512***	0.2784*	0.5048***	0.2683	0.3638**	0.0471
	(0.1637)	(0.1687)	(0.1747)	(0.1955)	(0.1637)	(0.1875)
户主年龄	−0.0108***	−0.0285***	−0.0177***	−0.0304***	0.0030	−0.0025
	(0.0022)	(0.0025)	(0.0021)	(0.0017)	(0.0025)	(0.0023)
性别	0.3837***	0.3663***	0.4742***	0.3817***	0.2056***	0.2846***
	(0.0348)	(0.0363)	(0.0343)	(0.0347)	(0.0361)	(0.0395)
受教育年限	0.0592***	0.0488***	0.0204***	0.0315***	0.0186***	0.0205***
	(0.0051)	(0.0057)	(0.0045)	(0.0045)	(0.0060)	(0.0064)

续表

被解释 变量 就业	受雇者				创业者	
	其余受雇者		非正规就业者			
	(1)	(2)	(3)	(4)	(5)	(6)
	弱关系网	强关系网	弱关系网	强关系网	弱关系网	强关系网
党员	0.2919***	0.2553***	−0.5733***	−0.3888***	−0.3184***	−0.2568***
	(0.0580)	(0.0609)	(0.0666)	(0.0648)	(0.0851)	(0.0874)
户籍	−0.5585***	−0.3733***	−0.0253	−0.1901***	−0.0011	−0.2346***
	(0.0553)	(0.0629)	(0.0541)	(0.0610)	(0.0569)	(0.0628)
健康 状况	0.2514***	0.3644***	0.3190***	0.3220***	0.2805***	0.1984***
	(0.0449)	(0.0609)	(0.0450)	(0.0528)	(0.0671)	(0.0725)
互联网 使用	0.2740***	0.1807***	0.2409***	0.2298***	0.3749***	0.3439***
	(0.0418)	(0.0449)	(0.0387)	(0.0434)	(0.0453)	(0.0552)
婚姻	0.3723***	0.4105***	0.5885***	0.6214***	0.5508***	0.4709***
	(0.0590)	(0.0791)	(0.0691)	(0.0689)	(0.0713)	(0.0818)
家庭 规模	−0.0282**	0.0205*	−0.0197**	0.0228**	0.0008	0.0237**
	(0.0122)	(0.0113)	(0.0099)	(0.0101)	(0.0129)	(0.0111)
儿童抚 养比	0.2018**	−0.0938	−0.0058	−0.2141	−0.1133	−0.1461
	(0.0946)	(0.1502)	(0.1152)	(0.1539)	(0.1652)	(0.1817)
老年抚 养比	0.1159	−0.1065	−0.6810***	−0.5726***	−0.5902***	−0.2613**
	(0.1223)	(0.0819)	(0.1244)	(0.0871)	(0.1840)	(0.1132)
家庭 收入	0.3272***	0.3423***	0.0406**	0.0776***	−0.1964***	−0.2179***
	(0.0203)	(0.0204)	(0.0160)	(0.0246)	(0.0178)	(0.0289)
是否银 行借贷	−0.1180***	−0.1242**	−0.0109	0.0151	0.2602***	0.2490***
	(0.0442)	(0.0506)	(0.0491)	(0.0457)	(0.0617)	(0.0622)

被解释变量就业	受雇者				创业者	
	其余受雇者		非正规就业者			
	(1)	(2)	(3)	(4)	(5)	(6)
	弱关系网	强关系网	弱关系网	强关系网	弱关系网	强关系网
传统金融发展	0.0032	0.0468*	−0.0347	−0.0139	−0.0572	−0.0815*
	(0.0531)	(0.0240)	(0.0434)	(0.0297)	(0.0367)	(0.0422)
时间固定效应	是	是	是	是	是	是
地区固定效应	是	是	是	是	是	是
样本量	13,501	13,512	13,501	13,571	13,501	13,571
Pseudo R^2	0.261	0.260	0.127	0.189	0.0963	0.103

注：1）括号内为稳健标准误，且在地区层面聚类（Cluster）；2）*、** 和 *** 分别表示在 10%、5% 和 1% 的水平上显著。

（四）金融资源禀赋的异质性

我们考察数字金融与传统金融的互补关系。借鉴已有研究，我们以是否能够使用传统借贷作为衡量信贷约束的指标，将样本分为受到信贷约束和未受信贷约束两组展开分析。

表5-10的结果显示，对受雇者而言，数字金融对两个组别的就业均产生积极作用。但是，对创业者而言，数字金融对受到金融排斥的创业者的影响更为显著。这一结果表明，数字金融发展可以有效降低金融交易成本和金融服务门槛，克服传统金融发展的局限性，为原本难以获得金融服务的群体提供优质普惠的金融服务，增加就业和创业机会。

表5-10　数字金融发展与就业：金融资源禀赋的异质性

被解释变量就业	受雇者				创业者	
	其余受雇者		非正规就业者			
	(1)	(2)	(3)	(4)	(5)	(6)
	存在约束	无约束	存在约束	无约束	存在约束	无约束
数字金融发展	0.3108**	0.5490***	0.3474**	0.5363***	0.2553*	0.0746
	(0.1445)	(0.1948)	(0.1680)	(0.2061)	(0.1513)	(0.2311)
户主年龄	−0.0223***	−0.0152***	−0.0250***	−0.0234***	0.0002	−0.0017
	(0.0022)	(0.0037)	(0.0016)	(0.0034)	(0.0021)	(0.0036)
性别	0.3836***	0.3102***	0.4311***	0.4339***	0.2460***	0.2275***
	(0.0303)	(0.0579)	(0.0306)	(0.0540)	(0.0310)	(0.0620)
受教育年限	0.0518***	0.0719***	0.0274***	0.0178**	0.0217***	0.0079
	(0.0044)	(0.0091)	(0.0034)	(0.0075)	(0.0050)	(0.0096)
党员	0.2490***	0.3177***	−0.4316***	−0.6747***	−0.2214***	−0.5334***
	(0.0458)	(0.0854)	(0.0528)	(0.1012)	(0.0792)	(0.1279)
户籍	−0.4382***	−0.4465***	−0.1219**	0.0707	−0.1174**	−0.0306
	(0.0505)	(0.0800)	(0.0502)	(0.1017)	(0.0517)	(0.0989)
健康状况	0.3268***	0.2020**	0.3323***	0.2446***	0.2410***	0.1988*
	(0.0433)	(0.0946)	(0.0335)	(0.0874)	(0.0580)	(0.1076)
互联网使用	0.2328***	0.2017**	0.2090***	0.3928***	0.3234***	0.5453***
	(0.0329)	(0.0865)	(0.0323)	(0.0774)	(0.0399)	(0.0863)
婚姻	0.4463***	0.3096***	0.6093***	0.7486***	0.4811***	0.7423***
	(0.0609)	(0.1125)	(0.0566)	(0.1173)	(0.0579)	(0.1359)
家庭规模	−0.0051	−0.0395**	−0.0029	0.0190	0.0052	0.0320
	(0.0084)	(0.0181)	(0.0080)	(0.0182)	(0.0101)	(0.0225)

被解释变量就业	受雇者				创业者	
	其余受雇者		非正规就业者			
	(1)	(2)	(3)	(4)	(5)	(6)
	存在约束	无约束	存在约束	无约束	存在约束	无约束
儿童抚养比	0.0567	0.0996	−0.0979	−0.3878	−0.1310	−0.0928
	(0.0911)	(0.1765)	(0.1019)	(0.2455)	(0.1332)	(0.2810)
老年抚养比	−0.2964***	−0.5461***	−0.7282***	−0.6382***	−0.4549***	0.2048
	(0.0792)	(0.1956)	(0.0803)	(0.2187)	(0.1055)	(0.2763)
家庭收入	0.3256***	0.2882***	0.0551***	0.0253	−0.2065***	−0.1833***
	(0.0169)	(0.0372)	(0.0166)	(0.0252)	(0.0188)	(0.0260)
传统金融发展	0.0356	−0.0285	−0.0195	−0.0684*	−0.0632**	−0.0888*
	(0.0341)	(0.0496)	(0.0272)	(0.0353)	(0.0283)	(0.0465)
时间固定效应	是	是	是	是	是	是
地区固定效应	是	是	是	是	是	是
样本量	23,316	3,756	23,316	3,756	23,316	3,756
Pseudo R^2	0.248	0.301	0.155	0.174	0.0893	0.133

注：1）括号内为稳健标准误，且在地区层面聚类（Cluster）；2）*、** 和 *** 分别表示在 10%、5% 和 1% 的水平上显著。

六、小结

数字金融发展对就业产生了深远、复杂的影响。一方面，数字金融的创造效应与替代效应不断对冲，引致就业结构不断发生变化；另一方面，数字化转型导致灵活就业形式不断涌现。在此背景下，本章从就业结构转型视角，探讨数字金融的经济效应。研究结果表明，数字金融发展将减少对农业就业的需求，增加对非农就业，特别是非正规就业的需求。从异质性的分析结果来看，青年群体、较高人力资本的群体、较弱社会关系网络的群体，以及较低金融资源禀赋的群体能够从数字金融的发展中获得机会。

综合前述研究，本章有以下政策建议：

第一，在数字化转型过程中，要正视数字金融对农业人口的影响。一方面培育农业产业新业态新模式，拓宽转移人口就业创业渠道，为基于农业劳动生产率提高的农村剩余劳动力人口提供更多的非农就业机会；另一方面发挥数字化在建设全国统一大市场中的关键作用，畅通要素流动和循环，促进人力资源优化配置，推动农业转移人口市民化。

第二，完善农村数字化基础设施建设，加强弱势群体的创业、就业帮扶政策，对小微企业创业进一步加大税费优惠力度，综合运用数字金融平台服务实现精准扶贫。

第三，针对就业替代效应引发的结构性失业，应当着力从职业培训、教育体系等领域入手，及早做出相应的安排，包括构建再就业培训及终身学习的职业教育体系，在教育和人才培育方面进行前瞻性的改革。同时，应不断完善劳动法律法规，适应新就业形态的发展特征；建立健全适合新就业形态劳动者的劳动保障制度体系和社会保障制度体系等，确保数字金融稳定器作用的发挥。

第四，在改善市场化融资的前提下，充分发挥数字金融的普惠性特征，降低金融服务门槛，降低融资成本、提升金融资源的配置效率，着力解决融资难、融资贵的问题，促进创业发展。

第六章

数字金融发展与居民消费 [①]

数字金融的强势崛起推动了消费方式的巨大变革。本章讨论互联网和数字经济所推动的数字金融发展与居民消费的关系。事实上，数字金融发展驱动居民消费的可能机制：一是数字金融便利了居民的支付，加速了居民的消费决策，进而促进消费增长；二是数字金融通过降低家庭面临的不确定性，进而释放消费需求，促进消费增长。

一、引言

消费作为最终需求，是畅通国内大循环的关键环节和重要引擎，对经济具有持久拉动力，事关保障和改善民生。党的二十大报告指出，要坚持以推动高质量发展为主题，把实施扩大内需战略同深化供给侧结构性改革有机结合起来，增强消费对经济发展的基础性作用。中央经济工作会议进一步强调，要把恢复和扩大消费摆在优先位置。为了做好这一工作，国务院印发的《扩大内需战略规划纲要（2022—2035年）》，就坚定实施扩大内需战略、培育完整内需体系等作出明确部署。

数字金融是数字经济的重要支撑和保障力量，也是数字经济的重要组成部分。近年来，数字金融与居民生产生活的高度融合和深度渗透在不断加强，

---

① 本章内容主要来自何宗樾，宋旭光.数字金融发展如何影响居民消费［J］.财贸经济，2020，41（08）.

极大地降低了消费者的购物成本，改善了消费体验，创造了一系列新的消费需求，对居民消费产生了重要的影响。比如，支付宝、微信支付的出现，使很多生产生活和消费行为更加便利，居民日常的购物、缴费行为所需时间就由过去的以小时计时变为以分钟甚至以秒计。更为重要的是，数字金融使小微企业、农民、城镇低收入人群、贫困人群等特殊群体有机会享受到普惠金融服务，这对改善居民预算约束、降低社会交易成本、推动大众创业、缩小收入差距起到了不可替代的作用，为居民消费发展提供了强劲动力。事实上，数字金融对居民消费的强大保障和促进作用不断得到确认。

在此背景下，我们科学总结我国数字金融促进居民消费的实践经验，研究数字金融影响居民消费的内在机理，这具有很强的现实意义。这对下一阶段科学制定利用数字金融释放居民消费潜力、促进居民消费升级的政策体系具有重要的政策意义。

鉴于此，本章试图从经典消费理论出发，实证考察数字金融发展与居民消费的关系及其内在机理，为我国数字金融发展促进消费增长提供定量化的参考依据。本章力图在以下两方面有所贡献：

第一，本章从更加多维的视角探究数字金融发展对居民消费的影响，不仅研究数字金融对城乡居民消费的总体影响，还将消费细分为基础型消费和发展与享受型消费等不同类型，细化研究了数字金融发展对家庭中的哪一类消费有促进作用。在此基础上，我们进一步对数字金融发展影响居民的消费行为的可能机制进行了逐一的检验和排除。

第二，本章将北京大学数字金融研究中心编制的中国数字普惠金融指数与中国家庭追踪调查数据相结合，实证考察了数字金融发展与居民消费的关系。为了处理模型可能存在的内生性问题，本章还基于"八纵八横"光缆干线通信网络中形成的节点，构造工具变量。相较以往研究根据地区互联网普及率（谢绚丽等，2018）、数字金融指数滞后项（易行健和周利，2018）等构造的工具变量，本章所选取的工具变量具有更好的外生性。

二、文献综述与研究假设

数字金融已然渗透到生活的各方面，关于数字金融的研究也逐步成为经济领域的一大热点。目前，中国数字金融的发展模式尚未成熟，且正处于快速变革的时期，其对生产、消费、投资以及就业等实体经济的短期冲击和长期影响尚不明确，仍有待进一步的检验。总体来看，现阶段将数字金融发展与消费结合起来进行研究的文献仍比较有限。

第一类研究主要关注数字金融发展驱动消费增长的宏观效应。有研究者认为，数字金融发展有助于企业降低生产、流通以及交易的成本，提升生产的数量与层次，进而拓展居民消费的广度与深度。张李义和涂奔（2017）指出数字金融与电子商务的并行发展，促进了消费方式和服务方式的不断拓展，也催生了大量的数字金融服务需求，进一步刺激了居民消费需求的增长。马德功等（2017）从互联网消费模式出发，通过构建动态 GMM 模型，实证检验了互联网金融对居民消费行为的促进作用，研究发现，这一促进作用存在地区差异，更有助于东部地区的消费增长。

第二类研究则侧重探究数字金融发展影响消费的微观机理。有研究者认为基于互联网、数字技术的数字普惠金融发展带来了支付方式的变革，极大地降低了搜寻成本、评估成本与交易成本，突破时间与地域的限制（Zeng 和 Reinartz，2003；李继尊，2015；焦瑾璞，2014；周广肃和梁琪，2018），使消费行为也随之发生变化。同时，数字普惠金融的产生也极大拓展了金融服务的范围，降低了流动性约束，使得原本被排除在金融服务之外的居民也可以通过数字金融服务实现消费的跨期平滑，进而释放消费需求（Campbell 和 Mankiw，1991）。其中比较具有代表性的有 Grossman 和 Tarazi（2014）的研究，即数字金融发展能够通过便利支付促进居民消费，此外，为家庭提供储蓄和补贴等方式也可以刺激居民基本消费需求，从而释放消费潜力。易行健和周利（2018）就数字普惠金融发展对居民消费的影响进行了理论探究，并实证检验了数字普惠金融发展通过缓解流动性约束和提升支付便利水平两种渠道促进居民消费增长的内在机制。傅秋子和黄益平（2018）的研究则发现，数字金融发展增加了农村消费性正规信贷需求概率，其中高学历群体和高频率网购群体受到的影响更为明显，表明数字金融具有提升效率和促进消费等多重效应。

总体而言，已有研究在数字金融发展如何促进居民消费问题上尚未形成共识，不同研究的结论差异较大，并且缺少对二者内在机理的阐述和深入剖析。目前，少数文献尽管探讨了数字金融发展影响消费的微观机理，但研究局限于某一特定理论或视角，未能有一个相对完整的分析框架来揭示数字金融发展与居民消费的关系。

事实上，消费决定理论涉及多方面的假说。Modigliani 和 Brumberg（1954）构建了一个在确定性条件下的居民消费研究框架，即生命周期假说，主要研究在跨期预算约束条件下，一个具备代表性的消费者倾向于通过分配一生的收入来安排消费，以实现生命周期内的效用最大化的目标。持久收入假说（Friedman，1957）则进一步将收入分为暂时性收入和持久性收入，并指出当期消费取决于持久性收入。随之兴起的预防性储蓄假说（Leland，1968）则进一步放松了跨期最优模型中关于确定性的假设，着重考察了不确定性对微观主体消费决策的影响。该理论认为，个体在不确定条件下，消费决策会变得更加谨慎，个体更倾向于减少当期消费，由此形成的储蓄就成为预防性储蓄（Chamon 和 Prasad，2010）。流动性约束理论则进一步突破了跨期最优模型中关于外部环境的假设，为消费者行为偏离确定性条件提供了另一种可能的解释。Deaton（1991）发现受到预算约束的个体将有动机增加储蓄，消费者在各期的转化能力越低，则谨慎储蓄程度越高。基于流动性约束理论的大量研究表明，金融服务的可得性以及使用频率的提高，有助于缓解家庭面临的预算约束，释放流动性，进而优化家庭的消费决策（Karlan 和 Zinman，2010）。

为了进一步明确数字金融发展对居民消费行为影响的内在机理，本章基于上述理论，结合数字金融的自身特点，提出以下四个待验证的假设，拟通过实证策略与计量方法进行逐一验证或排除，来更好地解释数字金融发展影响居民消费的途径。

第一，数字金融发展带来了支付方式的变革，极大地便利了居民的消费，特别是支付宝、微信支付的出现，居民参与商业活动的频率和金额均得到大幅提升。同时，支付方式的改变也使得商品交易方式发生了改变，促生了线下商务的线上化，进一步拓展了交易范围，丰富了居民的消费选择。显然，数字金融服务的商业活动参与程度越高，对居民消费的促进作用也越大。基于以上分析，提出本章的假设1。

假设1：数字支付便利带来了居民支付频率的提升，加速了居民的消费决策，进而对居民消费产生积极影响。

第二，基于持久收入－生命周期假说的讨论。按照持久收入－生命周期假说，居民以实现生命周期内的效用最大化为目标进行消费和储蓄，当期消费的决策取决于个体所获得的永久性收入。如果数字金融带来了未来预期长期收入的增长，那么可以预期居民会相应地调整当期消费。根据以上分析，本章提出假设2。

假设2：数字金融发展通过影响家庭可支配收入，进而促进消费增长。

第三，基于预防性储蓄假说的探讨。按照预防性储蓄假说，个体在面临收入不确定时，更倾向于减少消费，数字保险作为数字金融的核心业务，在分散风险、降低损失的不确定性方面发挥着重要的支撑作用，有助于提高家庭的抗风险能力，减少家庭未来现金流量的不确定性，进而促进居民当期消费支出的增加。基于以上分析，本章提出研究假设3。

假设3：数字金融发展通过提供数字保险等服务降低了家庭面临的不确定性，进而对居民消费产生拉动作用。

第四，基于流动性约束理论的分析。按照流动性约束理论，受到预算约束的个体将有动机增加储蓄，数字金融的出现，大幅改善了普通民众的金融手段，促使原本被排斥在传统金融之外的居民有更多机会获取金融服务，进一步放松了家庭的预算约束，有效释放居民被压抑的消费需求。基于此，本章提出假设4。

假设4：数字金融发展能够通过借贷等形式，放松居民的流动性约束，使居民能够遵循效用最大化的原则来提升消费。

三、研究设计

（一）实证策略

本章的基准模型参考了 Keynes 提出的经典消费理论。在这一经典消费理论中，家庭收入越高，居民消费水平也越高。在此基础上，我们进一步引入数字金融发展的指标，考察居民消费决策受数字金融发展的影响。C_{ijt} 表示第 t 年 j 地区第 i 个家庭的总消费支出，y_{ijt} 表示该家庭收入，DF_{jt} 表示第 t 年 j 地区的数字金融发展程度，一个扩展的消费函数模型可以表示为：

$$\ln c_{ijt} = \beta_0 + \beta_1 \ln y_{ijt} + \beta_2 DF_{jt} + \gamma X_{ijt} + \theta_i + \delta_t + \mu_{ijt} \tag{6-1}$$

式（6-1）中，系数 β_1 衡量了家庭收入对总消费的影响，即通常意义上的边际消费倾向；β_2 则衡量了数字金融发展的效应。X_{ijt} 表示一系列影响消费的控制变量。其中，在户主层面上，本章控制了户主年龄平方（Zhang 等，2017）、婚姻（已婚为1，否则为0）、健康状况（健康为1，否则为0）等变量；在家庭层面上，进一步控制了家庭规模、儿童抚养比（16岁以下的人口占家庭劳动力的比重）、老年抚养比（60岁以上的人口占家庭劳动力的比重）、家庭是否有住房（有为1，否则为0）、家庭是否有私人借贷或银行借贷（有为1，否则为0）等变量；在地区层面上，本章将村/居民经济状况和年末金融机构贷款余额与地区 GDP 的比值等变量纳入模型，以考虑经济发展程度和传统金融深化程度对居民消费的影响。

此外，C_{ijt} 也可以表示家庭的分项消费支出。通常，家庭消费支出可划分为八大类消费：食品、衣着、居住、家庭设备及用品、医疗保健、交通通信、教育文化娱乐、其他用品及服务。本章借鉴罗能生和张梦迪（2017）的做法，将食品、衣着、居住及其他归为基础型消费，家庭设备及用品、医疗保健、交通通信归为享受型消费，教育文化娱乐归为发展型消费。因而，模型（6-1）可以进一步被用来考察数字金融发展对居民消费结构的影响。

本章采用双向固定效应，θ_i 表示家庭层面的固定效应，以控制不随时间变化的家庭差异对消费的影响；δ_t 表示时间固定效应，以控制影响居民消费的共同时间趋势；μ_{ijt} 为随机扰动项。

（二）估计方法

我们如果采用上述的模型进行估计，可能存在内生性的问题，从而导致估计系数产生偏误。一种可能性在于，居民消费的增加，或许会使互联网朝着更便利与低成本的方向进步，进而促进数字金融的发展。为了克服这一问题，本章对模型（6-1）采用工具变量估计，以获取参数的一致估计量。本章选取1998年建成的"八纵八横"光缆干线通信网络节点来构造工具变量。

通常，工具变量需要满足相关性和排他性约束两个前提条件。从相关性来看，光缆干线传输网是全球信息循环最为重要的物质载体，信息网络基础设施的布局代表着互联网发展的空间特征，因而，我们预期光缆干线传输网节点地区的数字金融发展水平更高，进而满足相关性条件。从排他性约束来看，光缆干线传输网是20世纪90年代统一设计规划铺设的，主要是基于通信方面的原因修建，受经济因素影响相对较小，并且距今时间较长，对当期居民消费的影响会更小，满足排他性约束条件。此外，考虑到这一工具变量是不随时间变化的，本章借鉴张勋等（2019）的做法，将其与全国其他地区数字金融发展的均值进行交互，构造了随地区和时间改变的新工具变量。

（三）数据

本章使用的第一部分数据来自北京大学中国社会科学调查中心发布的中国家庭追踪调查数据。该数据覆盖25个省（自治区、直辖市）162个县（县级市、旗、市辖区等），在全国具有代表性。

本章按照通行的方法对家庭数据进行处理：（1）删除了无法识别的样本，如省份编码、社区编码、城乡编码、家庭编码、个体编码等标识变量缺失的样本；（2）通过家庭主事者和财务回答人来识别户主身份，将其作为家庭的代表性个体，并将户主年龄限定在16岁以上。

第二部分数据是地区层面的数字金融发展程度。本章选取中国数字普惠金融发展指数作为数字金融发展的代理变量。该指数采用了蚂蚁金服的交易账户大数据，由北京大学数字金融研究中心和蚂蚁金服集团共同编制（郭峰等，2020），该数据是涉及省、市、县三级的年度数据，已经被广泛认可并应用于分析中国数字金融发展问题，具有相当的代表性和可靠性。

第三部分数据是工具变量数据，即前文所述的全国"八纵八横"光缆通信干线网络节点，该数据是我们根据1994年公布的《全国邮电"九五"计划纲要》以及相关公开资料获得的。

在此基础上，本章将上述三部分数据依据地区和时间两个维度进行匹配，最终选定的样本年份为2012、2014和2016年，最后保留三年同时进入调查的样本家庭。

表6-1报告了主要变量的描述性统计结果。

表6-1　主要变量的描述性统计

变量名	样本量	均值	标准差	最小值	最大值
居民消费	17,430	42376	51433	0	1565600
数字金融指数	17,430	153.4	60.79	55.52	320.0
家庭收入	17,430	40304	43441	0	1080000
户主年龄	17,430	51.37	12.84	16	94
户主婚姻状况	17,430	0.880	0.325	0	1
户主健康	17,430	0.807	0.395	0	1
家庭规模	17,430	3.849	1.770	1	15
家庭儿童抚养比	17,430	0.142	0.164	0	0.714
家庭老年抚养比	17,430	0.212	0.317	0	1
是否拥有住房	17,430	0.918	0.274	0	1

变量名	样本量	均值	标准差	最小值	最大值
是否私人借贷	17,430	0.248	0.432	0	1
是否银行借贷	17,430	0.104	0.305	0	1
经济发展程度	17,430	4.642	1.271	1	7
金融深化程度	17,430	1.006	0.690	0.168	7.450

四、数字金融发展与消费：实证分析

接下来，本章着重探讨数字金融发展与居民消费的关系。在对数字金融发展与居民消费水平进行基准分析之后，我们进行内生性的讨论。紧接着，我们重点讨论数字金融发展与居民消费结构的关系，并进行城乡异质性的分析。

（一）数字金融发展与居民消费水平

本章根据模型（6-1），考察数字金融发展与居民总体消费水平的关系。在所有的回归分析中，我们控制了户主特征、家庭特征以及所在地区经济特征三类控制变量，也控制了家庭和年份的双重固定效应。此外，本章使用地区层面的稳健聚类标准误。

首先，我们利用线性最小二乘回归的方法分析数字金融发展与居民消费的关系，如表6-2第（1）列所示。结果显示，数字金融发展与居民消费呈显著正相关关系，表明就整体而言，数字金融发展有利于提升居民消费水平。其他控制变量的系数也大致符合预期：户主自评健康程度越高，家庭往往会减少健康方面的消费支出。家庭层面的变量对消费有较好的解释能力，其中，家庭收入是影响消费的主要因素，与消费呈显著正相关关系，拥有自有住房也会在一定程度上降低居民消费。此外，传统金融借贷的可获得性则有助于提升居民消费水平。值得一提的是，代表传统金融发展的贷款余额与GDP比值的系数并不显著，意味着数字金融发展对居民消费的影响不能被传统金融所替代。

其次，数字金融发展与居民消费之间的关系可能受内生性的影响，从而导致估计系数的偏误。因此，我们采用工具变量估计方法修正内生性的问题。表6-2第（2）列报告了第一阶段的回归结果，从统计学的角度来检验两者的相关性。很明显，该工具变量与数字金融发展呈显著正相关关系，与预期相符合。

最后，表6-2第（3）列进一步报告了工具变量两阶段最小二乘法的回归结果。弱工具变量检验的F统计量大于10，说明模型估计不存在弱工具变量的问题。更重要的是，我们的研究结果与基准回归一致，进一步支持了数字金融发展提升居民消费水平的结论。

表6-2　数字金融发展与消费：基准分析

回归模型	基准回归	一阶段回归	二阶段回归
被解释变量	居民消费	数字金融发展	居民消费
	(1)	(2)	(3)
数字金融发展	0.0037***		0.0101*
	(0.0014)		(0.0055)
光缆通信干线节点 × 全国其他地区数字金融发展均值		0.0162***	
		(0.0046)	
家庭收入	0.0217***	0.1046	0.0208***
	(0.0038)	(0.0888)	(0.0037)
年龄平方	−0.0303**	0.5068*	−0.0340**
	(0.0141)	(0.2838)	(0.0137)
户主婚姻	0.0648	−0.2519	0.0672
	(0.0519)	(0.5490)	(0.0523)

续表

回归模型	基准回归	一阶段回归	二阶段回归
被解释变量	居民消费	数字金融发展	居民消费
	(1)	(2)	(3)
户主健康	−0.1197**	−0.0348	−0.1198**
	(0.0540)	(0.5812)	(0.0546)
家庭规模	0.1152***	0.1317	0.1146***
	(0.0091)	(0.1307)	(0.0092)
儿童抚养比	−0.2142***	−0.4635	−0.2129***
	(0.0792)	(1.0712)	(0.0799)
老年抚养比	−0.0910*	−1.0749**	−0.0841
	(0.0531)	(0.4976)	(0.0532)
是否有住房	−0.0711***	−0.5164	−0.0682***
	(0.0262)	(0.4279)	(0.0264)
是否有私人借贷	0.1611***	0.2318	0.1607***
	(0.0155)	(0.2147)	(0.0155)
是否有银行借贷	0.1615***	−0.0623	0.1611***
	(0.0226)	(0.3872)	(0.0228)
地区控制变量	是	是	是
家庭固定效应	是	是	是
时间固定效应	是	是	是
样本量	17,430	17,430	17,430
R^2	0.086	0.990	0.080
First Stage F-stat	/	/	12.38

注：1）括号内为地区层面的稳健聚类标准误；2）*、** 和 *** 分别表示在10%、5%和1%的水平上显著。

（二）数字金融发展与居民消费结构

以上内生性分析表明，数字金融发展对居民消费有促进作用。接下来的问题是，数字金融发展对家庭中的哪一种消费有促进作用？进而，数字金融发展是否改变了居民的消费行为以及消费结构？本节来回答这一问题。

为了考察数字金融发展对居民消费结构的影响，在表6-3中，本章运用模型（6-1）对细分消费项目支出进行工具变量两阶段最小二乘法估计。其中，表6-3的第（1）列报告了数字金融发展对基础型消费的影响，第（2）至（3）列分别是数字金融发展对基础型消费中的食品、衣着类消费和居住及其他类消费的影响；表6-3的第（4）列报告了数字金融发展对居民发展与享受型消费的影响，第（5）至（6）列分别为数字金融发展对发展型消费和享受型消费的影响。

表6-3　数字金融发展与消费结构：基准分析

被解释变量	基础型消费	食品、衣着	居住及其他	发展与享受型消费	发展型消费	享受型消费
	(1)	(2)	(3)	(4)	(5)	(6)
数字金融发展	0.0122*	0.0177**	0.0032	0.0051	0.0051	0.0104
	(0.0065)	(0.0078)	(0.0092)	(0.0058)	(0.0056)	(0.0185)
家庭收入	0.0277***	0.0353***	0.0090	0.0155***	0.0188***	0.0081
	(0.0039)	(0.0056)	(0.0064)	(0.0053)	(0.0059)	(0.0149)
年龄平方	−0.0499***	−0.0520***	−0.0274	−0.0329*	−0.0228	−0.2481***
	(0.0155)	(0.0195)	(0.0187)	(0.0174)	(0.0196)	(0.0431)
户主婚姻	0.0832	0.0994	0.1522*	0.1170	0.2002**	−0.5122**
	(0.0524)	(0.0729)	(0.0807)	(0.0823)	(0.0815)	(0.2127)
户主健康	−0.0487	−0.0971	−0.0104	−0.2619***	−0.2866***	0.0645
	(0.0571)	(0.0873)	(0.0807)	(0.0703)	(0.0670)	(0.1372)

续表

被解释变量	基础型消费	食品、衣着	居住及其他	发展与享受型消费	发展型消费	享受型消费
	(1)	(2)	(3)	(4)	(5)	(6)
家庭规模	0.0966***	0.1117***	0.0841***	0.1414***	0.1081***	0.4358***
	(0.0087)	(0.0128)	(0.0130)	(0.0141)	(0.0134)	(0.0413)
儿童抚养比	−0.1580*	−0.1673*	−0.0580	−0.1562	−0.0671	2.8235***
	(0.0815)	(0.0996)	(0.1145)	(0.1077)	(0.1103)	(0.3658)
老年抚养比	−0.0156	−0.0393	0.0584	−0.0727	−0.1064	0.1943
	(0.0566)	(0.0705)	(0.0860)	(0.0714)	(0.0720)	(0.1584)
是否有住房	−0.0458*	−0.0247	−0.1079**	−0.0950**	−0.1126**	0.1071
	(0.0275)	(0.0390)	(0.0492)	(0.0416)	(0.0449)	(0.1092)
是否有私人借贷	0.0859***	−0.0182	0.2462***	0.2006***	0.2143***	0.0646
	(0.0162)	(0.0187)	(0.0314)	(0.0216)	(0.0208)	(0.0784)
是否有银行借贷	0.0967***	0.0558*	0.1240***	0.1809***	0.1840***	0.2688***
	(0.0285)	(0.0289)	(0.0477)	(0.0275)	(0.0326)	(0.0907)
地区控制变量	是	是	是	是	是	是
家庭固定效应	是	是	是	是	是	是
时间固定效应	是	是	是	是	是	是
样本量	17,375	17,375	17,429	17,376	17,376	17,430
R^2	0.044	0.016	0.090	0.072	0.065	0.041
First Stage F-stat	12.45	12.45	12.38	12.38	12.38	12.38

注：1) 括号内为地区层面的稳健聚类标准误；2) *、** 和 *** 分别表示在10%、5% 和1% 的水平上显著。

根据第（1）列至（3）列的回归结果，数字金融发展主要提升了家庭基础型消费，特别是对家庭食品、衣着类消费具有显著促进作用，对居住及其他类消费的影响并不显著。这意味着数字金融发展的确改变了居民消费结构，即主要提升了居民消费中的食品和衣着类消费水平。值得注意的是，这一发现似乎意味着数字金融发展可能提高了居民的恩格尔系数。事实上，在数字金融发展之前，中国居民的食品、衣着类等与日常生活相关的消费往往在线下，这样存在诸多不便。这意味着，在数字金融发展之前，我国居民的食品、衣着类消费需求可能是被抑制的。数字金融的发展，恰恰是通过降低离线交易成本，带来了食品和衣着类商品的消费便利，进而促进这些基础型消费水平的提升。因此，数字金融发展提升了食品和衣着类消费，不能被简单解读为恩格尔系数的上升，而应被理解为数字金融发展释放了居民在食品和衣着方面的消费潜力。

（三）数字金融发展对消费的异质性影响

时至今日，中国仍然存在两类差异巨大的群体：城镇和农村居民。因而，中国的城乡二元经济特征内生性决定了数字金融发展对城乡居民消费的影响可能存在异质性特征。接下来，我们将城乡分为两个样本，来探讨数字金融发展对两类居民消费的作用。

表6-4报告了城乡居民不同类型的消费支出受数字金融发展的异质性影响。第（1）和第（2）列为居民总消费支出的估计结果，第（3）和（4）列为基础型消费的估计结果，第（5）和（6）列为发展与享受型消费的估计结果。结果显示：首先，数字金融发展主要带动了城市居民消费支出的增长，特别是对基础型消费具有显著促进作用；其次，对农村居民而言，数字金融发展对消费的影响为正，但在统计意义上不显著。这两个发现综合表明，数字金融发展对居民消费的促进作用，主要来自对城市居民消费的提升。事实上，我国消费拉动经济恢复的实践也进一步佐证了数字金融发展对居民消费促进作用主要发生在城市，而非农村。

表6-4的分析表明，数字金融发展对居民消费的影响的确存在城乡异质性。出现这一现象的原因可能来自两方面。一方面，中国长期以来存在严重

的城乡分割局面，尽管数字技术克服了传统金融的天然局限，但中国的城镇偏向问题突出，这一差距还有不断扩大的趋势。这种城乡分割造成的消费品市场差异，将导致农村居民消费相对不足，从而使数字金融发展无法有效提升农村居民的消费水平。另一方面，农村居民可能也存在数字鸿沟，使那些无法有效获取信息，以及不能充分利用信息的居民，无法参与和分享数字金融发展成果，进而形成在数字社会中被"边缘化"的群体，使数字金融发展对这些群体同样无法发挥作用。

表6-4 数字金融发展与消费：城乡的异质性

被解释变量	居民消费		基础型消费		发展与享受型消费	
	城市居民	农村居民	城市居民	农村居民	城市居民	农村居民
	(1)	(2)	(3)	(4)	(5)	(6)
数字金融发展	0.0106*	0.0010	0.0128*	−0.0005	0.0065	0.0003
	(0.0059)	(0.0057)	(0.0070)	(0.0068)	(0.0065)	(0.0094)
家庭收入	0.0125***	0.0291***	0.0175***	0.0387***	0.0135**	0.0190**
	(0.0043)	(0.0065)	(0.0049)	(0.0066)	(0.0067)	(0.0081)
年龄平方	−0.0145	−0.0369*	−0.0273*	−0.0448*	−0.0220	−0.0377
	(0.0162)	(0.0213)	(0.0158)	(0.0247)	(0.0244)	(0.0285)
户主婚姻	0.0854	0.0193	0.1339**	0.0022	0.1457	0.0688
	(0.0705)	(0.0888)	(0.0568)	(0.0889)	(0.1241)	(0.1186)
户主健康	−0.1701**	−0.0890	−0.1108	−0.0164	−0.3094**	−0.2358***
	(0.0729)	(0.0707)	(0.0737)	(0.0785)	(0.1287)	(0.0829)
家庭规模	0.1390***	0.0976***	0.1170***	0.0772***	0.1738***	0.1253***
	(0.0121)	(0.0113)	(0.0128)	(0.0111)	(0.0219)	(0.0161)
儿童抚养比	−0.0201	−0.3352***	0.0209	−0.2193**	−0.1571	−0.1767
	(0.1144)	(0.0958)	(0.1155)	(0.1103)	(0.1745)	(0.1205)

续表

被解释 变量	居民消费		基础型消费		发展与享受型消费	
	城市居民	农村居民	城市居民	农村居民	城市居民	农村居民
	(1)	(2)	(3)	(4)	(5)	(6)
老年抚养比	−0.0265	−0.1141	0.0430	−0.0449	0.0107	−0.1276
	(0.0683)	(0.0770)	(0.0728)	(0.0861)	(0.1168)	(0.0891)
是否有住房	−0.0444	−0.0839*	−0.0534	−0.0113	−0.0835	−0.1163*
	(0.0352)	(0.0449)	(0.0366)	(0.0477)	(0.0556)	(0.0684)
是否有私人 借贷	0.1431***	0.1830***	0.0598**	0.1170***	0.1916***	0.2143***
	(0.0221)	(0.0231)	(0.0255)	(0.0241)	(0.0339)	(0.0293)
是否有银行 借贷	0.2136***	0.1021***	0.0976**	0.0551	0.2775***	0.1161***
	(0.0357)	(0.0301)	(0.0406)	(0.0376)	(0.0468)	(0.0357)
地区控制变量	是	是	是	是	是	是
家庭固定效应	是	是	是	是	是	是
时间固定效应	是	是	是	是	是	是
样本量	7,424	9,707	7,395	9,681	7,402	9,674
R^2	0.144	0.054	0.118	0.026	0.085	0.064
First Stage F-stat	14.73	4.990	14.96	4.943	14.64	5.027

注：1）括号内为地区层面的稳健聚类标准误；2）*、** 和 *** 分别表示在10%、5% 和1% 的水平上显著。

五、数字金融发展影响居民消费的机制分析

以上研究发现，数字金融发展对居民消费具有显著的促进作用，而且这种促进作用主要来自城市家庭的消费。接下来，我们将视角限定在城市居民

身上，来进一步考察数字金融发展影响居民消费的内在机制。

（一）基于支付便利性的考察

数字金融发展的重要特征在于便利了居民的支付，加速了居民的消费决策，因而可能通过这一渠道促进城市居民消费。

在表6-5的第（1）列中，我们考察数字金融发展对支付频率的影响，发现数字金融发展显著提升了城市居民的支付频率，因而存在便利支付的特征。在表6-5的第（2）至（4）列，我们检验由数字金融发展带动的支付频率的提升对城市居民消费的作用。

以上结果表明，支付频率的提升推动了城市居民的消费，特别是基础型消费的提升。这就意味着数字金融发展提升居民消费水平，部分原因在于数字金融发展推动了支付便利性的提升。

表6-5 数字金融发展、支付便利性与居民消费

被解释变量	支付频率	居民消费	基础型消费	发展与享受型消费
	(1)	(2)	(3)	(4)
数字金融发展	0.0156*			
	(0.0091)			
支付频率		0.0217*	0.0200*	0.0148
		(0.0129)	(0.0114)	(0.0187)
家庭收入	0.0052	0.0124*	0.0217***	0.0099
	(0.0150)	(0.0072)	(0.0069)	(0.0102)
年龄平方	−0.3801***	−0.0051	0.0011	−0.0190
	(0.0612)	(0.0290)	(0.0314)	(0.0489)
户主婚姻	0.1176	0.0135	0.1085	0.0244
	(0.1778)	(0.1056)	(0.0848)	(0.1570)
户主健康	−0.0979	−0.3310***	−0.1986*	−0.5987***
	(0.0724)	(0.1178)	(0.1082)	(0.1922)

续表

被解释变量	支付频率	居民消费	基础型消费	发展与享受型消费
	(1)	(2)	(3)	(4)
家庭规模	0.0482	0.1211***	0.1039***	0.1359***
	(0.0379)	(0.0202)	(0.0227)	(0.0290)
儿童抚养比	−0.0200	0.0137	0.0437	−0.1965
	(0.3306)	(0.1781)	(0.1876)	(0.2341)
老年抚养比	−0.2958**	−0.0153	0.1071	−0.1634
	(0.1236)	(0.0962)	(0.0855)	(0.1899)
是否有住房	−0.1629	−0.0372	−0.1126*	−0.0308
	(0.1008)	(0.0508)	(0.0595)	(0.0841)
是否有私人借贷	0.1004	0.1421***	0.0871**	0.1643***
	(0.0782)	(0.0337)	(0.0380)	(0.0533)
是否有银行借贷	−0.0140	0.1857***	0.0907*	0.2597***
	(0.0950)	(0.0436)	(0.0485)	(0.0706)
地区控制变量	是	是	是	是
家庭固定效应	是	是	是	是
时间固定效应	是	是	是	是
样本量	4,358	4,363	4,370	4,363
R^2	0.109	0.054	0.062	0.054
First Stage F-stat	12.61	/	/	/

注：1）括号内为地区层面的稳健聚类标准误；2）*、** 和 *** 分别表示在 10%、5% 和 1% 的水平上显著。

（二）基于持久收入 – 生命周期假说的考察

我们讨论第二种可能的机制，即数字金融发展通过影响家庭可支配收入，进而促进居民消费增长。

表6-6第（1）列中，我们考察了数字金融发展对家庭收入的影响，发现数字金融发展对城市居民家庭收入的影响并不显著，表明数字金融不具有收入增长效应。根据第（2）列的回归结果，数字金融发展与家庭收入均对居民消费有显著的促进作用，它们是影响居民消费的主要因素。

以上结果表明，基于持久收入 – 生命周期假说的机制在本章中未能得到验证。这就意味着在居民消费的决定因素中，可能存在着持久收入 – 生命周期假说无法解释的因素，而数字金融发展与这些因素又具有相关性，因而促进了居民消费的提升。

表6-6　数字金融发展、家庭收入与居民消费

被解释变量	家庭收入	居民消费
	(1)	(2)
数字金融发展	0.0116	0.0107*
	(0.0084)	(0.0062)
家庭收入		0.0546***
		(0.0119)
年龄平方	0.0401	−0.0099
	(0.0310)	(0.0186)
户主婚姻	0.2699***	0.0814
	(0.0986)	(0.0611)
户主健康	0.0828	−0.1201
	(0.1336)	(0.0763)
家庭规模	0.2377***	0.1343***
	(0.0254)	(0.0129)

续表

被解释变量	家庭收入	居民消费
	(1)	(2)
儿童抚养比	−0.5828***	−0.0729
	(0.1821)	(0.1124)
老年抚养比	−0.2087**	−0.0137
	(0.0984)	(0.0724)
是否有住房	0.0741	−0.0448
	(0.0658)	(0.0359)
是否有私人借贷	−0.0321	0.1393***
	(0.0463)	(0.0231)
是否有银行借贷	0.0018	0.2076***
	(0.0687)	(0.0376)
地区控制变量	是	是
家庭固定效应	是	是
时间固定效应	是	是
样本量	6,454	6,454
R^2	0.059	0.159
First Stage F-stat	14.33	14.34

注：1）括号内为地区层面的稳健聚类标准误；2）*、** 和 *** 分别表示在 10%、5% 和 1% 的水平上显著。

（三）基于预防性储蓄动机的考察

我们进一步讨论第三种可能的机制，即数字金融发展通过降低家庭信用风险以及家庭面临的不确定性，进而对居民消费产生促进作用。通常家庭收入与支出的大幅波动、社会保障的缺失等因素会使家庭面临较大的不确定性和更多的风险，进而制约了家庭的消费，促使家庭积累更多的预防性储蓄。

在实践中，收入变化的方差（宋铮，1999）、消费变化的方差（Carroll 和 Samwick，1998）等变量被广泛应用于衡量家庭面临的风险或不确定性。表6-7 中，我们参照已有研究，选择支出的标准差来表征家庭面临的不确定性，将样本分为不确定性较高和较低两组家庭，进而运用两阶段最小二乘法，估计数字金融发展在不同预防性动机下对居民消费支出的影响。

从结果（表6-7）来看，我们找到了数字金融发展通过预防性储蓄的机制来改变居民消费的证据：首先，数字金融发展提升了高不确定性居民的消费水平；其次，当进一步分析数字金融发展对基础型消费的影响时，我们发现数字金融发展虽然能够同时提升两类居民的消费水平，但是高不确定性居民的系数在大小以及显著性上均明显高于低不确定性居民；最后，数字金融发展对两类居民发展与享受型消费的影响均不显著。综上，我们认为，预防性储蓄动机能够在一定程度上解释数字金融发展对居民消费的促进作用。

表6-7　数字金融发展、预防性储蓄与居民消费

被解释变量	居民消费		基础型消费		发展与享受型消费	
	低不确定性	高不确定性	低不确定性	高不确定性	低不确定性	高不确定性
	(1)	(2)	(3)	(4)	(5)	(6)
数字金融发展	0.0035	0.0184*	0.0082*	0.0187**	−0.0014	0.0163
	(0.0036)	(0.0094)	(0.0048)	(0.0094)	(0.0056)	(0.0109)
家庭收入	0.0130*	0.0144**	0.0142*	0.0230***	0.0168	0.0114
	(0.0073)	(0.0060)	(0.0077)	(0.0074)	(0.0115)	(0.0082)
年龄平方	−0.0113	0.0091	−0.0050	−0.0239	−0.0384	0.0286
	(0.0209)	(0.0278)	(0.0212)	(0.0231)	(0.0340)	(0.0423)
户主婚姻	0.1264	−0.0008	0.1904**	0.0218	0.1271	0.0371
	(0.0879)	(0.1021)	(0.0773)	(0.0741)	(0.1446)	(0.1609)
户主健康	−0.0984	−0.2774**	−0.0762	−0.1984	−0.1679	−0.5741**
	(0.0757)	(0.1276)	(0.0859)	(0.1320)	(0.1140)	(0.2631)

被解释变量	居民消费		基础型消费		发展与享受型消费	
	低不确定性	高不确定性	低不确定性	高不确定性	低不确定性	高不确定性
	(1)	(2)	(3)	(4)	(5)	(6)
家庭规模	0.1450***	0.1443***	0.1212***	0.1295***	0.2105***	0.1634***
	(0.0229)	(0.0173)	(0.0243)	(0.0172)	(0.0427)	(0.0261)
儿童抚养比	−0.2450*	0.0767	−0.0357	−0.0824	−0.5669***	0.1997
	(0.1385)	(0.1792)	(0.1562)	(0.1708)	(0.2129)	(0.2563)
老年抚养比	−0.1092	0.0758	−0.0749	0.1747	−0.1032	0.0133
	(0.0916)	(0.1094)	(0.0801)	(0.1097)	(0.1455)	(0.1949)
是否有住房	−0.0634	−0.0348	−0.0824*	−0.0444	−0.1369**	−0.0259
	(0.0450)	(0.0532)	(0.0485)	(0.0617)	(0.0682)	(0.0720)
是否有私人借贷	0.1443***	0.1439***	0.0339	0.0926**	0.2269***	0.1680***
	(0.0368)	(0.0348)	(0.0412)	(0.0381)	(0.0566)	(0.0495)
是否有银行借贷	0.2342***	0.1812***	0.1575***	0.0494	0.2692***	0.2683***
	(0.0595)	(0.0537)	(0.0576)	(0.0510)	(0.0825)	(0.0695)
地区控制变量	是	是	是	是	是	是
家庭固定效应	是	是	是	是	是	是
时间固定效应	是	是	是	是	是	是
样本量	3,303	3,306	3,294	3,296	3,301	3,296
R^2	0.150	0.146	0.112	0.144	0.089	0.084
First Stage F-stat	14.46	13.71	14.39	13.96	14.45	13.51

注：1）括号内为地区层面的稳健聚类标准误；2）*、** 和 *** 分别表示在 10%、5% 和 1% 的水平上显著。

（四）基于流动性约束的考察

我们检验前文所提及的第四种可能的机制，即数字金融发展能够通过借贷等形式，放松居民的流动性约束，使得居民能够遵循效用最大化的原则来提升消费。

表6-8中，我们参照高梦滔（2008）的方法，构造了一个虚拟变量来表征居民的流动性约束，进而将样本分为受流动性约束程度较高和较低两组家庭，进而运用两阶段最小二乘法，估计数字金融发展在不同家庭借贷约束条件下对居民消费支出的影响。

从结果上看，数字金融发展通过流动性约束的机制来改变居民消费的证据并不清晰：首先，数字金融发展反而更多地提升了低流动性约束的居民消费水平；其次，当进一步分析数字金融发展对基础型消费的影响时，我们也得出了相似的结论；最后，数字金融发展对两类居民发展与享受型消费的影响均不显著。综上，数字金融发展虽然放松了居民的流动性约束，但是流动性约束或许不是数字金融发展提升居民消费水平的主要机制，可能存在其他未被观察到的因素。比如，对高流动性约束居民（通常是低收入群体）来说，数字金融发展有可能放松其面临的预算约束，但是其在短期扩大消费的同时，有可能落入"套路贷"的陷阱，从而使其所在家庭有重大损失，造成家庭消费水平的整体回落。这也暴露出低收入群体风险意识的不足以及其在数字金融监管方面存在的隐患，在数字金融发展过程中这类群体需要特别警惕。

表6-8　数字金融发展、流动性约束与居民消费

被解释变量	居民消费		基础型消费		发展与享受型消费	
	低流动约束	高流动约束	低流动约束	高流动约束	低流动约束	高流动约束
	(1)	(2)	(3)	(4)	(5)	(6)
数字金融发展	0.0133*	0.0056	0.0122**	0.0084	0.0152	0.0011
	(0.0069)	(0.0055)	(0.0058)	(0.0061)	(0.0103)	(0.0093)
家庭收入	0.0119**	0.0609**	0.0168***	0.0673**	0.0125	0.0656**
	(0.0050)	(0.0261)	(0.0054)	(0.0280)	(0.0102)	(0.0296)

续表

被解释变量	居民消费		基础型消费		发展与享受型消费	
	低流动约束	高流动约束	低流动约束	高流动约束	低流动约束	高流动约束
	(1)	(2)	(3)	(4)	(5)	(6)
年龄平方	−0.0115	0.0278	−0.0079	0.0203	−0.0041	−0.0276
	(0.0245)	(0.0382)	(0.0216)	(0.0343)	(0.0426)	(0.0666)
户主婚姻	0.2390***	−0.0143	0.1498*	0.1683	0.3639***	−0.0872
	(0.0777)	(0.1009)	(0.0869)	(0.1064)	(0.1301)	(0.1566)
户主健康	0.0082	−0.3031*	−0.1460	−0.1423	0.1947	−0.5638**
	(0.1029)	(0.1594)	(0.1168)	(0.1597)	(0.1477)	(0.2752)
家庭规模	0.1534***	0.1437***	0.1523***	0.1240***	0.1570***	0.1962***
	(0.0212)	(0.0234)	(0.0215)	(0.0264)	(0.0322)	(0.0430)
儿童抚养比	−0.1872	−0.1315	−0.0475	−0.2621	−0.3198	−0.2191
	(0.1676)	(0.2082)	(0.1463)	(0.2400)	(0.2628)	(0.2733)
老年抚养比	−0.0423	−0.2513	−0.0204	−0.1387	0.0496	−0.3840
	(0.1038)	(0.1667)	(0.0859)	(0.1533)	(0.1937)	(0.2786)
是否有住房	−0.0284	−0.0989*	−0.0969*	−0.1161*	0.0651	−0.1617
	(0.0572)	(0.0527)	(0.0527)	(0.0653)	(0.0833)	(0.1058)
是否有私人借贷	0.1267***	0.1095***	0.0219	0.0180	0.2114***	0.1971***
	(0.0466)	(0.0393)	(0.0529)	(0.0402)	(0.0689)	(0.0508)
是否有银行借贷	0.3325***	0.1036*	0.1808***	0.0634	0.4628***	0.1235
	(0.0579)	(0.0557)	(0.0483)	(0.0650)	(0.0857)	(0.0869)
地区控制变量	是	是	是	是	是	是
家庭固定效应	是	是	是	是	是	是

续表

被解释变量	居民消费		基础型消费		发展与享受型消费	
	低流动约束	高流动约束	低流动约束	高流动约束	低流动约束	高流动约束
	(1)	(2)	(3)	(4)	(5)	(6)
时间固定效应	是	是	是	是	是	是
样本量	3,309	2,111	3,295	2,099	3,303	2,098
R^2	0.172	0.138	0.171	0.104	0.086	0.094
First Stage F-stat	15.55	18.83	15.76	18.99	15.49	18.55

注：1）括号内为地区层面的稳健聚类标准误；2）*、** 和 *** 分别表示在 10%、5%和 1%的水平上显著。

六、稳健性检验

为了使本章结论更可信，本节将进行稳健性检验。首先，我们通过对核心变量的数值进行修正来解决数据可能存在的测量误差问题。具体而言，居民消费和收入数据在住户调查中往往存在一定程度的低估，参照标准的方法，本章对收支变量进行了1%的缩尾处理。在此基础上，我们采用模型（6-1）进行再估计，结果如表6-9第（1）列所示。

其次，我们通过构造新的工具变量，对基准模型进行再估计，结果如表6-9第（2）列所示。具体而言，本章借鉴张勋等（2019）的做法，选取了家庭所在地区与杭州的球面距离以及家庭所在地区与省会的球面距离两类工具变量，并利用模型（6-1）进行重新估算。

表6-9中所有结果均通过弱工具变量的检验以及显著性检验，表明数字金融发展确实显著促进了居民消费，进一步证明了基准估计结果的可靠性。

表6-9 稳健性检验：测量误差和内生性问题

被解释变量 居民消费	测量误差的修正	内生性问题的再讨论
	(1)	(2)
数字金融发展	0.0101*	0.0052**
	(0.0055)	(0.0025)
家庭收入	0.0208***	0.0227***
	(0.0037)	(0.0041)
年龄平方	−0.0340**	−0.0285**
	(0.0137)	(0.0145)
户主婚姻	0.0672	0.0564
	(0.0523)	(0.0476)
户主健康	−0.1198**	−0.109**
	(0.0546)	(0.0524)
家庭规模	0.1146***	0.110***
	(0.0092)	(0.0096)
儿童抚养比	−0.2129***	−0.237***
	(0.0799)	(0.0763)
老年抚养比	−0.0841	−0.0643
	(0.0532)	(0.0515)
是否有住房	−0.0682***	−0.0618**
	(0.0264)	(0.0269)
是否有私人借贷	0.1607***	0.158***
	(0.0155)	(0.0163)
是否有银行借贷	0.1611***	0.160***
	(0.0228)	(0.0218)

续表

被解释变量 居民消费	测量误差的修正	内生性问题的再讨论
	(1)	(2)
地区控制变量	是	是
家庭固定效应	是	是
时间固定效应	是	是
样本量	17,430	16,893
R^2	0.080	0.081
First Stage F-stat	12.38	11

注：1）括号内为地区层面的稳健聚类标准误；2）*、** 和 *** 分别表示在 10%、5% 和 1% 的水平上显著。

七、小结

本章利用中国家庭追踪调查（CFPS）数据，从微观视角探讨了数字金融发展与居民消费的关系。我们发现数字金融发展主要增加了城市居民消费支出，特别是对食品、衣着类基础型消费支出具有显著的促进作用。相对而言，数字金融发展对农村居民消费以及对发展与享受型消费支出的影响并不显著。在此基础上，本章验证了数字金融主要是通过提升支付的便利性和降低家庭面临的不确定性，来促进消费增长。

本章有以下政策建议：

第一，要完善农村及偏远地区信息基础设施，让数字技术成果更惠民、便民、利民，不断缩小城乡在信息可及性方面的数字鸿沟，推进农村居民消费增长与升级。同时，我国要加快 5G、人工智能、工业互联网、物联网等新型基础设施的建设，确保我国数字技术的发展优势，为数字金融促进消费发展提供更有力的硬件保障。

第二，主动发挥数字金融的作用，通过发放电子消费券等方式促进居民基本消费。同时，数字金融产品也要更加关注家庭的发展和享受型消费，激发和促进中高端消费的发展，更加有效地使居民消费升级。

第三，顺应数字金融驱动消费的内在机制，从两方面发挥数字金融促进消费的作用。一是鼓励互联网平台机构深度参与数字金融创新，向用户提供更多更好的数字金融服务产品，进一步提高支付便利性，助力居民便捷消费；二是加强金融监管，完善信用风险防控机制，不断优化社会信用环境，改善居民的流动性约束和不确定性预期，更大限度地发挥数字金融对居民家庭消费的促进作用。

第四，遵循长短期相结合的原则，在短期内要结合"六稳""六保"着力实施精准刺激，推动商品消费优化升级、促进服务消费提质扩容、加快培育新型消费，多措并举促进消费回升。长期而言，我们要想促进数字金融与实体经济的良性循环和互动发展，一方面，数字金融要切实服务于实体经济发展，带动居民收入提升，确保居民消费的可持续增长；另一方面，实体经济要更好地与数字技术融合发展，为消费者提供更好的商品和更便捷的服务，为居民消费升级扩容提供长期而稳定的物质基础。

第七章

数字金融发展与居民消费不平等

从"不患寡而患不均"到共同富裕，在高质量经济发展中解决发展不平衡不充分的问题是破题的关键所在。本章从福利视角探究数字金融对居民消费不平等的影响，以期更加全面地反映数字金融在经济发展中的角色与作用。

一、引言

总需求不足是当前经济运行面临的突出矛盾，而总需求不足的主要方面是消费需求不足。一方面，全球经济疲软，消费作为经济增长重要引擎的动力尚未完全恢复；另一方面，巨大的消费增长潜力仍有待释放（王微和王念，2023）。扩大内需、形成强大的国内市场，不仅是国内经济持续回升的关键动力，还是推进国内国际双循环的重要力量。

以数字金融为代表的经济新业态在提振消费、扩大内需方面发挥着重要作用。数字金融发展具有普惠性、包容性的双重特征，能够有效促进家庭部门消费，特别是对弱势群体的影响更为显著。这为破解经济发展不平等不充分的问题提供了新思路。

消费不平等是研究数字金融发展影响消费的重要切入点（程名望和张家平，2019；杨碧云等，2023）。遗憾的是，在以往关于数字金融发展的经济效应的研究中，其未能得到充分的关注与系统的论证。

鉴于此，本章从消费不平等视角切入，探究数字金融发展在降低消费差距、改善居民福利方面的影响及其作用机理，以期为破解经济发展不平衡不充分的矛盾、扩大内需，以及构建双循环新发展格局提供经验支持。

本节力图在以下两方面有所贡献：

第一，对以往文献关于消费不平等的测度、分解以及成因研究进行了较为充分的论述，但仍有可以改进的空间。具体而言，消费决策通常以微观家庭为主体，然而以往研究多数采用宏观数据进行讨论，难以对消费不平等指数进行误差修正。本章借助 Kakwani 指数构建家庭层面的消费不平等指数，深入分析数字金融发展与消费不平等的关系。

第二，本章采用 Bartik 工具变量法处理模型可能存在的内生性问题，来有效识别数字金融发展对居民消费不平等的因果效应，增强研究结论的可靠性。

二、研究设计

（一）实证策略

为了评估数字金融发展对消费不平等的影响，本章首先构建了用于识别两者关系的实证模型。$IneqC_{ijt}$ 表示第 t 年 j 地区第 i 个家庭的消费不平等程度，DF_{jt} 表示第 t 年 j 地区的数字金融发展程度。基准模型设定如下：

$$IneqC_{ijt} = \alpha_0 + \alpha_1 DF_{jt} + \alpha_X X_{ijt} + \theta_i + \delta_t + \mu_{ijt} \tag{7-1}$$

式（7-1）中，系数 α_1 衡量了数字金融发展对消费不平等的影响。X_{ijt} 表示一系列影响消费不平等的控制变量，涉及家庭层面、户主层面和地区层面三个维度，其中，在家庭层面，控制了家庭规模、家庭收入、儿童抚养比（16 岁以下的人口占家庭劳动人口的比重）、老年抚养比（65 岁以上的人口占家庭劳动人口的比重）等变量；在户主层面，控制了户主的性别（男性为 1）、年龄、健康状况（健康为1）、户籍（城镇为1）、受教育程度、婚姻（已婚为1），以及是否参加医疗保险等变量；在地区层面，本章将地区金融发展水平、人均GDP等变量纳入模型，来衡量传统金融深化程度和经济发展程度对消费不平等的影响。

本章采用双向固定效应，θ_i表示家庭层面的固定效应，来控制不随时间变化的家庭差异对消费不平等的影响；δ_t表示时间固定效应，来控制影响居民消费不平等的共同时间趋势；μ_{ijt}为随机扰动项。

（二）消费不平等指数的构建

在既有研究中，大多数研究以基尼系数、泰尔指数等作为衡量消费不平等的测度指标。但是，这类指标仅能够刻画群体的消费不平等特征，无法有效捕捉个体层面的消费差异。Kakwani指数能够从个体层面进行不平等的测度，衡量个体的相对剥夺程度。

本章参考罗娟和李宝珍（2021）的研究，利用Kakwani指数测度消费不平等。我们假设总体样本为n，将家庭的消费水平按照从小到大的顺序依次排列，该群体的消费分布为$X=(x_1, x_2, \cdots x_n)$，其中$x_1 < x_2 \cdots x_n$，根据Kakwani指数的计算公式，第k个家庭的消费不平等程度$RD(x, x_k)$为：

$$RD(x,x_k) = \frac{1}{n\mu} \sum_{i=k+1}^{n} (x_i - x_k) = \gamma_{x_k} \left[\left(\mu_{x_k} - x_k \right) / \mu \right] \tag{7-2}$$

式（7-2）中，μ为样本消费均值，x_k为第k个家庭的消费水平，μ_{x_k}是X中消费水平超过x_k的样本消费的平均值，γ_{x_k}是X中消费超过x_k的样本数占X中总样本的百分比。

（三）估计方法

我们在采用上述模型进行估计时，可能存在内生性的问题，从而导致估计系数产生偏误。为了克服这一问题，本章对模型（7-1）采用工具变量估计，来获取参数的一致估计量。本章基于Bartik（2009）的研究构建"Bartik Instrument"，借鉴易行健和周利（2018）的做法，用滞后一阶的数字普惠金融指数和数字普惠金融指数在时间上的一阶差分的乘积，作为数字金融发展的工具变量。

（四）数据

本章使用的第一部分数据来自中国家庭金融调查与研究中心执行的中国家庭金融调查数据库。该数据库始于2011年，已完成6轮调查，样本覆盖29个省（自治区、直辖市）355个县（县级市、旗、市辖区等）1428个社区，有效样本达到40011户家庭和127012名个体，在全国具有代表性和权威性，被广泛运用于家庭经济行为的相关研究中。

按照通行的方法，我们首先对微观数据进行处理：（1）删除了无法识别的样本，如省份编码、社区编码、城乡编码、家庭编码、个体编码等标识变量缺失的样本；（2）将户主年龄限定在16岁以上；（3）结合模型设定与变量选择，最终共获得21500个信息较为完整的样本。

第二部分数据是地区层面的数字金融发展程度。本章选取北京大学数字金融研究中心和蚂蚁金服集团共同编制的中国数字普惠金融发展指数作为数字金融发展的代理变量（郭峰等，2020）。该指数涉及省、市、县三级的年度数据，已经被广泛认可，并应用于分析中国数字金融发展方面，具有较好的代表性和可靠性。

第三部分数据是其他宏观数据，即前文所述的经济发展与金融发展数据，主要源于各省的统计年鉴。

在此基础上，本章将上述三部分数据依据地区和时间两个维度进行匹配，最终选定的样本年份为2015年、2017年和2019年。

表7-1报告了主要变量的描述性统计结果。

表7-1 主要变量的描述性统计

变量	样本量	均值	标准差	最小值	最大值
消费不平等程度	21500	0.450	0.220	0	0.980
数字金融指数	21500	272	49	193	410
家庭规模	21500	3.790	1.640	1	19
家庭收入	21500	10.44	1.410	0.049	16.12
老年抚养比	21500	0.170	0.380	0	3
儿童抚养比	21500	0.230	0.350	0	5
户主性别	21500	0.830	0.370	0	1
户主年龄	21500	52.65	11.01	17	95
健康状况	21500	0.800	0.400	0	1
户籍	21500	0.260	0.440	0	1
受教育程度	21500	1.960	1.130	0	5
婚姻状况	21500	0.900	0.300	0	1
医疗保险	21500	0.940	0.230	0	1
传统金融发展	21500	1.540	0.410	0.850	2.540
人均 GDP	21500	10.88	0.380	10.16	11.99

三、数字金融发展与消费不平等：实证分析

接下来，本章着重探讨数字金融发展与消费不平等的关系，在基准分析之后，进行内生性讨论和稳健性分析。

（一）数字金融发展与消费不平等

本章根据模型（7-1），考察数字金融发展与消费不平等的关系。在回归分析中，我们逐步控制了户主特征、家庭特征以及所在地区经济特征三类控制变量。在所有的回归分析中，我们均控制了家庭和时间的双重固定效应。

首先，我们利用线性最小二乘回归的方法，研究数字金融发展对居民消费不平等的影响，回归结果如表7-2所示。其中，在第（1）列中，只加入了数字金融发展；在第（2）列中，除了加入数字金融发展外，还加入了家庭层面的控制变量，包括家庭规模、家庭收入对数、老年抚养比和儿童抚养比；在第（3）列中，又加入了户主层面的控制变量，包括户主性别、户主年龄、健康状况、户口类型、受教育程度、婚姻状况以及是否参加医疗保险；在第（4）列中，进一步加入了宏观经济层面的控制变量，包括地区金融发展水平和人均GDP。

结果显示，数字金融发展的估计系数为负，且在1%的水平上显著，表明数字金融的发展能够有效降低消费不平等程度。从控制变量来看，基本与预期相符合。具体而言，家庭总收入水平越高，家庭消费不平等程度越低；随着家庭规模的增大，消费不平等程度呈现扩大趋势；户主年龄与消费不平等呈显著正相关关系；此外，户主受教育程度与消费不平等呈显著负相关关系，表明户主受教育程度越高，消费不平等程度越低。

表7-2　数字金融发展与居民消费不平等：基准分析

被解释变量 消费不平等	(1)	(2)	(3)	(4)
数字金融发展	−0.0825***	−0.0709***	−0.0693***	−0.0743***
	(0.0182)	(0.0177)	(0.0176)	(0.0188)
家庭规模		0.0399***	0.0397***	0.0397***
		(0.0014)	(0.0014)	(0.0014)
家庭收入		−0.0190***	−0.0188***	−0.0188***
		(0.0013)	(0.0013)	(0.0013)

续表

被解释变量 消费不平等	(1)	(2)	(3)	(4)
老年抚养比		0.0105*	0.0083	0.0085
		(0.0055)	(0.0055)	(0.0055)
儿童抚养比		−0.0079	−0.0062	−0.0062
		(0.0065)	(0.0065)	(0.0065)
户主性别			−0.0046	−0.0047
			(0.0045)	(0.0045)
户主年龄			0.0005**	0.0005**
			(0.0002)	(0.0002)
健康状况			0.0018	0.0018
			(0.0041)	(0.0041)
户口类型			−0.0117	−0.0117
			(0.0084)	(0.0084)
受教育程度			−0.0082***	−0.0082***
			(0.0027)	(0.0027)
婚姻状况			0.0104	0.0104
			(0.0072)	(0.0072)
医疗保险			0.0076	0.0077
			(0.0062)	(0.0062)
传统金融发展				−0.0165
				(0.0128)
人均GDP				0.00785
				(0.0432)
家庭固定效应	是	是	是	是

续表

被解释变量 消费不平等	(1)	(2)	(3)	(4)
时间固定效应	是	是	是	是
样本量	21,500	21,500	21,500	21,500
R^2	0.008	0.079	0.081	0.081

注：1）括号内为稳健聚类标准误；2）*、** 和 *** 分别表示在 10%、5% 和 1% 的水平上显著。

接下来，本章基于数字金融发展不同维度指标，覆盖广度、使用深度和数字化程度，进一步探讨数字金融发展不同维度对居民消费不平等的异质影响。表7-3报告了数字金融发展不同维度指标的估计结果。结果显示，覆盖广度指数的估计系数为负，且在5%的水平上显著，使用深度指数和数字化程度指数的估计系数均为负，且在1%的水平上显著，表明数字金融覆盖广度、使用深度以及数字化程度都能够在一定程度上弱化消费不平等。从系数绝对值来看，覆盖广度对消费不平等的影响最大，使用深度次之，数字化程度的影响最小。

表7-3　数字金融发展不同维度与居民消费不平等的关系

被解释变量 消费不平等	(1)	(2)	(3)
覆盖广度	−0.0683**		
	(0.0297)		
使用深度		−0.0494***	
		(0.0136)	
数字化程度			−0.0211***
			(0.0064)
家庭规模	0.0397***	0.0397***	0.0397***
	(0.0014)	(0.0014)	(0.0014)

续表

被解释变量 消费不平等	(1)	(2)	(3)
家庭收入	−0.0187***	−0.0188***	−0.0188***
	(0.0013)	(0.0013)	(0.0013)
老年抚养比	0.0082	0.0083	0.0084
	(0.0055)	(0.0055)	(0.0055)
儿童抚养比	−0.0063	−0.0062	−0.0065
	(0.0065)	(0.0065)	(0.0065)
户主性别	−0.0047	−0.0047	−0.0048
	(0.0045)	(0.0045)	(0.0045)
户主年龄	0.0005**	0.0005**	0.0005**
	(0.0002)	(0.0002)	(0.0002)
健康状况	0.0016	0.0019	0.0019
	(0.0041)	(0.0041)	(0.0041)
户口类型	−0.0115	−0.0114	−0.0118
	(0.0084)	(0.0084)	(0.0084)
受教育程度	−0.0083***	−0.0083***	−0.0083***
	(0.0027)	(0.0027)	(0.0027)
婚姻状况	0.0104	0.0105	0.0105
	(0.0072)	(0.0072)	(0.0072)
医疗保险	0.0073	0.0076	0.0076
	(0.0062)	(0.0062)	(0.0062)
传统金融发展	−0.0068	−0.0221*	−0.0177
	(0.0129)	(0.0131)	(0.0129)

续表

被解释变量 消费不平等	(1)	(2)	(3)
人均 GDP	0.0031	–0.0172	–0.0210
	(0.0458)	(0.0418)	(0.0418)
家庭固定效应	是	是	是
时间固定效应	是	是	是
样本量	21,500	21,500	21,500
R^2	0.080	0.081	0.080

注：1）括号内为稳健聚类标准误；2）*、** 和 *** 分别表示在 10%、5% 和 1% 的水平上显著。

（二）内生性问题

数字金融发展与居民消费不平等关系研究的模型设定可能存在内生性问题，从而导致估计系数产生偏误。因此，我们采用工具变量估计方法修正内生性的问题。表7-4第（2）列报告了第一阶段的回归结果，从统计学的角度来检验两者的相关性。结果显示，该工具变量与数字金融发展呈显著正相关关系，与预期相符合。

表7-4第（1）列报告了工具变量第二阶段最小二乘法的回归结果。弱工具变量检验的 F 统计量大于10，说明模型估计不存在弱工具变量的问题。更重要的是，工具变量的估计结果与基准回归一致，进一步支持了数字金融发展有助于降低居民消费不平等的核心结论。

表7-4　数字金融与居民消费不平等：第一阶段和第二阶段回归

被解释变量	第二阶段	第一阶段
	消费不平等	数字金融
	(1)	(2)
数字金融发展	–0.0619**	
	(0.0252)	

续表

被解释变量	第二阶段	第一阶段
	消费不平等	数字金融
	(1)	(2)
Bartik Instrument		0.707***
		(0.0056)
家庭规模	0.0350***	−0.0020*
	(0.0024)	(0.0011)
家庭收入	−0.0183***	0.0009
	(0.0019)	(0.0010)
老年抚养比	0.0143*	0.0055
	(0.0080)	(0.0041)
儿童抚养比	−0.0134	0.0042
	(0.0121)	(0.0051)
户主性别	−0.0034	−0.0009
	(0.0062)	(0.0036)
户主年龄	0.0008**	−0.0004**
	(0.0003)	(0.0002)
健康状况	0.0084	0.0014
	(0.0056)	(0.0029)
户口类型	−0.0053	0.0049
	(0.0126)	(0.0062)
受教育程度	−0.0030	−0.0020
	(0.0039)	(0.0020)
婚姻状况	0.0046	−0.0031
	(0.0102)	(0.0050)

被解释变量	第二阶段	第一阶段
	消费不平等	数字金融
	(1)	(2)
医疗保险	0.0122	0.0089**
	(0.0089)	(0.0045)
传统金融发展	−0.0076	0.0171
	(0.0167)	(0.0118)
人均GDP	0.0713	−0.119***
	(0.0811)	(0.0319)
家庭固定效应	是	是
时间固定效应	是	是
样本量	14,332	14,333
R^2	0.046	0.081
First Stage F−stat	58999	/

注：1）括号内为稳健聚类标准误；2）*、** 和 *** 分别表示在 10%、5% 和 1% 的水平上显著。

（三）稳健性检验

为了增加本章结论的可信度，本节将进行稳健性检验。参照周广肃等（2020）的做法，我们选择基尼系数和分位数比值来替代 Kakwani 指数，并将其作为消费不平等的衡量指标，来修正模型可能存在的变量测量误差问题。

基于上述替代变量重新估计模型（7−1），结果如表7−5所示。其中，第（1）列报告了基于家庭平均消费支出计算得到的消费基尼系数的估计结果。结果显示，数字金融发展对消费基尼系数的影响依然显著为负，表明数字金融发展降低了居民消费的不平等。第（2）列报告了基于消费分位数比值 P90/P10 衡量的消费差距的估计结果。与预期结果一致，数字金融发展和消费分位数比值呈现显著的负向相关关系。

综上，以上结果进一步证明了基准估计结果的可靠性。

表7-5　稳健性检验：测量误差

被解释变量	基尼系数	P90/P10
	(1)	(2)
数字金融发展	−0.0240***	−0.246**
	(0.0031)	(0.102)
家庭规模	0.0007***	0.0383***
	(0.0002)	(0.0079)
家庭收入	−0.0003*	−0.0112
	(0.0002)	(0.0071)
老年抚养比	0.0008	−0.0035
	(0.0010)	(0.0326)
儿童抚养比	0.0003	0.0107
	(0.0012)	(0.0359)
户主性别	0.0004	−0.0386
	(0.0008)	(0.0276)
户主年龄	6.99e−05**	0.0024*
	(3.40e−05)	(0.0013)
健康状况	0.0007	0.0080
	(0.0007)	(0.0239)
户口类型	−0.0033**	0.0320
	(0.0014)	(0.0515)
受教育程度	0.0007	0.0072
	(0.0004)	(0.0155)
婚姻状况	0.0009	0.0627
	(0.0011)	(0.0410)

续表

被解释变量	基尼系数	P90/P10
	(1)	(2)
医疗保险	−0.0004	0.0524
	(0.0009)	(0.0339)
传统金融发展	−0.0285***	−0.980***
	(0.0020)	(0.0511)
人均GDP	−0.192***	−3.397***
	(0.0053)	(0.235)
家庭固定效应	是	是
时间固定效应	是	是
样本量	21,500	21,500
R^2	0.341	0.303

注：1）括号内为稳健聚类标准误；2）*、** 和 *** 分别表示在10%、5% 和1% 的水平上显著。

四、数字金融发展对居民消费不平等的异质性影响

（一）区域的异质性

为探究数字金融发展对居民消费不平等是否具有区域异质性影响，本章将总样本划分为东部地区、中部地区和西部地区三组，分别估计模型（7-1）。

回归结果见表7-6。我们研究发现，数字金融发展仅有助于改善西部地区的消费差距，对东部地区和中部地区的影响不显著。可能的原因在于，相较于东部地区和中部地区，西部地区大数据技术的发展程度以及金融市场的

发达程度相对滞后，对数字金融的发展更为敏感，其影响的边际效应会更大，这也在一定程度上体现了数字金融发展的包容性特征。

表7-6 数字金融发展与居民消费不平等：区域的异质性

被解释变量 消费不平等	东部地区	中部地区	西部地区
	(1)	(2)	(3)
数字金融发展	−0.0314	0.0349	−0.115*
	(0.0322)	(0.100)	(0.0592)
家庭规模	0.0383***	0.0406***	0.0403***
	(0.0023)	(0.0025)	(0.0024)
家庭收入	−0.0166***	−0.0197***	−0.0199***
	(0.0021)	(0.0026)	(0.0023)
老年抚养比	−0.0020	0.0068	0.0232**
	(0.0084)	(0.0103)	(0.0101)
儿童抚养比	−0.0046	−0.0180	0.0007
	(0.0116)	(0.0110)	(0.0106)
户主性别	−0.0008	−0.0134	−0.0048
	(0.0069)	(0.0082)	(0.0084)
户主年龄	0.0002	0.0005	0.0008**
	(0.0004)	(0.0004)	(0.0004)
健康状况	−0.0033	−0.0059	0.0121*
	(0.0072)	(0.0074)	(0.0067)
户口类型	−0.0267*	0.0267*	−0.0262*
	(0.0142)	(0.0152)	(0.0139)
受教育程度	−0.0126***	−0.0109**	−0.00151
	(0.0043)	(0.0050)	(0.0049)

续表

被解释变量 消费不平等	东部地区	中部地区	西部地区
	(1)	(2)	(3)
婚姻状况	0.0069	0.0288**	−0.0005
	(0.0120)	(0.0134)	(0.0121)
医疗保险	−0.0019	0.0125	0.0174
	(0.0088)	(0.0127)	(0.0120)
传统金融发展	−0.0048	−0.0405	0.0038
	(0.0159)	(0.0803)	(0.0324)
人均 GDP	0.0196	−0.260	0.0496
	(0.0860)	(0.209)	(0.119)
家庭固定效应	是	是	是
时间固定效应	是	是	是
样本量	8,111	6,105	7,284
R^2	0.076	0.094	0.082

注：1）括号内为稳健聚类标准误；2）*、** 和 *** 分别表示在 10%、5% 和 1% 的水平上显著。

（二）城市等级的异质性

为了研究数字金融发展对居民消费不平等的影响是否存在城市等级异质性，本章按照城市等级将样本分为一线（含新一线）城市、二线城市、三线及以下城市三组，分别估计模型（7-1）。

回归结果见表7-7。我们研究发现，对于不同等级的城市，数字金融发展缓解消费不平等的情况有所差异。对三线及以下城市来说，数字金融发展能够显著降低居民消费不平等水平，但是对一线城市和二线城市来说，这种缓解效应并不显著。这与前文的结论一致，数字金融的发展弱化了城市间的消费差距，有利于提升弱势地区金融服务能力，缩小贫富差距，推动共同富裕。

表7-7 数字金融发展与居民消费不平等：城市等级的异质性

被解释变量 消费不平等	一线城市	二线城市	三线及以下城市
	(1)	(2)	(3)
数字金融发展	−0.0529	−0.0297	−0.0956***
	(0.0478)	(0.109)	(0.0255)
家庭规模	0.0342***	0.0420***	0.0400***
	(0.0042)	(0.0035)	(0.0016)
家庭收入	−0.0224***	−0.0189***	−0.0180***
	(0.0031)	(0.0036)	(0.0016)
老年抚养比	0.0149	0.0126	0.0061
	(0.0107)	(0.0140)	(0.0071)
儿童抚养比	0.0301*	−0.0157	−0.0097
	(0.0173)	(0.0215)	(0.0071)
户主性别	0.0009	−0.0032	−0.0058
	(0.0094)	(0.0134)	(0.0055)
户主年龄	0.0004	0.0003	0.0005**
	(0.0006)	(0.0006)	(0.0003)
健康状况	0.0095	−0.0101	0.0031
	(0.0100)	(0.0104)	(0.0050)
户口类型	−0.0083	−0.0090	−0.0130
	(0.0200)	(0.0227)	(0.0101)
受教育程度	−0.0066	−0.0072	−0.0089***
	(0.0064)	(0.0077)	(0.0032)
婚姻状况	0.0150	0.0352*	0.0048
	(0.0175)	(0.0211)	(0.0085)
医疗保险	0.0020	0.0242	0.0061
	(0.0127)	(0.0207)	(0.0075)

被解释变量 消费不平等	一线城市	二线城市	三线及以下城市
	(1)	(2)	(3)
传统金融发展	−0.0277	0.0683	−0.0306**
	(0.0356)	(0.0601)	(0.0147)
人均GDP	−0.172	−0.0474	0.0604
	(0.138)	(0.191)	(0.0540)
家庭固定效应	是	是	是
时间固定效应	是	是	是
样本量	3,939	3,119	14,442
R^2	0.071	0.094	0.082

注：1）括号内为稳健聚类标准误；2）*、** 和 *** 分别表示在10%、5%和1%的水平上显著。

（三）城乡的异质性

为了探究数字金融发展对居民消费不平等是否存在城乡异质性，本章进一步将样本分为城镇家庭和农村家庭两组，分别估计模型（7-1）。

回归结果见表7-8。我们研究发现，数字金融发展对城乡居民的消费不平等都产生了显著影响。相较于城镇家庭，数字金融发展对农村居民消费不平等的缓解作用更为明显。可能的原因在于，数字金融发展有助于弱化金融排斥，降低信用门槛，提高金融服务的可得性和便利性，这有效推动了农村居民收入的增加，降低了贫困发生的概率，进而对改善农村居民的消费水平等产生了积极的影响。

表7-8　数字金融发展与居民消费不平等：城乡的异质性

被解释变量 消费不平等	城市	农村
	(1)	(2)
数字金融发展	−0.0581**	−0.104***
	(0.0227)	(0.0326)

续表

被解释变量 消费不平等	城市	农村
	(1)	(2)
家庭规模	0.0447***	0.0369***
	(0.0022)	(0.0018)
家庭收入	−0.0182***	−0.0198***
	(0.0018)	(0.0019)
老年抚养比	0.0024	0.0097
	(0.0075)	(0.0079)
儿童抚养比	−0.0062	−0.0058
	(0.0092)	(0.0090)
户主性别	−0.0097*	0.0075
	(0.0051)	(0.0088)
户主年龄	0.0003	0.0008**
	(0.0003)	(0.0003)
健康状况	0.0105*	−0.0024
	(0.0058)	(0.0058)
户口类型	−0.0061	−0.0270
	(0.0093)	(0.0181)
受教育程度	−0.0054	−0.0137***
	(0.0034)	(0.0045)
婚姻状况	0.0056	0.0123
	(0.0086)	(0.0121)
医疗保险	−0.0017	0.0126
	(0.0081)	(0.0095)

续表

被解释变量 消费不平等	城市	农村
	(1)	(2)
传统金融发展	−0.0392**	0.0063
	(0.0161)	(0.0202)
人均 GDP	−0.0105	0.0565
	(0.0579)	(0.0663)
家庭固定效应	是	是
时间固定效应	是	是
样本量	10,839	10,661
R^2	0.094	0.076

注：1）括号内为稳健聚类标准误；2）*、** 和 *** 分别表示在 10%、5% 和 1% 的水平上显著。

（四）人力资本的异质性

通常，高人力资本的群体具备较好的学习能力，更容易从数字金融的发展中获益。本章根据户主受教育程度进行分组，将样本分为较低人力资本组、中等人力资本组和较高人力资本组三组[1]，分别估计模型（7−1）。

回归结果见表7−9。结果显示，数字金融发展的估计系数在较低人力资本组和中等人力资本组显著为负，表明相较于高人力资本组家庭，数字金融发展有助于改善中低人力资本组家庭的消费不平等，特别是对中等人力资本组家庭的影响最大。可能的原因在于，数字金融的发展在一定程度上打破了传统金融服务的地域和服务门槛的局限，拓宽了金融服务的深度和广度。较低人力资本组家庭普遍存在金融知识匮乏、金融素养偏低、风险意识薄弱等问题，无法充分利用金融服务并从中受益，从而限制了数字金融普惠功能的发挥。这一结果也凸显了人力资本在数字经济时代的重要性。

---

[1] 较低人力资本组包括户主未上学和具有小学学历的样本；中等人力资本组包括户主具有中学学历的样本；较高人力资本组包括户主具有大学及以上学历的样本。

表7-9 数字金融发展与居民消费不平等：人力资本的异质性

被解释变量 消费不平等	较低人力资本组	中等人力资本组	较高人力资本组
	(1)	(2)	(3)
数字金融发展	−0.0656*	−0.0733***	−0.0525
	(0.0396)	(0.0260)	(0.0417)
家庭规模	0.0423***	0.0392***	0.0418***
	(0.0024)	(0.0021)	(0.0059)
家庭收入	−0.0168***	−0.0188***	−0.0229***
	(0.0023)	(0.0019)	(0.0053)
老年抚养比	0.0058	0.0052	0.0141
	(0.0091)	(0.0086)	(0.0187)
儿童抚养比	−0.0042	−0.0156	0.0257
	(0.0112)	(0.0097)	(0.0188)
户主性别	0.0022	−0.0132*	−0.0013
	(0.0112)	(0.0070)	(0.0110)
户主年龄	−0.0001	0.0008**	−0.0017*
	(0.0005)	(0.0004)	(0.0010)
健康状况	0.0125*	−0.0012	−0.0030
	(0.0066)	(0.0063)	(0.0198)
户口类型	−0.0101	−0.0271**	−0.0289
	(0.0216)	(0.0122)	(0.0201)
受教育程度	0.0002	−0.0099	0.0082
	(0.0096)	(0.0071)	(0.0116)
婚姻状况	−0.0023	0.0240*	0.0342*
	(0.0130)	(0.0126)	(0.0196)

续表

被解释变量 消费不平等	较低人力资本组	中等人力资本组	较高人力资本组
	(1)	(2)	(3)
医疗保险	0.0102	0.00349	0.0153
	(0.0110)	(0.0090)	(0.0230)
传统金融发展	−0.0318	−0.0115	0.0380
	(0.0252)	(0.0183)	(0.0311)
人均 GDP	−0.0269	0.0048	−0.101
	(0.0835)	(0.0622)	(0.113)
家庭固定效应	是	是	是
时间固定效应	是	是	是
样本量	7,680	11,978	1,842
R^2	0.087	0.074	0.128

注：1）括号内为稳健聚类标准误；2）*、** 和 *** 分别表示在 10%、5% 和 1% 的水平上显著。

（五）社会资本的异质性

此外，本章还从社会资本的角度分析数字金融的包容性。基于家庭人均收入，以中位数为依据，我们将样本分为较低社会阶层组和较高社会阶层组两组，分别估计模型（7-1）。

回归结果见表7-10。结果显示，数字金融发展的估计系数均为负，且通过了显著性检验。从估计系数大小来看，较高社会阶层的家庭，数字金融发展的回归系数为 −0.0472；较低社会阶层的家庭，数字金融发展的回归系数为 −0.104。无论从显著性还是估计系数大小来看，数字金融发展对较低社会阶层居民的影响更明显。这一结果进一步体现了数字金融发展的普惠性和包容性。

表7-10　数字金融发展与居民消费不平等：社会阶层的异质性

被解释变量 消费不平等	较低社会阶层	较高社会阶层
	(1)	(2)
数字金融发展	−0.104***	−0.0472*
	(0.0400)	(0.0247)
家庭规模	0.0363***	0.0424***
	(0.0020)	(0.0027)
家庭收入	−0.0116***	−0.0345***
	(0.0019)	(0.0041)
老年抚养比	0.0076	0.0023
	(0.0086)	(0.0088)
儿童抚养比	−0.0046	−0.0033
	(0.0089)	(0.0123)
户主性别	0.0039	−0.0072
	(0.0084)	(0.0060)
户主年龄	0.0007*	−0.0001
	(0.0003)	(0.0004)
健康状况	0.0072	−0.0050
	(0.0057)	(0.0075)
户口类型	−0.0361**	−0.0073
	(0.0166)	(0.0108)
受教育程度	−0.0087*	−0.0074*
	(0.0049)	(0.0039)
婚姻状况	−0.0040	0.0177
	(0.0119)	(0.0114)

续表

被解释变量 消费不平等	较低社会阶层	较高社会阶层
	(1)	(2)
医疗保险	0.0112	−0.0037
	(0.0101)	(0.0092)
传统金融发展	−0.0280	0.0171
	(0.0241)	(0.0179)
人均GDP	−0.0087	0.0562
	(0.0733)	(0.0668)
家庭固定效应	是	是
时间固定效应	是	是
样本量	10,750	10,750
R^2	0.066	0.066

注：1）括号内为稳健聚类标准误；2）*、** 和 *** 分别表示在 10%、5% 和 1% 的水平上显著。

五、数字金融发展影响居民消费不平等的机制分析

上述分析，论证了数字金融发展有助于缩小居民消费差距。接下来，我们将进一步考察数字金融发展影响居民消费不平等的作用机制。

（一）基于收入不平等的考察

传统的消费储蓄理论，收入是居民消费的基础和前提，且收入不平等的加剧是消费不平等持续扩大的主要原因（Kruger 和 Perri，2005）。为了检验这一命题，我们在基准模型的基础上，构建中介效应模型，对收入不平等是否为二者之间关系的中介变量进行检验。

$$InieqI_{ijt} = \beta_0 + \beta_1 DF_{jt} + \beta_X X_{ijt} + \theta_i + \delta_t + \mu_{ijt} \qquad (7\text{-}3)$$

$$InieqC_{ijt} = \gamma_0 + \gamma_1 DF_{jt} + \gamma_2 InieqI_{ijt} + \gamma_X X_{ijt} + \theta_i + \delta_t + \mu_{ijt} \qquad (7\text{-}4)$$

这两个式子中，$InieqI_{ijt}$ 表示收入不平等，以居民人均收入水平构建 Kakwani 指数来衡量。

表7-11报告了中介效应检验的结果。其中，第（1）列报告了数字金融发展对消费不平等的影响，第（2）列报告了数字金融发展对收入不平等的影响。结果显示，数字金融发展的估计系数均为负，且在1%的水平上显著，表明数字金融发展不仅有助于缩小居民消费差距，还有助于改善收入差距。第（3）列在基准模型的基础上，引入收入不平等。结果显示，收入不平等对消费不平等的估计系数为正，且在1%的水平上显著，表明收入分配的改善有助于降低消费的不平等程度。综上，数字金融发展能够通过影响收入不平等，进而对居民消费不平等产生影响。

本章采用 Sobel 标准误对间接效应进行统计检验如表7-12所示。结果显示，检验统计量的 P 值小于0.05，拒绝原假设。因此，本章证实了收入不平等的中介效应成立，且中介效应占总效应的比例为52.99%。

表7-11 数字金融发展、收入不平等与消费不平等

被解释变量	消费不平等	收入不平等	消费不平等
	(1)	(2)	(3)
数字金融发展	−0.0743***	−0.0605***	−0.0624***
	(0.0188)	(0.0104)	(0.0188)
收入不平等			0.197***
			(0.0157)
家庭规模	0.0397***	0.0353***	0.0328***
	(0.0014)	(0.0011)	(0.0015)
家庭收入	−0.0188***	−0.140***	0.0087***
	(0.0013)	(0.0021)	(0.0025)

续表

被解释变量	消费不平等	收入不平等	消费不平等
	(1)	(2)	(3)
老年抚养比	0.0085	0.0170***	0.0051
	(0.0055)	(0.0030)	(0.0054)
儿童抚养比	−0.0062	0.0173***	−0.0096
	(0.0065)	(0.0040)	(0.0065)
户主性别	−0.0047	0.0023	−0.0052
	(0.0045)	(0.0024)	(0.0045)
户主年龄	0.0005**	−5.22e−05	0.0005**
	(0.0002)	(0.0001)	(0.0002)
健康状况	0.0018	−0.0076***	0.0033
	(0.0041)	(0.0023)	(0.0041)
户口类型	−0.0117	−0.0135***	−0.0090
	(0.0084)	(0.0049)	(0.0083)
受教育程度	−0.0082***	−0.0039***	−0.0075***
	(0.0027)	(0.0015)	(0.0027)
婚姻状况	0.0104	0.0184***	0.0068
	(0.0072)	(0.0041)	(0.0071)
医疗保险	0.0077	−0.0022	0.0081
	(0.0062)	(0.0040)	(0.0062)
传统金融发展	−0.0165	−0.0013	−0.0163
	(0.0128)	(0.0076)	(0.0128)
人均GDP	0.0079	0.0702***	−0.0060
	(0.0432)	(0.0237)	(0.0429)
家庭固定效应	是	是	是

被解释变量	消费不平等	收入不平等	消费不平等
	(1)	(2)	(3)
时间固定效应	是	是	是
样本量	21,500	21,500	21,500
R^2	0.081	0.764	0.092

注：1）括号内为稳健聚类标准误；2）*、** 和 *** 分别表示在 10%、5% 和 1% 的水平上显著。

表7-12 Sobel 检验

	系数	Std Err	Z	P>|Z|
Sobel	0.0198	0.0010	19.47	0

（二）基于预防性储蓄动机的考察

预防性储蓄动机，在社会保障体系不健全或者家庭收入与消费支出呈现大幅波动时，家庭会增加预防性储蓄以应对不确定性冲击。数字金融的发展通过向家庭提供数字保险等多样化金融服务和产品，帮助家庭规避和转嫁风险，提高家庭抵御风险的能力，从而减少居民的预防性储蓄，促进消费。

参照既有研究，本章采用家庭人均消费的标准差衡量家庭面临的不确定性，并以家庭人均消费标准差的中位数为依据，将样本分为高不确定性和低不确定性两组，分组进行回归，来探究数字金融发展能否通过减少家庭的预防性储蓄以解决居民消费不平等的问题。

表7-13第（1）和（2）列分别报告了相应组别的回归结果。我们研究发现，数字金融的发展仅对高不确定性组的家庭消费产生显著的促进作用。通常，相较于低不确定性组的家庭，高不确定性组的家庭更倾向于提高预防性储蓄，以增强其应对不确定性冲击的能力。数字金融的发展有助于提高家庭风险分担的能力，激发高不确定性组家庭的消费活力，从而减轻居民的消费不平等程度。这一结果，初步证实了预防性储蓄是数字金融发展缓解居民消

费不平等的机制。

表7-13 数字金融发展、预防性储蓄与消费不平等

被解释变量 消费支出	低不确定性组	高不确定性组
	(1)	(2)
数字金融发展	0.128	0.261***
	(0.108)	(0.0857)
家庭规模	−0.0951***	−0.0756***
	(0.0062)	(0.0086)
家庭收入	0.0452***	0.0459***
	(0.0054)	(0.0069)
老年抚养比	0.0031	0.0157
	(0.0244)	(0.0274)
儿童抚养比	0.0476*	−0.104***
	(0.0268)	(0.0373)
户主性别	−0.0153	0.0069
	(0.0230)	(0.0206)
户主年龄	−0.0010	−0.0002
	(0.0010)	(0.0012)
健康状况	0.0046	0.0080
	(0.0163)	(0.0224)
户口类型	0.0684	0.0125
	(0.0441)	(0.0393)
受教育程度	0.0166	0.0332***
	(0.0129)	(0.0122)

续表

被解释变量消费支出	低不确定性组	高不确定性组
	(1)	(2)
婚姻状况	0.0381	−0.0287
	(0.0370)	(0.0348)
医疗保险	0.0145	−0.0137
	(0.0257)	(0.0315)
传统金融发展	0.0495	−0.0008
	(0.0701)	(0.0586)
人均GDP	0.511**	−0.496**
	(0.212)	(0.208)
家庭固定效应	是	是
时间固定效应	是	是
样本量	10,751	10,749
R^2	0.213	0.115

注：1）括号内为稳健聚类标准误；2）*、**和***分别表示在10%、5%和1%的水平上显著。

六、小结

本章基于中国家庭金融调查数据（CHFS）和北京大学中国数字普惠金融指数，从微观视角，探究数字金融发展与居民消费不平等的关系。我们研究发现，数字金融发展与居民消费不平等呈显著负相关关系，表明数字金融的发展能够有效低消费不平等程度。在解决内生性问题和进行稳健性检验之后，基准结论依然成立。

从异质性分析的结果来看，数字金融体现出较强的普惠性和包容性，能够有效缩小西部地区、三线及以下城市和农村地区等发展相对滞后地区同发达地区的经济差距，缩小居民的消费差距，提高居民福利水平。

从机制分析的结果来看，改善收入分配和降低家庭不确定性是数字金融影响居民消费不平等的主要作用机制。

第八章

数字金融发展与共同富裕

在中国式现代化道路上实现共同富裕，所要重点关注的方向之一就是如何缩小收入差距，改善发展不平衡不充分的问题，使全体人民能共享发展的成果。现阶段，数字金融发展的包容性为解决收入不平等问题创造了有利的条件。然而，数字变革带来的数字鸿沟和就业极化问题可能会加大收入差距。本章从收入不平等视角探讨数字金融发展与共同富裕的关系。

一、引言

收入不平等问题已经成为当今世界面临的"超级问题"之一，不仅在发达国家中有加剧的趋势，而且在大部分发展中国家也出现恶化的现象（刘元春，2021）。中国作为一个发展中大国，收入差距在世界处于中等偏高水平。从图8-1可以看出，近年来，基尼系数维持在0.46~0.47区间，始终高于0.40的警戒线。收入差距扩大已经成为制约中国经济高质量发展的因素。

党的二十大报告指出，共同富裕是中国特色社会主义的本质要求，也是一个长期的历史过程。共同富裕是中国式现代化的重要特征。现阶段，实现共同富裕与数字经济发展不仅在时间上相吻合，还在理念上相契合。中国的共同富裕不是农业经济和工业经济社会形态下的共同富裕，而是嵌入数字经济时代的共同富裕（夏杰长和刘诚，2021）。

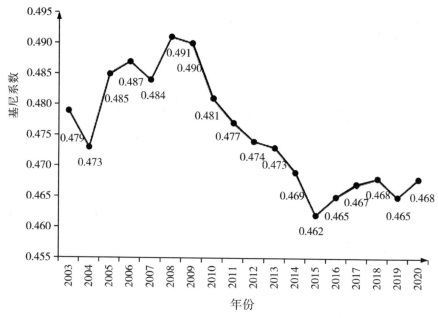

图8-1　2013—2020年全国居民人均可支配收入基尼系数

数据来源：国家统计局《2003—2016年全国居民人均可支配收入基尼系数》和中国统计年鉴2015—2021年。

那么，互联网和数字经济所推动的数字金融发展能否带来兼顾效率与公平的包容性增长呢？这一问题的回答，有助于厘清数字金融与实体经济的关系，凸显数字金融发展所带来的影响，为实现共同富裕目标提供可靠的理论依据和经验支撑。鉴于此，本章试图从不平等视角，探究数字金融发展的收入分配效应。

二、文献综述

与本章密切相关的文献主要涉及两类。第一类文献聚焦数字变革与收入不平等的关系研究，目前尚未形成一致结论。王宁和胡乐明（2022）发现数字红利和数字鸿沟的综合作用决定收入分配的结构。张勋等（2021）的研究表明数字金融发展具有包容性特征，抑制了数字鸿沟的扩大及其负面的影响，有助于解决收入不平等的问题。王修华和赵亚雄（2020）则认为数字金融发展存在马太效应，贫困户可借助数字金融平滑生存型消费和积累发展型要素，但效果并不显著；非贫困户能够有效利用数字金融功能防范风险、平滑消费、积累要素，因而从总体上恶化了收入分配。此外，也有部分学者探讨了数字变革与收入不平等之间的非线性关系。Kim（2012）的研究指出技术进步对收入不平等具有双重影响，提出了两种"技术库兹涅茨曲线（TKC）"。一种是基于技术的经济增长效应而形成的"倒 U 形关系"；另一种是基于熊彼特创新理论的"U 形关系"。程名望和张家平（2019）认为互联网技术与收入不平等之间存在倒 U 形关系。

第二类文献关注数字金融发展影响收入分配的作用机制。部分学者从就业创造与就业破坏视角，探讨了数字金融发展对经济增长与收入分配的影响。一方面，随着数字金融的发展，新业态、新模式不断涌现，开拓出更多的新岗位。就业机会的增加有助于减少不平等现象（Barata，2019）。另一方面，就业载体、就业形态、就业技能要求均发生变化，劳动力市场供求结构也在不断变化和调整。就业结构的重构则扩大了城乡居民的收入差距（阮杨等，2002）。此外，教育机会、科技创新等也被认为是数字金融发展影响收入分配的重要渠道。陈胤默等（2022）的研究表明在科技实力越强、教育机会越多、劳动参与率越高以及经济发展越好的国家，数字经济发展对缓解收入不平等的作用越显著。

三、研究设计

（一）实证策略

为了研究数字金融发展对收入不平等的影响，我们首先建立两者关系的实证模型。用 $IneqI_{jt}$ 表示第 t 年 j 城市的收入不平等指数，用 DF_{jt} 表示第 t 年 j 城市的数字金融发展。可以得到如下实证模型：

$$IneqI_{jt} = \beta_0 + \beta_1 DF_{jt} + \gamma X_{jt} + \theta_j + \delta_t + \mu_{jt} \qquad （8-1）$$

式（8-1）中，系数 β_1 衡量了数字金融发展对收入不平等的直接影响。X_{jt} 表示一系列城市层面的控制变量。本章采用双向固定效应，θ_j 表示城市层面的固定效应，来控制不随时间变化的城市差异对收入不平等的影响；δ_t 表示时间固定效应，来控制影响收入不平等的共同时间趋势；μ_{jt} 为随机扰动项。

此外，$IneqI_{jt}$ 不仅可以表示总体收入不平等，还可以表示收入的城乡差距和地区差距。因而，模型（8-1）可以进一步用来考察数字金融发展对城乡收入不平等和地区收入不平等的影响。

（二）变量说明

1. 收入不平等

本章基于泰尔指数测度收入不平等。

在既有研究中，关于测量收入、财富分配不平等的工具和指数主要有变异系数、基尼系数、泰尔指数、阿特金森指数等。其中，变异系数法存在精确度不足的问题，当平均值接近0的时候，微小的扰动也会对变异系数产生巨大影响。基尼系数的应用较为广泛，其特点在于对中等收入水平的变化较为敏感，其局限性在于难以捕捉低收入水平的变化，且对数据的要求较高。阿特金森指数在基尼系数的基础上引入不平等厌恶程度，主要用于刻画社会福利水平变化。相较而言，泰尔指数对收入分布尾部群体的水平变动更加敏感，更适合评价在整体分配不平等的情况下，地区所面临的收入不平等程度。

本章从"城乡"与"地区"两个维度，构建了城市收入不平等评价体系，用以衡量共同富裕效应。其中，城乡收入不平等，采用泰尔指数对城乡收入差距变动情况进行测度；地区收入不平等，采用城市区县卫星灯光亮度值的泰尔T指数，对城市区域内发展不平衡进行测度（彭刚等，2023）。具体测算方法如下：

$$Theil_j = \sum_{i=1}^{D} \frac{Y_{ij}}{Y_j} \ln\left(\frac{Y_{ij}/Y_j}{P_{ij}/P_j}\right) \qquad (8\text{-}2)$$

式（8-2）中，$Theil_j$ 为 j 城市的泰尔指数，其中 i 表示 j 城市第 i 个区域。在测度城乡收入差异时，$i=\{1,2\}$ 分别表示城镇和农村；在测度地区收入差异时，$i=\{1,2,\dots D\}$ 分别表示不同县市区。Y_{ij} 表示 j 城市第 i 个区域的总收入，Y_j 表示 j 城市的总收入，P_{ij} 表示 j 城市第 i 个区域的总人口数，P_j 表示 j 城市的总人口数。

在此基础上，我们运用熵权法确定收入不平等指标体系各自权重，最后加总得到总体收入不平等指数。计算公式如下：

$$IneqI_{jt} = \sum_{k=1}^{2} W^k \times Theil_{jt}^k \qquad (8\text{-}3)$$

式（8-3）中，$Theil_{jt}$ 为第 t 期 j 城市的泰尔指数；W^k 为各指标权重；$k=\{1,2\}$ 分别表示城乡收入不平等指标和地区收入不平等指标。

表8-1　收入不平等指标体系

一级指标	二级指标	具体指标	指标性质
总体收入不平等	城乡收入不平等	城乡收入不平等泰尔指数	+
	地区收入不平等	县市区 DN 均值的泰尔 T 指数	+

2. 主要控制变量

（1）政府干预度

本章采用公共财政支出占地区 GDP 的比值来衡量政府干预度。既有研究表明，政府的财政支出结构能有效调节居民收入分配。通常，偏向于农村发展的财政支出会促进农村居民收入增加，而偏向城市发展的财政支出会扩大城乡收入差距。

（2）经济增长

本章采用地区人均 GDP 来衡量经济增长。收入分配与经济增长的关系一直是众多学派争论的焦点，两者之间的关系较为复杂，目前学术界尚未形成一致的结论。Kuznets（1955）认为经济发展对收入分配差距的影响呈现倒 U 形。

（3）经济对外开放度

本章采用外商直接投资占地区 GDP 的比值来衡量经济对外开放度。一般而言，对外开放度越高，经济增长越快，人民生活越富裕，进而有助于缩小城乡之间、群体之间的收入差距。

（4）城市化水平

本章采用人口密度来衡量城市化水平。通常，地区人口密度增加会带来规模效应和集聚效应，进而带动地区经济发展，缩小收入差距。

（5）金融发展

本章用金融机构人民币各项贷款余额占地区 GDP 的比值来衡量金融发展。经研究表明，金融发展在长期内会扩大收入分配差距，加剧收入不平等。

（6）产业结构合理化

本章用第三产业增加值与第二产业增加值的比值来衡量产业结构合理化。产业结构的调整、各行业劳动生产率的变动都会导致劳动收入分配的改变，从而影响收入不平等。

3. 机制变量

（1）就业结构

本章用第三产业就业人数占比来衡量就业结构。通常，就业结构决定着资源配置效率，从而对收入差距产生影响。

（2）科技创新

本章用科学技术支出占财政支出的比值来衡量科技创新。财政投入科技领域的政策方向影响行业间、企业间科技创新水平，从而对收入不平等产生影响。

（3）教育机会

本章用每万人在校大学生数来衡量教育机会。人力资本是经济增长的重要源泉，也是收入分配的重要依据之一。教育机会不均等是导致居民收入差距不断扩大的重要因素。

（三）数据

本章使用的第一部分数据是城市层面的数字金融发展程度。本章选取北京大学数字金融研究中心和蚂蚁金服集团共同编制的中国数字普惠金融指数作为数字金融发展的代理变量（郭峰等，2020）。该指数涉及省、市、县三级的年度数据，已经被广泛认可并应用于分析中国数字金融发展方面，具有较好的代表性和可靠性。

第二部分数据是与收入不平等相关的数据，主要借鉴彭刚等（2023）的研究成果，其中，灯光亮度 DN 均值来自 CNRDS 数据库；人口数据主要源于 CNRDS 数据库、WIND 数据库等；人均可支配收入主要源于《中国城市统计年鉴》、EPSDATA 平台等。

第三部分数据是其他宏观数据，主要来自《中国城市统计年鉴》《中国区域经济统计年鉴》，以及 WIND 数据库等。

本章按照通行的方法对城市宏观数据进行处理：（1）剔除数据缺失严重的城市；（2）对部分指标存在少量缺失值的情况，采用插值法进行填补。最终获得2013—2019年217个地级市1519个观测数据。

表8-2报告了主要变量的描述性统计结果。

表8-2　主要变量的描述性统计

指标名称	样本数	均值	标准差	最小值	最大值
总体收入不平等	1519	0.737	0.112	0.294	0.969
城乡收入不平等	1519	0.074	0.037	0.006	0.221
地区收入不平等	1519	0.167	0.174	0.000	1.292
数字金融发展	1519	194.1	45.96	87.77	321.6
政府干预度	1519	0.200	0.0900	0.0700	0.920
经济增长	1519	10.789	0.529	9.387	12.281
经济对外开放度	1519	2.651	11.689	0.000	184.247
城市化水平	1519	5.873	0.892	1.743	7.882

指标名称	样本数	均值	标准差	最小值	最大值
金融发展水平	1519	−4.701	1.429	−8.721	0.542
产业结构合理化	1519	1.001	0.487	0.257	5.168

四、数字金融发展与收入不平等：实证分析

本章着重探讨数字金融发展与收入不平等的关系。在对数字金融发展与居民收入不平等进行基准分析之后，我们进一步探讨了数字金融发展的收入分配效应的时空差异。

（一）数字金融发展与收入不平等

本节根据模型（8-1），探究数字金融发展与收入不平等的关系。在所有的回归中，我们控制了政府干预度、地区经济增长、经济对外开放程度、城市化水平、金融发展，以及产业结构合理化等变量，同时控制了城市和时间的双向固定效应。

考虑到数字金融发展与收入不平等之间的关系可能受内生性的影响，从而导致估计系数产生偏误，我们采用工具变量估计方法修正内生性的问题。我们基于Bartik（2009）的研究构建"Bartik Instrument"，借鉴易行健和周利（2018）的做法，用滞后一阶的数字普惠金融指数和数字普惠金融指数在时间上的一阶差分的乘积，作为数字金融发展的工具变量。

表8-3报告了工具变量两阶段最小二乘法的估计结果。第（1）列报告了数字金融发展对收入不平等的影响。结果显示，数字金融发展的估计系数为负，但是在统计意义上不显著，意味着没有充足的证据证明数字金融发展缩小了总体收入不平等的差距。

第（2）列报告了数字金融发展对城乡收入不平等的影响。结果显示，数

字金融发展的估计系数显著为正，表明数字金融发展会加大城乡收入差距。可能的原因在于，数字金融发展导致劳动力就业结构呈现单向极化，甚至双向极化趋势。劳动力市场减少对中等技能劳动力的需求，增加对低技能和高技能劳动力的需求（李晓栋和万诗婕，2022）。通常，高技能部门收入增速高于低技能部门，随着农村低技能劳动力大量进入低技能部门，进而加大了城乡居民的收入差距（柏培文和张云，2021）。从控制变量来看，地区经济增长与城乡收入不平等之间存在显著的负相关关系，表明经济的发展在一定程度上缩小了城乡居民的收入不平等差距；城市化水平与城乡收入不平等之间存在显著的负相关关系，说明城市规模的扩大有利于缩小城乡收入差距；金融发展水平与城乡收入不平等之间存在显著的正相关关系，金融市场的垄断性结构特征，特别是金融市场层次的单一化和集权化会导致金融排斥，从而扩大城镇与农村居民之间的收入差距。其余变量的影响相对有限。

第（3）列报告了数字金融发展对地区收入不平等的影响。结果显示，数字金融发展的估计系数显著为负，表明数字金融发展有助于缩小地区收入差距。可能的原因在于，数字金融的包容性特征能够在一定程度上弥合数字鸿沟，从而缩小地区收入差距。从控制变量来看，地区经济增长与地区收入不平等之间存在显著的正相关关系，表明地区经济差距持续扩大会加大地区收入不平等的差距，其余变量的影响则相对有限。

综上，数字金融发展虽然有助于缓解地区收入不平等，但加大了城乡收入不平等的差距。这在一定程度上解释了为何数字金融发展无法有效解决总体收入不平等的问题。

此外，弱工具变量检验的 F 统计量大于10，说明模型估计不存在弱工具变量的问题，进一步保证了基准结论的可靠性。

表8-3 数字金融发展与收入不平等：基准分析

被解释变量	收入不平等	城乡收入不平等	地区收入不平等
	(1)	(2)	(3)
数字金融发展	−0.0153	0.0115*	−0.0839**
	(0.019)	(0.007)	(0.036)
政府干预度	−0.0189	0.0106	−0.0568
	(0.021)	(0.007)	(0.036)
地区经济增长	0.0157*	−0.0086***	0.0440***
	(0.009)	(0.003)	(0.015)
经济对外开放程度	0.0009	−0.0002	−0.0012
	(0.001)	(0.000)	(0.001)
城市化水平	0.0095	−0.0066	0.0457
	(0.028)	(0.009)	(0.037)
金融发展水平	−0.0013**	0.0005***	−0.0008
	(0.001)	(0.000)	(0.001)
产业结构合理化	0.0070*	−0.0024**	0.0007
	(0.004)	(0.001)	(0.007)
地区固定效应	是	是	是
时间固定效应	是	是	是
样本量	1,302	1,302	1,302
R^2	0.576	0.546	0.189
First Stage F-stat	196	196	196

注：1）括号内为稳健标准误；2）*、** 和 *** 分别表示在10%、5%和1%的水平上显著。

（二）稳健性检验

为了修正模型可能存在的测量误差问题，我们将核心解释变量更换为数字经济综合发展指数。基于互联网与数字金融的融合发展特征，本章从互联网发展与数字普惠发展两个维度构建指标体系测度城市数字经济综合发展。其中，互联网发展主要包括互联网普及率、互联网相关从业人员数、互联网相关产出和移动互联网用户数四方面的指标。数据源于历年《中国城市统计年鉴》。

指数计算过程如下：（1）对缺失数据采用插值法进行补齐；（2）对各维度数据进行标准化处理；（3）通过主成分分析法确定指标权重；（4）加总得到城市数字经济综合指数。

表8-4 城市数字经济综合发展指标体系

一级指标	二级指标	指标性质
互联网发展水平	互联网普及率	+
	互联网相关从业人员数	+
	互联网相关产出	+
	移动互联网用户数	+
数字普惠发展	数字金融普惠发展	+

注：资料来自赵涛等（2020）。

基于上述替代变量，我们重新估计模型（8-1），结果如表8-5所示。其中，第（1）至（3）列报告了基于数字经济综合发展指数的估计结果。结果显示，数字经济发展对总体收入不平等的影响依然不显著，对城乡收入不平等的影响显著为正，对地区收入不平等的影响显著为负，与基准估计结果基本一致，表明结论可靠。

表8-5 稳健性检验：测量误差

被解释变量	收入不平等	城乡收入不平等	地区收入不平等
	(1)	(2)	(3)
数字经济发展	−0.0793	0.0417*	−0.2033*
	(0.072)	(0.022)	(0.107)
政府干预度	−0.0112	0.0098	−0.0796*
	(0.028)	(0.009)	(0.042)
地区经济增长	0.0165	−0.0067	0.0168
	(0.014)	(0.005)	(0.018)
经济对外开放程度	0.0005	−0.0001	−0.0015*
	(0.001)	(0.000)	(0.001)
城市化水平	0.0735**	−0.0230**	−0.0156
	(0.032)	(0.011)	(0.041)
金融发展水平	−0.0014	0.0004*	0.0002
	(0.001)	(0.000)	(0.001)
产业结构合理化	0.0014	−0.0005	0.0005
	(0.006)	(0.002)	(0.009)
地区固定效应	是	是	是
时间固定效应	是	是	是
样本量	1,519	1,519	1,519
R^2	0.558	0.549	0.141

注：1）括号内为稳健标准误；2）*、** 和 *** 分别表示在 10%、5% 和 1% 的水平上显著。

（三）数字金融发展影响收入不平等的趋势

进一步的问题是，数字金融在多年的发展过程中是否一直在加剧城乡收入不平等和缓解地区不平等程度呢？为了判断数字金融发展在不同年份对收入不平等可能产生的不同作用，我们在基准模型的基础上，引入数字金融发展与时间虚拟变量的交互项进行了分时间段的比较分析（程名望和张家平，2019）。

表8-6报告了数字金融发展对收入不平等的动态影响。在所有回归中，引入2014至2019年6个时间虚拟变量，将其与数字金融发展变量进行交互。值得指出的是，在控制了这6个虚拟变量之后，数字金融发展变量本身的系数实际上衡量了2013年数字金融发展与收入不平等的关系。

表8-6第（1）列研究数字金融发展与总体收入不平等的关系，第（2）和（3）列分别从城乡收入不平等和地区收入不平等的角度展开分析。与表8-3不同，表8-6讨论了数字金融发展与收入不平等在年份区间上的异质性。

表8-6第（1）列结果显示，数字金融发展变量本身为正，表明在2013年数字金融发展与总体收入不平等呈现正向相关，但影响相对有限。数字金融发展与2014年至2019年时间虚拟变量交互项的系数均显著为负，表明数字金融发展有助于降低总体收入不平等的水平。综合来看，数字金融发展并不是一直使收入差距扩大。从交互项的系数取值来看，数字金融发展在缓解总体收入不平等的作用上逐年增大。

第（2）列结果显示，数字金融发展变量本身为负，表明在2013年数字金融发展对降低城乡收入不平等的水平发挥了积极的作用，但影响相对有限。数字金融发展与2014年至2019年时间虚拟变量交互项的系数均为正，表明数字金融发展加大了城乡收入不平等的差距。综合来看，数字金融发展对城乡不平等的影响并非单向的，可能存在非线性的效应。

第（3）列结果显示，数字金融发展变量本身为正，表明在2013年数字金融发展加大了地区收入不平等的差距，但影响相对有限。数字金融发展与2014年至2019年时间虚拟变量交互项的系数均显著为负，表明数字金融缓解地区不平等的作用逐步显现。

表8-6 数字金融发展与收入平等：变化趋势

被解释变量	收入不平等	城乡收入不平等	地区收入不平等
	(1)	(2)	(3)
数字金融发展	0.0366	−0.0132	0.0150
	(0.025)	(0.008)	(0.029)
数字金融发展×2014年虚拟变量	−0.0182*	0.0082**	−0.0291**
	(0.010)	(0.003)	(0.012)
数字金融发展×2015年虚拟变量	−0.0283***	0.0129***	−0.0467***
	(0.010)	(0.003)	(0.014)
数字金融发展×2016年虚拟变量	−0.0301**	0.0171***	−0.0930***
	(0.012)	(0.004)	(0.015)
数字金融发展×2017年虚拟变量	−0.0581***	0.0228***	−0.0475***
	(0.013)	(0.004)	(0.018)
数字金融发展×2018年虚拟变量	−0.0702***	0.0269***	−0.0488***
	(0.013)	(0.004)	(0.018)
数字金融发展×2019年虚拟变量	−0.0843***	0.0316***	−0.0495***
	(0.014)	(0.005)	(0.019)
政府干预度	−0.0005	0.0050	−0.0628
	(0.029)	(0.009)	(0.041)
地区经济增长	0.0181	−0.0075*	0.0202
	(0.012)	(0.004)	(0.017)
经济对外开放程度	0.0006	−0.0001	−0.0012
	(0.000)	(0.000)	(0.001)
城市化水平	0.1038***	−0.0335***	−0.0089
	(0.032)	(0.010)	(0.040)

续表

被解释变量	收入不平等	城乡收入不平等	地区收入不平等
	(1)	(2)	(3)
金融发展水平	−0.0015*	0.0005*	0.0002
	(0.001)	(0.000)	(0.001)
产业结构合理化	−0.0043	0.0014	−0.0002
	(0.007)	(0.002)	(0.009)
地区固定效应	是	是	是
时间固定效应	是	是	是
样本量	1,519	1,519	1,519
R^2	0.588	0.592	0.152

注：1）括号内为稳健标准误；2）*、** 和 *** 分别表示在 10%、5% 和 1% 的水平上显著。

（四）区域的异质性

以上的研究发现，数字金融发展对总体收入不平等的影响不显著。接下来，我们将研究视角限定在城乡收入差距和地区收入差距上，进一步考察数字金融发展影响居民收入差距的群组异质性。

为了探究数字金融发展的收入分配效应是否存在区域异质性，我们将总样本划分为东部地区、中部地区和西部地区三组，分别估计模型（8–1）。

表 8–7 报告了区域异质性的估计结果。表中第（1）至（3）列从城乡收入不平等视角切入。结果显示，数字金融的发展主要加剧了东部地区城乡收入不平等，对中部地区和西部地区城乡收入不平等的影响为负，但作用相对有限。可能的原因在于，数字金融发展在推动就业数量扩大、就业结构优化的同时，也产生了就业极化问题，这将间接造成城乡居民收入差距的扩大。从区域来看，劳动力市场的技术极化和空间极化主要体现在东部地区，因此，数字金融发展扩大了东部地区的城乡收入差距。

表中第（4）至（6）列从地区不平等视角进行研究。结果显示，数字金融发展有助于西部地区收入差距的缩小，对东部地区和中部地区的影响相对有限。可能的原因在于，相较于东部地区和中部地区，西部地区大数据技术的发展程度以及金融市场的发达程度相对滞后，对数字金融的发展更为敏感，其影响的边际效应更高，这也体现了数字金融发展的包容性特征。

表8-7 数字金融发展与收入不平等：区域的异质性

被解释变量	城乡收入不平等		
	(1)	(2)	(3)
	东部地区	中部地区	西部地区
数字金融发展	0.0279***	−0.0109	−0.0120
	(0.009)	(0.017)	(0.010)
政府干预度	−0.0179	0.0166	0.0202
	(0.021)	(0.021)	(0.013)
地区经济增长	0.0044	−0.0233*	−0.0099*
	(0.005)	(0.013)	(0.006)
经济对外开放程度	−0.0002	−0.0004	0.0001
	(0.000)	(0.001)	(0.001)
城市化水平	−0.0132	−0.0169	−0.0268
	(0.016)	(0.011)	(0.017)
金融发展水平	0.0010*	−0.0003	0.0008*
	(0.001)	(0.000)	(0.000)
产业结构合理化	0.0045	−0.0066*	0.0029
	(0.003)	(0.004)	(0.003)
地区固定效应	是	是	是
时间固定效应	是	是	是
样本量	546	532	441
R^2	0.566	0.592	0.642

续表

被解释变量	地区收入不平等		
	(4)	(5)	(6)
	东部地区	中部地区	西部地区
数字金融发展	0.0031	0.0320	−0.1437***
	(0.045)	(0.054)	(0.044)
政府干预度	−0.0556	−0.1945*	−0.0202
	(0.098)	(0.111)	(0.042)
地区经济增长	−0.0625**	0.0700*	0.0714***
	(0.028)	(0.041)	(0.021)
经济对外开放程度	−0.0013**	0.0026	0.0011
	(0.001)	(0.005)	(0.005)
城市化水平	−0.0352	−0.0453	0.0348
	(0.061)	(0.052)	(0.091)
金融发展水平	−0.0002	0.0027	−0.0001
	(0.002)	(0.004)	(0.002)
产业结构合理化	−0.0217	−0.0024	0.0129
	(0.017)	(0.021)	(0.012)
地区固定效应	是	是	是
时间固定效应	是	是	是
样本量	546	532	441
R^2	0.156	0.146	0.279

注：1）括号内为稳健标准误；2）*、** 和 *** 分别表示在 10%、5% 和 1% 的水平上显著。

五、数字金融发展对收入不平等的非线性影响

（一）U形关系检验

以上研究发现，数字金融发展对收入不平等在不同时间阶段、不同经济发展地区的影响存在显著差异。为了进一步验证数字金融发展和收入差距之间是否存在非线性关系，我们在模型（8-1）的基础上，进一步引入数字金融的二次项，构建数字金融发展与收入不平等的非线性模型，模型拓展如下：

$$IneqI_{jt} = \beta_0 + \beta_1 DF_{jt} + \beta_2 DF_{jt}^2 + \gamma X_{jt} + \theta_j + \delta_t + \mu_{jt} \qquad （8-4）$$

式（8-4）中，$IneqI_{jt}$ 为第 t 年 j 城市的城乡收入不平等和地区收入不平等；DF_{jt} 为第 t 年 j 城市的数字金融指数；DF_{jt}^2 为数字金融指数的二次项；X_{jt} 表示一系列影响收入不平等的城市层面的控制变量；θ_j 表示 j 城市不随时间改变的城市效应；δ_t 表示时间固定效应；μ_{jt} 表示随机扰动项。β_2 的正负决定着曲线的开口方向。

表8-8报告了基于模型（8-4）的估计结果。其中，第（1）和（2）列从城乡收入差距视角进行研究；第（3）和（4）列从地区差异视角进行分析。在回归中，我们逐步控制了政府干预程度等一系列控制变量，同时控制了城市和时间的双重固定效应。

表8-8第（2）列为城乡收入不平等的全变量估计结果。结果显示，数字金融发展及其二次项在1%的水平上显著，其中数字金融发展本身的估计系数为负，数字金融发展二次项的估计系数为正，意味着数字金融发展与城乡差异指标之间存在非线性关系，总体呈现先下降、后上升的"U形"趋势。可能的原因在于，数字金融的出现打破了传统金融发展的局限性，降低了交易成本，扩大了服务边界，为农村地区的低收入和弱势群体提供了更加普惠的金融服务，缓解了金融排斥，降低了城乡居民的收入不平等的水平。随着数

字化的逐步深入，劳动力市场对高技能人员与低技能人员的需求增加，而对中等技能劳动力需求减少。这将导致技术性失业以及劳动力市场的"中部坍塌"现象，也在一定程度上加剧了收入不平等（Goos 和 Manning，2007；叶胥，2021）。

上述结果初步验证了数字金融与城乡收入差距之间的非线性关系，但"U形"关系是否在统计意义上成立仍需进一步验证（Lind 和 Mehlum，2010）。表8-9报告了"U形"关系检验的结果。结果显示，"U形"曲线极值点为1.7560，在数字金融指数的取值范围内，且在5%的水平上通过了显著性检验。因此，数字金融发展与城乡收入不平等之间的"U形"关系成立。

表8-8第（4）列为地区收入不平等的全变量估计结果。结果显示，数字金融发展本身的估计系数不显著，其二次项的估计系数显著为负，意味着数字金融发展与地区收入不平等之间可能存在倒"U形"关系。表8-9报告的"U形"关系检验的结果显示，极值点为1.4968，但未通过显著性检验。因此，数字金融发展与地区不平等之间的倒"U形"关系不成立。

表8-8　数字金融发展与收入不平等：U 形关系

被解释变量	城乡收入不平等		地区收入不平等	
	(1)	(2)	(3)	(4)
数字金融发展	−0.0450***	−0.0407***	0.0523	0.0457
	(0.014)	(0.012)	(0.045)	(0.042)
数字金融发展二次项	0.0109***	0.0116***	−0.0152**	−0.0153**
	(0.002)	(0.002)	(0.007)	(0.008)
政府干预度		0.0056		−0.0720*
		(0.009)		(0.041)
地区经济增长		−0.0077*		0.0191
		(0.004)		(0.017)

续表

被解释变量	城乡收入不平等		地区收入不平等	
	(1)	(2)	(3)	(4)
经济对外开放程度		−0.0001		−0.0014*
		(0.000)		(0.001)
城市化水平		−0.0336***		−0.0036
		(0.010)		(0.040)
金融发展水平		0.0004*		0.0002
		(0.000)		(0.001)
产业结构合理化		0.0012		−0.0020
		(0.002)		(0.009)
地区固定效应	是	是	是	是
时间固定效应	是	是	是	是
样本量	1,519	1,519	1,519	1,519
R^2	0.573	0.590	0.138	0.143

注：1）括号内为稳健标准误；2）*、** 和 *** 分别表示在 10%、5% 和 1% 的水平上显著。

表8-9 U形关系检验

城乡收入不平等	Lower bound	Upper bound
Interval	0.8777	3.2165
Slope	−0.02035	0.03384
t−value	−2.2147	5.3184
P>t	0.0139	0.0000

Extreme point：1.7560
P>|t| = 0.00139

地区收入不平等	Lower bound	Upper bound
Interval	0.8777	3.2165
Slope	0.0190	−0.0525
t−value	0.5830	−1.805
P>t	0.2802	0.0362

Extreme point：1.4968
P>|t| = 0.28

（二）门槛效应检验

数字金融发展与地区收入不平等之间不存在倒 U 形关系，但是异质性分析发现两者的关系受时空特征的影响。

因此，我们以人均可支配收入为门槛变量，构建数字金融发展与地区收入不平等的单一门槛面板模型：

$$Ineq I_{jt} = \beta_0 + \beta_1 DF_{jt} \times I\left(\ln inc \leq \lambda\right) + \beta_2 DF_{jt} \times I\left(\ln inc > \lambda\right) \\ + \gamma X_{jt} + \varepsilon_{jt} \tag{8-5}$$

式（8-5）中，$Ineq I_{jt}$ 为第 t 年 j 城市的地区收入不平等指标；$\ln inc$ 为第 t 年 j 城市居民人均可支配收入的对数；$I(\cdot)$ 为指示函数，即当括号内条件成立时取值为1，不成立时取值为0；λ 为单一门槛值；其他变量的含义与前文一致。

若存在双重门槛，我们则在此基础上进一步扩展到双重门槛效应模型，模型的构建以此类推。

在估计门槛模型之前，我们首先进行面板门槛存在性检验，依次检验单一门槛、双重门槛的存在性，结果如表8-10所示。门槛变量居民人均可支配收入在10%的水平上通过了单一门槛，且未通过双重门槛的检验，因此，居民人均可支配收入基于单一门槛建立模型，单一门槛对应的门槛值为0.1327（见表8-11）。

表8-10   门槛效应检验结果

门槛变量	模型	RSS	MSE	F 统计量	Prob
人均收入	单一门槛	2.1217	0.0014	18.29	0.0733
	双重门槛	2.108	0.0014	9.83	0.3467

表8-11   门槛值结果

门槛变量	门槛值	Threshold	Lower	Upper
人均收入	第一门槛值	0.1327	0.1061	0.1448

表8-12   数字金融发展与收入不平等：门槛效应

被解释变量 地区收入不平等	(1)
数字金融发展 ×I（Ininc ≤ γ）	−0.0537**
	(0.0269)
数字金融发展 ×I（Ininc ≤ γ）	−0.0200
	(0.0262)
政府干预度	−0.0387
	(0.0465)
地区经济增长	0.0153
	(0.0128)
经济对外开放程度	−0.0015
	(0.0010)
城市化水平	−0.0243
	(0.0394)
金融发展水平	0.0005
	(0.0015)

被解释变量 地区收入不平等	(1)
产业结构合理化	-0.0044
	(0.0074)
地区固定效应	是
时间固定效应	是
样本量	1,519
R^2	0.149

注：1）括号内为稳健标准误；2）*、**和***分别表示在10%、5%和1%的水平上显著。

表8-12报告了面板门槛模型的估计结果。结果显示，数字金融发展对地区收入不平等的估计系数在越过第一个门槛值后由 -0.0537 上升至 -0.020，但显著性下降。这表明，数字金融发展的收入分配效应因地区经济发展程度而异。可能的原因在于，在欠发达地区，低收入群体规模更大，受益于数字金融的弱势群体更多，对于缩小地区收入差距的作用越强（王曙光和刘彦君，2023）。此外，经济发展与数字金融发展呈双向因果关系。但是，经济发达地区的数字金融发展带来的效用不及欠发达地区，这在一定程度上反映了经济发达地区内部可能存在较大的失衡问题。

六、数字金融发展影响收入不平等的机制分析

我们从就业结构、教育机会和科技创新三个维度开展机制讨论。

首先，表8-13报告了基于城乡收入不平等的机制分析。其中，第（1）列报告了就业结构优化视角的机制检验。结果显示，数字金融发展本身与就业结构的交互项系数显著为负，数字金融发展二次项与就业结构的交互项系数显著为正，表明就业结构调整会使数字金融与收入不平等的"U形"关系趋于陡峭。可能的原因在于，农村劳动力以低技能劳动力居多，而高技能劳动

力更多存在于城镇部门，因此，数字化转型引致的就业结构极化现象加大了城乡居民的收入差距。

第（2）列报告了教育机会视角的机制检验。结果显示，数字金融发展及其二次项与教育机会的交互项均不显著，未识别出教育机会调节"U形"关系的证据。

第（3）列报告了科技创新视角的机制检验。结果显示，数字金融发展本身与科技创新的交互项系数显著为正，数字金融发展二次项与科技创新的交互项系数为负，但在统计意义上不显著。这意味着没有充足的证据表明科技创新会使数字金融发展与城乡收入不平等的"U形"关系趋于平缓。

表8-13　数字金融发展、机制变量与城乡收入不平等

被解释变量 城乡收入不平等	(1)	(2)	(3)
数字金融发展	−0.0024	−0.0385***	−0.0404***
	(0.020)	(0.012)	(0.013)
数字金融发展二次项	0.0032	0.0111***	0.0107***
	(0.004)	(0.002)	(0.002)
数字金融发展 × 就业结构	−0.0636**		
	(0.030)		
数字金融发展二次项 × 就业结构	0.0127*		
	(0.007)		
数字金融发展 × 教育机会		−0.0339	
		(0.186)	
数字金融发展二次项 × 教育机会		0.0068	
		(0.043)	
数字金融发展 × 科技创新			0.0381*
			(0.020)
数字金融发展二次项 × 科技创新			−0.0070
			(0.004)

续表

被解释变量 城乡收入不平等	(1)	(2)	(3)
就业结构	0.0792**		
	(0.034)		
教育机会		0.0753	
		(0.193)	
科技创新			−0.0457**
			(0.023)
政府干预度	0.0056	0.0058	0.0089
	(0.009)	(0.009)	(0.010)
地区经济增长	−0.0058	−0.0079*	−0.0093**
	(0.004)	(0.004)	(0.005)
经济对外开放程度	−0.0000	−0.0001	−0.0001
	(0.000)	(0.000)	(0.000)
城市化水平	−0.0307***	−0.0335***	−0.0345***
	(0.010)	(0.010)	(0.010)
金融发展水平	0.0005*	0.0004*	0.0005*
	(0.000)	(0.000)	(0.000)
产业结构合理化	0.0022	0.0010	0.0008
	(0.002)	(0.002)	(0.002)
地区固定效应	是	是	是
时间固定效应	是	是	是
样本量	1,519	1,519	1,519
R^2	0.597	0.591	0.598

注：1）括号内为稳健标准误；2）*、** 和 *** 分别表示在10%、5% 和1% 的水平上显著。

接下来，表8-14报告了基于地区收入不平等的机制分析。其中，第（1）和（2）列报告了就业结构视角的机制检验。结果显示，在经济发达地区，就业结构调整抑制了数字金融发展的收入分配效应。第（3）和（4）列报告了教育机会视角的机制检验。结果显示，交互项系数为负，但在统计意义上均不显著，未能识别出教育机会的调节效应。第（5）和（6）列报告了科技创新视角的机制检验。结果显示，在经济欠发达地区，科技创新政策有助于改善数字金融发展的收入分配效应。

表8-14　数字金融发展、机制变量与地区收入不平等

被解释变量 地区收入不平等	(1)	(2)	(3)	(4)	(5)	(6)
数字金融 发展 ×I （Ininc ≤ γ） × 就业结构	−0.0426 (0.045)					
数字金融发展 ×I（Ininc> γ） × 就业结构		0.0475** (0.020)				
数字金融 发展 ×I （Ininc ≤ γ） × 教育机会			−0.0332 (0.379)			
数字金融发展 ×I（Ininc> γ） × 教育机会				−0.1692 (0.141)		
数字金融 发展 ×I （Ininc ≤ γ） × 科技创新					−0.1417** (0.069)	
数字金融发展 ×I（Ininc> γ） × 科技创新						0.0020 (0.011)
数字金融 发展 ×I （Ininc ≤ γ）	−0.0061 (0.031)		−0.0330*** (0.007)		−0.0053 (0.013)	

续表

被解释变量 地区收入不平等	(1)	(2)	(3)	(4)	(5)	(6)
数字金融发展 ×I（Ininc>γ）		−0.0039		0.0312***		0.0292***
		(0.016)		(0.007)		(0.007)
就业结构	−0.0429	−0.1383***				
	(0.039)	(0.052)				
教育机会			−0.1180	0.1866		
			(0.154)	(0.260)		
科技创新					0.0012	−0.0037
					(0.004)	(0.020)
政府干预度	−0.0390	−0.0495	−0.0438	−0.0571	−0.0379	−0.0530
	(0.045)	(0.046)	(0.046)	(0.045)	(0.045)	(0.045)
地区经济 增长	0.0085	0.0038	0.0138	0.0114	0.0133	0.0104
	(0.018)	(0.013)	(0.018)	(0.018)	(0.018)	(0.019)
经济对外开放 程度	−0.0014*	−0.0017*	−0.0014*	−0.0014*	−0.0015*	−0.0014*
	(0.001)	(0.001)	(0.001)	(0.001)	(0.001)	(0.001)
城市化水平	−0.0259	−0.0315	−0.0281	−0.0244	−0.0301	−0.0359
	(0.041)	(0.039)	(0.041)	(0.041)	(0.041)	(0.044)
金融发展 水平	0.0005	0.0004	0.0005	0.0005	0.0005	0.0005
	(0.001)	(0.001)	(0.001)	(0.001)	(0.001)	(0.001)
产业结构 合理化	−0.0043	−0.0080	−0.0035	−0.0017	−0.0029	−0.0027
	(0.009)	(0.008)	(0.009)	(0.009)	(0.009)	(0.009)
地区固定效应	是	是	是	是	是	是
时间固定效应	是	是	是	是	是	是
样本量	1,519	1,519	1,519	1,519	1,519	1,519
R^2	0.150	0.152	0.150	0.149	0.150	0.147

注：1）括号内为稳健标准误；2）*、** 和 *** 分别表示在10%、5%和1%的水平上显著。

七、小结

本章基于2013—2019年中国217个城市的样本，研究数字金融发展对收入不平等的影响。我们研究发现，数字金融的发展有助于降低地区收入不平等的水平，但加大了城乡收入不平等的差距。在解决内生性问题和进行稳健性检验后，结论依然成立。进一步研究发现，数字金融发展与收入不平等之间存在非线性关系。机制研究发现，就业极化是收入不平等加剧的重要原因。

我们有以下政策建议：

第一，加强乡村数字化基础设施建设，提高乡村网络的速度和稳定性，以数字技术助力实现共同富裕的现代化，缩小不同群体间的"数字鸿沟"，为弱势群体和欠发达地区提供均等的受益机会。

第二，持续推进"东数西算"工程，解决地区数字金融发展不均衡的问题。通过"东数西算"，引领动物资流、资金流、人才流、技术流等从东部向西部流动，促进东部地区的互联网、大数据、人工智能等企业产业链环节向西部地区延伸，全面推进金融领域数字化转型，缩小东西部区域间收入差距，缩小西部城市内部收入差距，促进区域协调发展。

第三，健全收入分配制度，加强经济发展的平衡性与协调性。建设体现效率、促进公平的收入分配体系，推动形成橄榄型分配格局，增强人民群众的获得感、幸福感、安全感，推动共同富裕目标的实现。

第九章

互联网与多维贫困

互联网的高速发展为扶贫攻坚提供了新理念和新技术。本章探讨互联网的减贫效应及其微观机制。我们研究发现，互联网的使用显著降低了家庭落入多维贫困的可能性，同时有效缩减了家庭多维贫困的深度。互联网的使用有助于降低劳动者的搜寻成本，使其更容易获得优质的就业、创业资源，从而减少相对贫困。同时，互联网的使用有助于改善金融服务的包容性，缓解金融排斥，促进贫困家庭生产经营与增收。此外，互联网的使用有助于推动优质教育资源的共享，提升教育的效率使其公平，有效弥合城乡教育鸿沟，消除贫困代际传递。

一、引言

如何消除贫困是人类社会发展过程中面临的重大难题之一。中国拥有14多亿人口，基础差、底子薄，发展不平衡，长期饱受贫困问题困扰。中国贫困规模之大，贫困分布之广，贫困程度之深世所罕见，贫困治理难度超乎想象。作为世界上最大的发展中国家，中国在致力于消除自身贫困的同时，积极参与国际减贫合作，始终支持联合国框架下的全球减贫事业。改革开放40多年来，中国已成功让7.7亿农村贫困人口摆脱贫困。2020年中国脱贫攻坚战取得全面胜利，现行标准下9899万农村贫困人口全部脱贫，832个贫困县全部摘帽，12.8万个贫困村全部出列，完成了消除绝对贫困的艰巨任务。这项成就契合联合国2030年可持续发展议程中"到2030年消除极端贫困、让所有人的生活达到基本标准"的发展内容，中国成为全球最早实现千年发展目标中减贫目标的发展中国家，对世界减贫贡献率超过70%。

我们必须指出的是，消除绝对贫困并不意味着反贫困的终结，发展不平衡不充分的突出问题尚未解决，这决定了相对贫困仍将长期存在。相比绝对贫困治理，相对贫困治理难度更大、治理周期更长、治理手段更复杂。面临相对贫困治理这一"后扶贫时代"，扶贫工作需要向更广阔的领域延伸，减贫战略需要向更全面的治理转变。近年来，国际组织将多维贫困作为贫困识别和评估的新标准。我国虽未明确公布多维扶贫标准，但是在贫困治理实践中，政府出台的一系列扶贫政策和反贫困措施始终贯穿着多层面、多方位、多维度、多系统治理的理念。我国从多个视角探究致贫因素，从多个维度展开扶贫攻坚实践，不断丰富和拓展中国特色扶贫开发道路，为世界减贫实践提供了丰富的可鉴经验。

与此同时，以互联网为代表的新一代信息技术正在蓬勃兴起，产业变革方兴未艾。在数字时代，信息技术创新的扩散效应、信息和知识的溢出效应、数字技术释放的普惠效应正持续彰显，为国家贫困治理提供了新的思路和助力（吴建平，2020）。互联网的优势在于信息无界、包容共享。比如，网络能够突破地域限制，克服贫困地区区位瓶颈，进而减少中间环节，降低交易成本，提高经济收益。互联网可以缩小信息鸿沟，为弱势群体提供更平等的就业、创业机会。此外，互联网还能够降低教育领域的信息不对称水平和教育市场的交易成本，实现教育资源的优化配置与共享，促进教育公平。"互联网+"精准扶贫是贫困地区和贫困居民摆脱贫困束缚的机遇，也是推动我国经济内生增长的重要渠道。

作为数字经济大国，我国在数字贫困治理中已经积累了大量的经验。这些数字扶贫的创新经验需要及时在理论和实践层面加以总结，这对我国经济高质量发展和全球减贫事业都具有重要的研究意义。

鉴于此，我们在多维贫困测度的基础上，着重探讨了互联网在减贫中的重要作用。我们进而以大型微观调查数据为样本，探究互联网如何通过拓宽信息渠道、减少市场摩擦、改善金融包容性以及促进知识共享的方式化解贫困人口发展的困境。

本章力图在以下两方面有所贡献：第一，从微观层面展开减贫机制的探讨有助于揭示"互联网+"影响微观主体行为的内在逻辑。第二，本章借助更加稳健的因果效应进行推断和机制检验，为互联网与贫困领域的研究提供新的经验证据，以期为国家扶贫政策的制定和实施提供数据支持和决策参考。

二、文献综述与研究假说

（一）互联网使用的减贫效应

随着现代科技革命的不断推进，大量文献关注了以互联网为核心的信息和通信技术（Information and Communications Technology，ICT）的经济影响。在经济发展领域的文献中，研究者一致认为互联网具有积极的经济增长效应，是减贫最有力的驱动力量（Barro，2000）。World Bank（2012）指出信息和通信技术在减少贫困、提高生产力、促进经济增长以及改善问责制和治理方面有着巨大的潜力。Qiang 等（2009）基于120个经济体的跨国数据，评估了不同信息和通信技术的经济增长效应。我们研究发现，互联网技术对经济增长的促进作用明显大于其他信息和通信技术，比如，固定电话或移动电话等，且相较于发达国家，中低收入国家能够从信息革命中获益更多。Koutroumpis（2009）指出互联网技术对经济增长的影响是非线性的。当互联网基础设施达到临界质量时，两者之间存在着显著的正向联系；反之，当互联网基础设施未达到临界质量时，互联网对经济增长的贡献则是有限的（Czernich 等，2011；Katz 和 Koutroumpis，2012）。

事实上，互联网等信息通信技术的应用与贫困之间的关系远比预期的关系复杂。现有研究表明，发达国家正在从互联网行业高速发展中获得巨大的数字红利，但是在技术密集型产业份额较小、个人和企业技术吸收能力有限的国家，互联网的接入是否显著促进经济增长，特别是对这些地区消除贫困的效果，仍然是不确定的（Galperin 和 Viecens，2017）。可能的原因在于，互联网技术具有技能偏向特征，使那些具有信息处理优势的阶层可以获得溢价，进而导致贫富差距扩大，贫困率上升（Autor 等，1998；Van Dijk 和 Hacker，2003）。

（二）互联网减贫的机制分析

已有文献在互联网技术如何影响减贫问题上尚未形成共识，不同研究结论差异较大，对影响机制的探讨仍存在进一步研究空间。我们结合经济理论与经验事实，提出以下待验假设。

第一，互联网通过改变信息获取途径、拓宽社会网络渠道等方式，增加就业机会，提升创业绩效和收入水平。资源平等理论指出，机会不平等通常意味着贫困者经济机会、就业机会等的长期缺失，从而影响个体发展，导致贫困问题进一步加剧。互联网的使用一方面能够帮助个体获取就业信息，改善劳动力市场信息不对称的问题，降低劳动力供需双方搜寻匹配的交易成本，提高就业率，解决就业机会不平等的问题（吴佳璇等，2022）；另一方面互联网的发展还催生出新的就业形态，创造了更多的就业、创业机会。此外，互联网的使用通过影响社会关系网络的规模、结构、强度和互动类型，改变创业者的创业行为。既有研究表明，互联网技术发展能够帮助创业者更有效地摄取非冗余的信息与社会资源，建立更大的弱关系网络，促进高质量的创业活动。基于以上分析，我们提出假设1。

假设1：互联网的使用通过减少经济活动中的信息摩擦和不对称情况，促进就业、创业，进而改善贫困状况。

第二，互联网通过提升人力资本，提高个体或家庭摆脱贫困的能力。能力贫困理论认为，个体能力匮乏者普遍缺乏抵御风险和化解风险的能力，进而导致其长期福利水平的下降，以至于非贫困者也可能陷入贫困。互联网的接入有助于推进优质教育资源的共享，提升教育的效率使其公平。Tchamyou 等（2019）发现信息和通信技术（ICT）通过推动教育和终身学习，对收入不平等和经济增长产生积极影响。Blanco 和 Lopez Boo（2010）通过一项虚拟试验，验证了信息和通信技术技能的提升可以增加个体融入劳动力市场的概率，特别是对那些处于相对弱势的群体。基于以上分析，我们提出假设2。

假设2：互联网的使用通过促进人力资本积累，促进减贫增收。

第三，互联网的使用有助于促进金融包容性，进而减少贫困和降低不平等水平。发展融资领域的研究表明，融资的可获得性和及时性有助于弱势群体摆脱贫困。互联网技术的普及一方面改善了金融产品的可得性，同时，刺激了个体、企业对这些产品的需求。Mushtaq 和 Bruneau（2019）认为信息和通信技术发展通过改善金融市场，增加融资机会、减少信贷限制，加速经济增长，并最终有助于减少贫困。信息和通信技术的扩散加强了金融的包容性，使原本受到金融排斥的家庭有机会获得金融服务，并从中获益。Mishra 和 Bisht（2013）强调电信基础设施的增长，尤其是移动电话的普及，为偏远地区提供普惠的金融服务创造了机会。基于以上分析，我们提出假设3。

假设3：互联网的使用通过缓解金融排斥带来的结构性矛盾，降低金融不平等水平，减少贫困。

三、研究设计

（一）实证策略

为了考察互联网使用的减贫效应，我们构建了两者关系的实证模型。家庭多维贫困用 $Poverty_{it}$ 表示，互联网使用状态用 $Internet_{it}$ 表示，可以得到如下基准模型：

$$Poverty_{it} = \beta_0 + \beta_1 Internet_{it} + \gamma X_{it} + \theta_i + \delta_t + \mu_{it} \qquad (9\text{--}1)$$

式（9–1）中，系数 β_1 衡量了互联网使用对家庭多维贫困的影响。本节对多维贫困的衡量是基于 A–F 多维贫困测度理论，$Poverty_{it}$ 具体涉及多维贫困状态（H_0）[1]和贫困深度（A_0）[2]两个代理变量。互联网使用 $Internet_{it}$ 是虚拟变量，家庭中有任何一位成员使用互联网取值为1，家庭中任何成员均未使用互联网则取值为0。

---

① 参照通行做法，考察 $k=3$ 时的多维贫困状态。
② 贫困深度用家庭贫困维度数占总维度数的比重表示。

X_{it} 表示一系列影响家庭多维贫困的控制变量，来减小遗漏变量偏误，具体涉及户主特征、家庭特征以及区域特征等变量。其中，户主特征变量主要包括户主的年龄、户籍（农村户籍为1，否则为0）、婚姻（已婚为1，否则为0）以及受教育年限等。家庭特征变量主要包括家庭规模、抚养负担[①] 等。区域特征用地区虚拟变量（东部地区为1，中西部地区为0）来表示。

我们采用双向固定效应模型，θ_i 表示家庭层面的固定效应，来控制不随时间变化的家庭差异对多维贫困的影响；δ_t 表示时间固定效应，来控制影响家庭多维贫困的共同时间趋势；μ_{it} 表示随机误差项。

（二）多维贫困指数的构建

多维贫困理论始于 Sen 的能力贫困理论，为贫困识别问题开拓了新的研究视角，将贫困的概念从单一的收入或消费维度拓展到可行能力与自由的多维视角，进行识别和测度。随后，一些学者对贫困问题的研究逐步拓展到动态的或风险的视角进行探讨（Jalan 等，2000）。国内的学者也在多维贫困框架（Alkire 和 Foster，2011）下进行有益的尝试（王小林和 Alkire，2009；罗楚亮，2010；高艳云，2013；章元等，2013；王春超等，2014；郭熙保等，2016），对中国贫困问题进行多视角、多层次、多维度的测度，更加清晰地刻画个体或家庭的福利变动与能力贫困状态，为政府制定精准扶贫政策提供重要经验支持。

在研究方法上，我们选用 AF 方法（Alkire 和 Foster，2011）进行多维贫困的测度：

$$M_0^t\left(x_{ij}^t;\ w_j,\ z_j,\ k\right)=\frac{1}{n}\sum_{i=1}^{n}I\left(c_i^t\geq k\right)*\sum_{j=1}^{d}w_j*g_{ij}^t(z)=H_0^t*A_0^t \quad （9-2）$$

式（9-2）中，x_{ij}^t 表示个体 i 的第 j 个指标在 t 时点上的取值；w_j 为指标权重；z_j 表示第 j 个指标面临的临界值；k 表示贫困在维度上的临界值。$g_{ij}^t(z)$ 为单个指标的指示函数，$g_{ij}^t(z)$ 为1表示个体处于贫困状态，$g_{ij}^t(z)$ 为0表示个体不处于贫困状态。$c_i^t=\sum_{j=1}^{d}w_j*g_{ij}^t(z)$ 表示各项指标的加权指数。$I(k)$ 为贫困在不同维度下的指示函数。如果 $C_i^t\geq k$，表示个体在多维水平下处于贫困状态

---

① 抚养负担包括儿童抚养比（16岁以下的人口占家庭劳动力的比重）和老年抚养比（60岁以上的人口占家庭劳动力的比重）。

（$I(k)=1$）；如果 $C_i^t<k$，表示个体不处于多维贫困状态（$I(k)=0$）。多维贫困指数可以进一步分解为多维贫困发生率（H_0^t）和贫困深度（A_0^t）：

$$H_0^t\left(x_{ij}^t;\ w_j,\ z_j,\ k\right)=\frac{1}{n}\sum_{i=1}^n I\left(c_i^t\geq k\right) \quad\quad（9-3）$$

$$A_0^t\left(x_{ij}^t;\ w_j,\ z_j,\ k\right)=\sum_{j=1}^d w_j*g_{ij}^t(z) \quad\quad（9-4）$$

在维度与指标的选取上，我们借鉴已有研究成果（王小林和 Alkire，2009；郭熙保等，2016；张全红，2017），着重考察了教育、健康、就业、生活质量、资产和收入6个维度的贫困状态，具体的维度及指标说明如下：

表9-1　多维贫困指标构成及相关

维度	指标	指标解释	临界值	权重
教育	人均受教育	家庭16岁以上成员的平均受教育年限	9年	1/12
	子女入学	家庭学龄儿童正常入学的比例	100%	1/12
健康	自评健康	家庭成员中健康人口的比例	100%	1/12
	医疗保险	家庭成员参加医疗保险的比例	100%	1/12
就业	就业状态	家庭成年劳动力在业的比例	100%	1/12
	正规就业[①]	家庭成年劳动力正规就业的比例	100%	1/12
生活质量	做饭燃料	清洁燃料可得性	/	1/12
	饮用水	清洁水源可得性	/	1/12
资产	住房	从政府、单位获得住房，或已购买住房	/	1/6
收入	人均收入	家庭人均年纯收入（2010年为基期）	2300元	1/6

注：1）本章采用等权重方法进行指标的赋权；2）劳动力在本章中界定为16~60岁具有劳动能力的个体。

[①] 正规就业包括政府部门/党政机关/人民团体、事业单位、国有企业、外商企业、非营利组织等方面的就业。

（三）数据

本节使用的第一部分数据来自北京大学中国社会科学调查中心（ISSS）执行的中国家庭追踪调查数据库。该调查重点关注中国社会经济、人口迁移、教育健康以及家庭动态等诸多研究主题，是一项全国性大规模的社会跟踪调查项目。CFPS样本覆盖25个省（自治区、直辖市），样本规模达到16000户，调查对象包含全部家庭成员。

我们按照通行的方法对家庭数据进行处理：（1）删除了无法识别的样本，如省份编码、社区编码、城乡编码、家庭编码、个体编码等标识变量缺失的样本；（2）通过家庭主事者和财务回答人来识别户主身份，将其作为家庭的代表性个体，并将户主年龄限定在16岁以上。我们选用2014年、2016年和2018年的数据展开研究。

第二部分数据为工具变量数据，我们采用全国"八纵八横"光缆通信干线网络节点构造工具变量。该数据根据1994年公布的《全国邮电"九五"计划纲要》以及相关公开资料，经整理后获得。

表9-2报告了主要变量的描述性统计结果。结果显示，家庭多维贫困发生率约为17.4%，贫困深度为0.149。有效样本中互联网的使用率为59.2%。此外，样本的城乡分布相对均匀，其中城乡样本约占50.8%；样本的地域分布也相对均衡，其中东部地区占44.0%，西部地区占26.9%，中部地区占29.1%。

表9-2　主要变量的描述性统计

变量	样本量	均值	标准差	最小值	最大值
是否处于多维贫困（是=1）	36,647	0.174	0.379	0	1
家庭贫困深度	36,647	0.149	0.147	0	0.857
互联网使用（是=1）	36,647	0.592	0.491	0	1
户主年龄	36,647	51.66	14.86	16	95
户主受教育年限	36,647	7.497	4.706	0	23
婚姻（已婚=1）	36,647	0.822	0.383	0	1
户籍状态（农村=1）	36,647	0.712	0.453	0	1

续表

变量	样本量	均值	标准差	最小值	最大值
城乡	36,647	0.508	0.500	0	1
家庭规模	36,647	3.654	1.879	1	21
家庭老年抚养比	36,647	0.139	0.167	0	0.800
家庭儿童抚养比	36,647	0.217	0.319	0	1
东部地区	36,647	0.440	0.496	0	1
西部地区	36,647	0.269	0.443	0	1
是否个体经营 / 开办私营企业	36,647	0.100	0.301	0	1
是否在两周内获得工作机会	25,401	0.827	0.378	0	1
是否持有金融负债（非房贷）	36,647	0.184	0.388	0	1
是否持有金融产品	36,647	0.682	0.466	0	1
金融可得性	36,647	0.332	0.471	0	1
标准化的字词测试得分	21,805	17.36	10.51	0	34
标准化的数学测试得分	21,802	9.137	5.952	0	24

四、互联网使用与多维贫困：实证分析

接下来，我们着重探讨互联网使用与多维贫困的关系，在基准分析之后，进行内生性讨论和稳健性分析。

（一）互联网使用与多维贫困

我们根据模型（9-1），考察互联网使用与多维贫困发生率和多维贫困深度的关系。在回归分析中我们均控制了家庭和时间的双向固定效应，此外，使用家庭层面的稳健聚类标准误。

表9-3第（1）列只考虑了互联网使用指标；第（2）和（3）列逐步控制了户主特征、家庭特征以及地区经济特征。我们研究发现，在所有回归中，互联网使用的估计系数在1%的水平上通过了显著性检验，表明从整体而言，互联网的使用能够改善家庭多维贫困状态，具有显著的减贫效应。在宏观上，互联网以及信息通信技术是社会信息资源优化配置的客观要求，能够促进市场经济的发展。在微观上，互联网普及能够满足个体内在信息咨询的需求偏好，促进个体充分而全面的发展，有效地改善个体或家庭的贫困状态，甚至帮助家庭摆脱贫困。

其他控制变量的系数也大致符合预期：户主的年龄与家庭多维贫困呈显著的正向相关关系，说明随着户主年龄的提高，家庭落入多维贫困的概率越高，且家庭的贫困程度也越高。相对于中青年群体，老年群体面临更高的收入不确定性和脆弱性，因而陷入贫困的风险更高。家庭规模对家庭贫困则呈显著的负向相关关系，家庭规模越大，意味着家庭拥有的劳动资源禀赋相对越多，从而有利于家庭放松预算约束，促使其摆脱贫困状态。此外，抚养负担与家庭多维贫困呈显著的正向相关关系，说明家庭抚养负担越重，越容易让家庭陷入贫困境地。

表9-3第（4）列报告了互联网的使用与家庭多维贫困深度的关系。估计结果显示，互联网使用指标的系数依然显著为负。这一结果在控制了户主特征、家庭特征以及地区经济特征之后，依然稳健。这意味着互联网的使用不仅降低了贫困的发生率，还可能缩减家庭贫困的深度。

表9-3　互联网使用对家庭贫困的影响：基准分析

被解释变量	多维贫困状态			多维贫困深度		
	(1)	(2)	(3)	(4)	(5)	(6)
互联网使用	−0.0730***	−0.0716***	−0.0593***	−0.0383***	−0.0375***	−0.0288***
	(0.0060)	(0.0060)	(0.0060)	(0.0018)	(0.0018)	(0.0017)
年龄		0.0020***	0.0012*		0.0011***	0.0007***
		(0.0007)	(0.0007)		(0.0002)	(0.0002)

续表

被解释变量	多维贫困状态			多维贫困深度		
	(1)	(2)	(3)	(4)	(5)	(6)
受教育年限		0.0007	0.0006		−0.0004	−0.0004
		(0.0019)	(0.0019)		(0.0006)	(0.0006)
婚姻		0.0247**	0.0148		0.0067*	0.0040
		(0.0114)	(0.0113)		(0.0035)	(0.0035)
户籍		−0.0041	−0.0039		0.0001	0.0001
		(0.0128)	(0.0128)		(0.0039)	(0.0039)
家庭规模			−0.0152***			−0.0125***
			(0.0025)			(0.0008)
老年抚养比			0.0520**			0.0418***
			(0.0243)			(0.0075)
儿童抚养比			0.2393***			0.1271***
			(0.0179)			(0.0053)
东部地区			−0.0238			0.0046
			(0.0250)			(0.0127)
家庭固定效应	是	是	是	是	是	是
时间固定效应	是	是	是	是	是	是
样本量	36,647	36,647	36,647	36,647	36,647	36,647
R^2	0.017	0.018	0.034	0.039	0.041	0.096

注：1）括号内为稳健标准误，且在家庭层面聚类；2）*、** 和 *** 分别表示在10%、5% 和1% 的水平上显著。

（二）稳健性检验

基准回归结果表明，互联网使用降低了家庭落入贫困的可能性，同时缩减了家庭多维贫困深度。为了排除混淆因素对研究结论的干扰，我们仍需进行一系列稳健性检验。我们从模型设定误差和测度误差等多个维度进行分析，以确保估计结果的稳健性。

1. 模型设定

多维贫困状态和深度是离散被解释变量，考虑到基准模型可能存在模型设定偏误的问题，我们建立了一个离散选择模型，对互联网使用与多维贫困的关系进行再估计。

首先，我们使用 Probit 模型重新估计了互联网使用与多维贫困状态的关系。考虑到 Probit 模型在固定家庭效应时往往是有偏的，我们因此在本节研究中，仅控制了地区和时间的固定效应。同时，为了缓解遗漏变量可能造成的估计偏误，我们进一步控制了户主受教育年限等不随时间变化的因素，来部分控制家庭固定效应（Haiao，2003；张勋等，2020）。在此基础上，我们选用有序 Probit 模型进一步考察互联网使用对多维贫困深度的影响。

表9-4第（1）和（2）列报告了离散选择模型的估计结果。在所有回归中，均包含户主特征、家庭特征等全部控制变量。结果显示，互联网使用的系数估计值都在1%的水平上通过了显著性检验，互联网使用的减贫效应依然显著，这与基准结果一致，表明分析结果是稳健的。

2. 测量误差

核心解释变量可能存在测度误差，进而影响估计的可靠性。信息技术侧重于信息的编码或解码，以及通信载体的传输方式，而通信技术侧重于消息传播的传送技术。随着技术的发展，这两种技术不断融合成为一个范畴。鉴于此，我们参照既有研究，选取手机等移动通信设备使用作为互联网使用的替代变量。

表9-4第（3）和（4）列报告了更换核心解释变量的估计结果。研究发现，手机使用的系数估计值均在1%的水平上通过了显著性检验，表明手机使用同样有助于减少多维贫困的发生和缩减多维贫困的深度。这一结果进一步佐证

了本章的结论。

表9-4 稳健性检验：模型设定和测量误差

被解释变量	模型设定		测量误差	
	(1)	(2)	(3)	(4)
	（Probit 模型）	（Oprobit 模型）	（线性模型）	（线性模型）
互联网使用	−0.5294***	−0.5268***		
	(0.0240)	(0.0148)		
手机使用			−0.0810***	−0.0307***
			(0.0187)	(0.0051)
年龄	−0.0028***	−0.0030***	0.0016**	0.0008***
	(0.0011)	(0.0006)	(0.0007)	(0.0002)
受教育年限	−0.0786***	−0.0675***	0.0005	−0.0005
	(0.0027)	(0.0016)	(0.0019)	(0.0006)
婚姻	−0.1971***	−0.1791***	0.0163	0.0047
	(0.0277)	(0.0173)	(0.0113)	(0.0035)
户籍	0.6564***	0.4959***	−0.0058	−0.0007
	(0.0375)	(0.0189)	(0.0129)	(0.0039)
家庭规模	−0.0665***	−0.1116***	−0.0195***	−0.0146***
	(0.0077)	(0.0046)	(0.0025)	(0.0008)
老年抚养比	0.6796***	0.7807***	0.0816***	0.0563***
	(0.0733)	(0.0449)	(0.0243)	(0.0076)
儿童抚养比	1.5898***	1.7574***	0.2466***	0.1308***
	(0.0427)	(0.0256)	(0.0180)	(0.0054)
东部地区	−0.2425	−0.0438	−0.0262	0.0035
	(0.2317)	(0.1102)	(0.0244)	(0.0126)

续表

被解释变量	模型设定		测量误差	
	(1)	(2)	(3)	(4)
	(Probit 模型)	(Oprobit 模型)	(线性模型)	(线性模型)
家庭固定效应	否	否	是	是
时间固定效应	是	是	是	是
地区固定效应	是	是	否	否
样本量	32,657	33,213	36,647	36,647
R^2	0.365	0.178	0.030	0.085

注：1）*、** 和 *** 分别表示在10%、5% 和1% 的水平上显著。

（三）内生性问题

互联网使用或者手机使用与家庭多维贫困的关系可能面临潜在的内生性问题，例如，两者之间可能存在反向因果关系，即贫困家庭无法获得互联网信息服务，从而导致估计系数的偏误。因此，我们采用工具变量估计方法，处理模型内生性问题。

借鉴已有文献，我们选取家庭所在地区互联网的使用率（周广肃和梁琪，2018）、家庭所在地区手机的使用率和1998年建成的"八纵八横"光缆干线通信网络节点来构造工具变量[①]（何宗樾和宋旭光，2020），使其作为互联网使用的工具变量，对内生性问题进行纠正。这三类工具变量均满足相关性和排他性要求，是合意的工具变量。

表9-5第（1）和（2）列报告了对模型（9-1）进行工具变量估计的结果。从两阶段的估计结果可以看出，考虑异方差的弱工具变量检验 F 统计量大于10。Sargan 检验统计量的 P 值大于0.1，无法拒绝工具变量满足外生性的原假设。因此，我们选取的工具变量是有效的。结果显示，互联网使用对缓解家

---

① 考虑到这一工具变量是不随时间变化的，本章将其与全国其他地区互联网使用率的均值进行交互，构造了随地区和时间改变的新工具变量。

庭多维贫困具有积极作用，证实了估计结果的稳健性。

为了进一步确定这一发现，在表9-5第（3）和（4）列中，报告了采用IVprobit估计方法的第二阶段回归结果。结果显示，互联网使用的估计系数依然显著为负，表明基准结果具有较强的可靠性。

表9-5　互联网使用与家庭贫困：第二阶段回归

被解释变量	2SLS		IVprobit	
	(1)	(2)	(3)	(4)
	M_0	A_0	M_0	A_0
互联网使用	−0.0890*	−0.0278*	−3.2866***	−1.9219***
	(0.0484)	(0.0146)	(0.1524)	(0.1005)
年龄	0.0011*	0.0007***	−0.0256***	−0.0152***
	(0.0006)	(0.0002)	(0.0015)	(0.0011)
受教育年限	0.0007	−0.0004	−0.0398***	−0.0326***
	(0.0017)	(0.0005)	(0.0038)	(0.0029)
婚姻	0.0139	0.0040	−0.2765***	−0.2333***
	(0.0107)	(0.0032)	(0.0294)	(0.0239)
户籍	−0.0032	0.0001	0.4061***	0.4550***
	(0.0127)	(0.0039)	(0.0373)	(0.0239)
家庭规模	−0.0128***	−0.0126***	0.1585***	0.0363***
	(0.0045)	(0.0013)	(0.0135)	(0.0093)
老年抚养比	0.0366	0.0423***	−0.3885***	−0.1283*
	(0.0333)	(0.0101)	(0.0935)	(0.0671)
儿童抚养比	0.2351***	0.1273***	0.6110***	1.2183***
	(0.0160)	(0.0049)	(0.0604)	(0.0520)

续表

被解释变量	2SLS		IVprobit	
	(1)	(2)	(3)	(4)
	M_0	A_0	M_0	A_0
东部地区	−0.0228	0.0045	−0.2524***	−0.2311***
	(0.0342)	(0.0104)	(0.0231)	(0.0169)
家庭固定效应	是	是	否	否
时间固定效应	是	是	是	是
样本量	32,804	32,804	36,647	36,647
R^2	0.033	0.096	0.3488	0.3488
First stage F−stat	83.74	83.74	/	/
Sargan 检验 −P 值	0.4335	0.3594	/	/
Wald 检验 −P 值	/	/	0.0000	0.0000

注：1）*、**和***分别表示在10%、5%和1%的水平上显著。

五、互联网使用影响多维贫困的机制分析

在互联网使用具有减贫效应的前提下，本节进一步讨论互联网使用影响家庭贫困的背后机制。前文提到互联网通过拓宽信息渠道、降低市场摩擦、提高金融服务可得性以及促进教育共享的方式突破贫困人口发展的困境。

为了验证以上猜想，本节选取是否自主创业、是否获得工作机会作为信息效应的代理变量；选取是否持有金融资产和信贷可得性作为金融服务可得性的代理变量；选取字词测试得分和数字测试得分作为人力资本效应的代理变量。我们借助这些机制变量对前文提出的假说逐一进行验证或者排除。

表9-6报告了互联网使用与机制变量的关系。其中，第（1）和（2）列是检验互联网是否具有信息效应；第（3）和（4）列是检验互联网是否促进金融包容性发展；第（5）和（6）列是检验互联网是否具有人力资本效应。

从结果来看，首先，互联网使用在资源获取方面具有明显优势，有助于减少信息不对称的情况，提高创业的市场绩效，对家庭创业意愿有显著的促进作用。

其次，互联网使用改善劳动力市场还表现在减少就业摩擦、改善劳动需求与供给之间的匹配方面。互联网有助于个体迅速获取行业就业资讯，从而使个体迅速应对市场变化，获得就业机会。同时，互联网使用部分地弥补了物理距离的约束，扩大了劳动力市场的空间范围。

再次，互联网通过促进金融包容性，进而减少贫困和不平等的情况。一方面，互联网使用推动了金融普惠，增加了融资渠道，改善了金融排斥。另一方面，互联网使用有助于家庭优化资产配置，促进有效投资，进而增加家庭财富。

最后，互联网使用有助于促进人力资本积累，进而实现教育扶贫。互联网有助于打破知识的垄断，丰富个体可获得的教育资源，为个体创造学习平台，有助于提升个体的认知能力。

表9-6 互联网使用与机制变量

被解释变量	信息效应		金融包容性		人力资本效应	
	(1)	(2)	(3)	(4)	(5)	(6)
	自主创业	就业机会	金融资产	信贷可得	字词能力	数学能力
互联网使用	0.0134***	0.0128*	0.0620***	0.0142**	0.3841**	0.2935***
	(0.0042)	(0.0075)	(0.0086)	(0.0057)	(0.1701)	(0.0956)
年龄	0.0002	−0.0040***	−0.0015*	−0.0017**	−0.2017***	−0.0744***
	(0.0005)	(0.0015)	(0.0008)	(0.0007)	(0.0230)	(0.0123)
受教育年限	0.0012	0.0124***	−0.0016	−0.0000	1.1665***	0.9087***
	(0.0016)	(0.0032)	(0.0026)	(0.0021)	(0.0726)	(0.0346)

续表

被解释变量	信息效应		金融包容性		人力资本效应	
	(1)	(2)	(3)	(4)	(5)	(6)
	自主创业	就业机会	金融资产	信贷可得	字词能力	数学能力
婚姻	0.0039	−0.0250	−0.0030	0.0338***	0.9228**	−0.1065
	(0.0086)	(0.0200)	(0.0166)	(0.0128)	(0.3601)	(0.1874)
户籍	−0.0059	0.0097	−0.0050	−0.0096	−0.1054	−0.2711
	(0.0114)	(0.0210)	(0.0193)	(0.0140)	(0.4590)	(0.2361)
家庭规模	0.0075***	−0.0081**	−0.0088**	0.0215***	−0.1415**	0.0701*
	(0.0020)	(0.0037)	(0.0036)	(0.0026)	(0.0689)	(0.0374)
老年抚养比	0.0184	−0.0283	0.0299	0.0459*	0.4123	−1.8224***
	(0.0192)	(0.0303)	(0.0348)	(0.0248)	(0.6246)	(0.3572)
儿童抚养比	−0.0213**	−0.0090	0.0073	−0.0707***	−0.1599	−1.5842***
	(0.0101)	(0.0438)	(0.0234)	(0.0126)	(0.3981)	(0.2351)
东部地区	−0.0493	0.0340	−0.0094	−0.0588	−1.5828	0.2347
	(0.0371)	(0.0479)	(0.0491)	(0.0404)	(1.6712)	(0.8181)
家庭固定效应	是	是	是	是	是	是
时间固定效应	是	是	是	是	是	是
样本量	36,647	25,401	36,647	36,639	21,805	21,802
R^2	0.003	0.013	0.078	0.017	0.144	0.235

注：1）括号内为稳健标准误，且在家庭层面聚类；2）*、** 和 *** 分别表示在10%、5% 和1% 的水平上显著。

表9-7和表9-8分别报告了机制变量对家庭多维贫困状态和家庭多维贫困深度的影响。我们对机制变量的作用分别进行分析，以避免多重贡献性对估计结果的干扰。在所有的回归中，我们均采用双向固定效应模型进行估计。

从表9-7的结果来看，首先，自主创业是家庭经营行为的重要方式，对改善家庭收入、提升家庭社会经济地位发挥着一定作用。正规就业能够为个体和家庭提供持续稳定的收入来源，有助于增强家庭韧性。自主创业的系数估计值为正，但在统计意义上均不显著。就业机会获得的系数估计值为负，且在1%的水平通过了显著性检验。这表明互联网使用有可能通过信息效应，为个体提供更多的就业、创业机会，优化收入结构，缓解多维贫困。

其次，金融包容性发展使弱势群体能够有更多途径和机会获得金融服务，有效缓解金融排斥。同时，金融包容性发展有助于优化家庭金融资产配置，增强家庭风险承受力与抵抗力。表9-8结果显示，金融资产可得性与信贷可得性的系数估计值均显著为负，表明互联网使用能够通过融合效应，提高金融包容性，降低个体或家庭落入贫困的风险。

最后，个体能力培养是人力资本投资的重要内容，是阻断贫困代际传递的重要途径。以字词测试得分衡量的个体能力的系数估计值为负，但未通过显著性检验，而以数学测试得分衡量的个体能力的系数估计值则显著为负，表明互联网使用能够通过人力资本效应，提高劳动者素质，提高贫困人口自我发展的能力，进而实现减贫目的。

表9-7　机制变量与家庭贫困状态

被解释变量 多维贫困 状态	(1)	(2)	(3)	(4)	(5)	(6)
自主创业	0.0075					
	(0.0078)					
就业机会		−0.0636***				
		(0.0078)				
金融资产			−0.0300***			
			(0.0049)			
信贷可得				0.0053		
				(0.0061)		

被解释变量 多维贫困 状态	(1)	(2)	(3)	(4)	(5)	(6)
字词测试					−0.0001	
					(0.0006)	
数学测试						−0.0030***
						(0.0010)
年龄	0.0016**	0.0002	0.0015**	0.0016**	0.0003	0.0001
	(0.0007)	(0.0009)	(0.0007)	(0.0007)	(0.0011)	(0.0011)
受教育年限	0.0004	0.0008	0.0004	0.0004	−0.0010	0.0015
	(0.0019)	(0.0025)	(0.0019)	(0.0019)	(0.0032)	(0.0033)
婚姻	0.0166	0.0139	0.0165	0.0165	0.0286	0.0280
	(0.0114)	(0.0135)	(0.0113)	(0.0114)	(0.0175)	(0.0174)
户籍	−0.0054	−0.0145	−0.0056	−0.0061	0.0143	0.0135
	(0.0129)	(0.0131)	(0.0129)	(0.0129)	(0.0220)	(0.0219)
家庭规模	−0.0200***	−0.0101***	−0.0201***	−0.0201***	−0.0205***	−0.0197***
	(0.0025)	(0.0030)	(0.0025)	(0.0025)	(0.0035)	(0.0036)
老年抚养比	0.0826***	0.0336	0.0826***	0.0830***	0.1194***	0.1110***
	(0.0243)	(0.0257)	(0.0243)	(0.0244)	(0.0334)	(0.0335)
儿童抚养比	0.2480***	0.0753**	0.2477***	0.2478***	0.2877***	0.2812***
	(0.0180)	(0.0337)	(0.0180)	(0.0180)	(0.0234)	(0.0235)
东部地区	−0.0256	−0.0158	−0.0262	−0.0257	−0.1056	−0.1042
	(0.0249)	(0.0263)	(0.0249)	(0.0249)	(0.0744)	(0.0751)
家庭固定 效应	是	是	是	是	是	是
时间固定 效应	是	是	是	是	是	是

续表

被解释变量多维贫困状态	(1)	(2)	(3)	(4)	(5)	(6)
样本量	36,647	25,401	36,647	36,647	36,647	21,805
R^2	0.028	0.021	0.029	0.030	0.028	0.045

注：1）括号内为稳健标准误，且在家庭层面聚类；2）*、** 和 *** 分别表示在10%、5% 和1% 的水平上显著。

表9-8 机制变量与家庭贫困深度

被解释变量多维贫困深度	(1)	(2)	(3)	(4)	(5)	(6)
自主创业	0.0023					
	(0.0027)					
就业机会		−0.0522***				
		(0.0027)				
金融资产			−0.0126***			
			(0.0014)			
信贷可得				−0.0032*		
				(0.0019)		
词组测试					−0.0001	
					(0.0002)	
数学测试						−0.0012***
						(0.0003)
年龄	0.0009***	0.0003	0.0008***	0.0008***	0.0007**	0.0006*
	(0.0002)	(0.0003)	(0.0002)	(0.0002)	(0.0003)	(0.0003)

续表

被解释变量 多维贫困 深度	(1)	(2)	(3)	(4)	(5)	(6)
受教育年限	−0.0005	0.0004	−0.0005	−0.0005	−0.0008	0.0002
	(0.0006)	(0.0007)	(0.0006)	(0.0006)	(0.0010)	(0.0011)
婚姻	0.0048	0.0067	0.0048	0.0051	0.0109**	0.0107*
	(0.0035)	(0.0045)	(0.0035)	(0.0035)	(0.0055)	(0.0055)
户籍	−0.0006	−0.0022	−0.0006	−0.0009	0.0089	0.0086
	(0.0039)	(0.0046)	(0.0039)	(0.0039)	(0.0063)	(0.0063)
家庭规模	−0.0148***	−0.0098***	−0.0149***	−0.0147***	−0.0155***	−0.0153***
	(0.0008)	(0.0009)	(0.0008)	(0.0008)	(0.0011)	(0.0011)
老年抚养比	0.0567***	0.0314***	0.0567***	0.0568***	0.0781***	0.0754***
	(0.0076)	(0.0081)	(0.0076)	(0.0076)	(0.0103)	(0.0103)
儿童抚养比	0.1313***	0.0502***	0.1312***	0.1310***	0.1453***	0.1433***
	(0.0054)	(0.0107)	(0.0054)	(0.0054)	(0.0068)	(0.0069)
东部地区	0.0036	0.0044	0.0034	0.0034	−0.0381	−0.0376
	(0.0127)	(0.0135)	(0.0127)	(0.0127)	(0.0395)	(0.0398)
家庭固定 效应	是	是	是	是	是	是
时间固定 效应	是	是	是	是	是	是
样本量	36,647	25,401	36,647	36,639	21,805	21,802
R^2	0.082	0.079	0.086	0.082	0.122	0.123

注：1）括号内为稳健标准误，且在家庭层面聚类；2）*、** 和 *** 分别表示在10%、5% 和1% 的水平上显著。

六、互联网使用对多维贫困的异质性影响

（一）城乡的异质性

首先，我们考察互联网使用减贫效应的城乡差异。基于户籍因素，我们将样本划分为城镇家庭样本和农村家庭样本，进而运用模型（9-1），估计互联网使用对城乡家庭多维贫困的影响。

表9-9报告了分别使用城镇样本和农村样本的估算结果。其中，第（1）和（3）列是基于城镇样本的估计结果；第（2）和（4）列是基于农村样本的估计结果。从多维贫困状态的结果来看，相较于城镇家庭，互联网使用能够使得农村家庭获益更多，表明互联网使用有助于缩小城乡差距，促进经济的包容性发展。互联网使用将城市的消费者与农村的生产者进行有效匹配，为农村家庭创业增收创造更多机会，带动农村经济发展。从多维贫困深度的结果来看，互联网使用对城镇家庭的影响相对更大一些。可能的原因在于，城乡居民在利用互联网技术的能力方面仍存在一定的差距。

表9-9 互联网使用与多维贫困：城乡的异质性

被解释变量	多维贫困状态		多维贫困深度	
	(1)	(2)	(3)	(4)
	城镇	农村	城镇	农村
互联网使用	−0.0326***	−0.0605***	−0.0335***	−0.0253***
	(0.0090)	(0.0074)	(0.0037)	(0.0020)
年龄	9.81e−05	0.0016*	0.0010***	0.0006**
	(0.0009)	(0.0009)	(0.0003)	(0.0003)

续表

被解释变量	多维贫困状态		多维贫困深度	
	(1)	(2)	(3)	(4)
	城镇	农村	城镇	农村
受教育年限	−0.0027	0.0018	0.0006	−0.0002
	(0.0034)	(0.0024)	(0.0011)	(0.0007)
婚姻	0.0181	0.0132	0.0021	0.0047
	(0.0149)	(0.0156)	(0.0052)	(0.0046)
家庭规模	−0.00708**	−0.0170***	−0.0144***	−0.0123***
	(0.0031)	(0.0031)	(0.0016)	(0.0009)
老年抚养比	0.0020	0.0624**	0.0275**	0.0471***
	(0.0249)	(0.0317)	(0.0122)	(0.0093)
儿童抚养比	0.0921***	0.312***	0.0779***	0.153***
	(0.0227)	(0.0241)	(0.0078)	(0.0068)
东部地区	−0.0066	−0.0283	0.0379**	−0.0023
	(0.0063)	(0.0345)	(0.0182)	(0.0161)
家庭固定效应	是	是	是	是
时间固定效应	是	是	是	是
样本量	10,558	26,089	10,558	26,089
R^2	0.014	0.042	0.085	0.106

注：1）括号内为稳健标准误，且在家庭层面聚类；2）*、** 和 *** 分别表示在10%、5% 和 1% 的水平上显著。

（二）区域的异质性

接下来，我们进一步考察不同区域的互联网使用与贫困的关系。

表9-10报告了基于地理位置划分的东部地区、中部地区和西部地区三组

样本的估计结果。其中，第（1）和（4）列是基于西部地区样本的估计结果；第（2）和（5）列是基于中部地区样本的估计结果；第（3）和（6）列是基于东部地区样本的估计结果。从多维贫困状态的结果来看，相较于东部地区，中部和西部地区的家庭能够从互联网发展中获益更多，表明互联网发展有助于解决地区资源分布不均衡的问题，缩小地区不平等的差距。从多维贫困深度的结果来看，未发现东、中、西部地区存在显著差异。

表9-10 互联网使用与多维贫困：区域的异质性

被解释变量	多维贫困状态			多维贫困深度		
	(1)	(2)	(3)	(4)	(5)	(6)
	西部	中部	东部	西部	中部	东部
互联网使用	−0.0785***	−0.0624***	−0.0353***	−0.0285***	−0.0296***	−0.0268***
	(0.0120)	(0.0109)	(0.0086)	(0.0031)	(0.0033)	(0.0028)
年龄	0.0010	0.0031**	0.0006	0.0004	0.0009**	0.0008***
	(0.0014)	(0.0013)	(0.0009)	(0.0003)	(0.0004)	(0.0003)
受教育年限	0.0010	0.0019	−0.0002	−0.0009	−0.0010	0.0005
	(0.0039)	(0.0034)	(0.0027)	(0.0010)	(0.0012)	(0.0009)
婚姻	0.0046	0.0495**	−0.0037	0.0097	0.0103	−0.0047
	(0.0238)	(0.0210)	(0.0160)	(0.0066)	(0.0067)	(0.0051)
户籍	−0.0042	0.0015	−0.0060	0.0084	0.0030	−0.0063
	(0.0285)	(0.0257)	(0.0170)	(0.0085)	(0.0077)	(0.0051)
家庭规模	−0.0175***	−0.0177***	−0.0123***	−0.0119***	−0.0131***	−0.0126***
	(0.0051)	(0.0045)	(0.0037)	(0.0014)	(0.0014)	(0.0012)
老年抚养比	0.0133	0.100**	0.0474	0.0254*	0.0719***	0.0340***
	(0.0522)	(0.0409)	(0.0351)	(0.0147)	(0.0135)	(0.0117)
儿童抚养比	0.315***	0.209***	0.216***	0.153***	0.125***	0.114***
	(0.0406)	(0.0352)	(0.0240)	(0.0122)	(0.0106)	(0.0069)

续表

被解释变量	多维贫困状态			多维贫困深度		
	(1)	(2)	(3)	(4)	(5)	(6)
	西部	中部	东部	西部	中部	东部
家庭固定效应	是	是	是	是	是	是
时间固定效应	是	是	是	是	是	是
样本量	9,859	10,661	16,127	9,859	10,661	16,127
R^2	0.052	0.043	0.023	0.114	0.109	0.084

注：1）括号内为稳健标准误，且在家庭层面聚类；2）*、** 和 *** 分别表示在10%、5% 和1% 的水平上显著。

七、小结

本章基于中国家庭追踪调查2014年、2016年和2018年三期微观数据，深入探讨了互联网使用对家庭多维贫困的影响。研究结果表明，互联网使用显著降低了个体和家庭落入贫困的可能性，同时也有助于改善贫困家庭的贫困程度。影响机制的研究表明，互联网使用的减贫效应一方面源于互联网拓宽了个体信息获取的渠道，从而增加了个体就业、创业的机会。另一方面源于互联网降低交易成本，削弱有限参与机会限制，从而弱化市场摩擦，提高贫困家庭参与金融投资的概率。此外，互联网推动了教育资源的优化配置和共享，对个体的认知能力具有积极影响，从而有助于弥补家庭初始禀赋的束缚，阻断贫困的代际传递。

本章的政策启示在于：

第一，应积极适应用工与择业的新变化和新趋势，制定完善的劳动法制，加强劳动保障监管，提升就业质量，提高人力资本的配置效率。同时，个体也应积极借助互联网平台，拓宽信息获取的渠道，增加个体的就业机会，提高创业的可能性。

第二，应积极保障具有潜在脱贫能力的个人和家庭获得更加普惠平等的金融参与机会，建立贫困群体的信用资本。同时注重提升贫困家庭识别和应对金融投资风险的能力，完善其社会保障和福利。互联网已经深刻影响了家庭金融资产投资的决策，政府应注重对各类投资理财产品的监管，以及金融风险知识的普及和推广，保护家庭投资者的权益，避免盲目投资带来的风险。

第三，应积极探索"互联网＋教育"的科学模式，将更多优质的教育资源数字化、网络化，推进教育资源的重新配置与整合，缩小城乡之间、不同地域、不同阶层之间的教育鸿沟，促进教育公平的实现。加大对互联网教育的支持力度，推进农村地区和贫困地区的互联网基础设施建设，让更多优质的教育资源向老少边贫地区延伸。加强互联网教育的研究，开发优质的互联网共享课程、个性化的教育培训课程等，调动社会各方力量参与，充分发挥市场配置资源的优势，推动教育普惠。

第十章

数字金融发展与多维贫困 ①

以互联网为基础的第三次技术革命,推动了数字金融的发展,对居民经济行为的影响巨大,因而也可能具有减贫作用。本章探讨数字金融发展对家庭多维贫困的影响。然而,与预期不同的是,我们初步研究发现数字金融发展提高了贫困发生的概率,也加深了多维贫困的深度,且影响逐年增大。这意味着,数字金融发展可能存在结构性问题:数字金融发展给能够接触到互联网的居民所带来的便利以及所产生的机会,挤占了未能接触到互联网的居民原先的机会,这种数字鸿沟使得位于贫困线附近和贫困线以下的居民由于数字金融的发展而愈加贫困。我们观察背后机制发现,数字金融发展主要导致了面临数字劣势的贫困居民失业概率的提升。

一、引言

如何消除贫困是人类社会发展过程中面临的重大难题之一,对于中国这样的发展中大国也不例外。尽管中国的绝对贫困人口主要集中在农村和老、少、边地区,脱贫难度很大,但自改革开放以来,中国一直致力于消除贫困,为全球的包容性增长做出了巨大贡献。

中国政府以精准扶贫思想为指引,逐步形成了一整套科学高效的贫困治

---

① 本章内容主要来自何宗樾,张勋,万广华.数字金融、数字鸿沟与多维贫困[J].统计研究,2020,37(10).

理体系。我们必须指出的是，多维贫困理论是政府制定精准扶贫政策的重要理论依据。2011年中共中央、国务院印发《中国农村扶贫开发纲要（2011—2020年）》（国发〔2001〕35号），首次提出到2020年稳定实现两不愁和三保障的总体目标。这标志着政府减贫工作进入多维扶贫阶段。2015年进一步印发《关于打赢脱贫攻坚战的决定》，指出到2020年实现全面脱贫，总体目标涉及生活质量、收入、教育、医疗、住房等多维目标。2016年发布的《"十三五"脱贫攻坚规划》（国发〔2016〕64号），明确了通过就业、教育、养老、医疗以及社会保障等公共服务供给、产业发展、生态治理、科技创新等各领域配套政策措施开展专项扶贫，有效拓宽贫困治理路径，推进精准扶贫、精准脱贫，巩固和提升脱贫成效。2018年进一步出台了《关于打赢脱贫攻坚战三年行动的指导意见》，我国在政策上环环相扣、层层递进，不断完善国家贫困治理战略布局，为世界减贫实践提供了丰富的可鉴经验。

互联网所推动的数字经济的发展，对居民经济行为的影响巨大。近年来，以支付宝、微信支付为代表的数字金融产业的兴起，使得我国居民金融服务的可获得性显著增强，特别是对原本受到金融排斥、信贷歧视的群体而言。相较于传统金融服务，数字金融的发展更有利于发挥金融的基础功能，让更多的人以合理成本来获取更加公平的金融服务，拓宽其投融资渠道；数字金融的发展有助于分散或规避金融风险，优化资产配置效率，提升经济收益。数字金融的这些特性，尤其是其普惠性，意味着数字金融发展在脱贫战役中可以发挥重要作用。2019年，中共中央、国务院办公厅印发的《数字乡村发展战略纲要》对充分发挥信息技术创新的扩散效应、信息和知识的溢出效应、数字技术释放的普惠效应提出了明确要求，指出要进一步解放和发展数字化生产力，积极探索数字扶贫。可以说，数字金融发展是大势所趋，为国家贫困治理提供了新的思路和助力。特别是，面对疫情挑战，我们需要更多维的思路，更精准的举措，不断完善贫困治理体系，提升贫困治理能力。

然而，数字金融在脱贫战役中的角色可能远比预期的角色要复杂。数字金融深刻改变了金融的触达能力和便捷性，具备更加包容的特性。如果居民接触不到互联网，那么数字金融发展所带来的益处就难以实现，穷人恰恰有可能由于收入低以及人力资本缺乏等因素，无法接触到互联网，从而无法享受数字金融发展的益处。这种互联网偏向或数字鸿沟，显然不利于居民脱贫，甚至有可能加深多维贫困。进一步讲，不同群体是否存在异质性表现？究竟哪一类群体更容易因为数字金融发展而被剥夺获利机会，哪一类群体又因为数字金融发展提升了福利水平？回答这些问题不仅具有理论意义，还具有实践价值，这样可以在政策层面上实现精准数字扶贫。

因此，数字金融发展与居民多维贫困之间关系的研究极为紧迫。遗憾的是，有研究虽然对传统金融与贫困的关系做了大量的探讨，但是相关文献多是基于宏观层面的数据，难以建立微观主体、数字背景和贫困之间的因果链条（罗廷锦和茶洪旺，2018）。少数从微观角度展开的研究，在评估数字金融的减贫效应时，未能精准识别数字经济获益者的群体特征，分析的精准性不足（杨艳林和付晨玉，2019）。

本章力图在以下三方面有所贡献：第一，在互联网革命和数字经济发展的背景下，我们首次利用中国数字普惠金融指数，研究数字金融的发展与家庭贫困的关系，综合评估数字金融发展的经济效应。第二，我们将宏、微观数据进行匹配，以微观视角探究数字金融对家庭贫困的影响，丰富关于贫困决定因素的文献。第三，深入挖掘数字金融影响家庭贫困的微观机理和异质特征，拓展关于贫困决定因素的研究。

二、文献评述

随着对贫困认识的不断深化，贫困概念的界定从收入维度，逐步转向能力贫困、权利贫困，再到目前的知识贫困，其内涵与边界不断深入和拓展。Sen（1976）提出了能力贫困的概念，认为基本能力和权利被剥夺是家庭贫困的根本原因，2001年进一步提出了以能力为标准来定义的多维贫困理论。联合国开发计划署（UNDP）界定了权利贫困，权利贫困涵盖了个体在社会、经济、政治、心理等各个领域由权利缺乏导致的贫困，是对收入贫困内涵的进一步丰富。胡鞍钢和李春波（2001）提出了知识贫困的概念，指出知识鸿沟是对未能获得有效知识、信息和通信资源的个体或群体的知识剥夺。

目前国内外关于贫困的研究，一个重要方向是贫困的识别，家庭或个体在收入水平、就业机会、生活质量、教育与健康水平等方面的缺失都被纳入贫困的多维特征（郭熙保和周强，2016）。另一个研究方向集中讨论致贫因素。在宏观层面上，研究者主要考察经济发展、产业结构（汪三贵和胡联，2014）、社会制度（郭熙保和周强，2016）、金融市场（崔艳娟和孙刚，2012）、空间区位（马振邦等，2018）、生态环境（帅传敏等，2017）等方面的致贫因素。在微观层面，研究者重点关注个体禀赋、资源禀赋的异质性对家庭或特定群体贫困的影响。在此基础上，国内外研究者进一步探讨了减贫政策与途径。传统的经济学理论认为经济增长是缓解贫困的关键性因素，贫困群体能够从经济增长的涓流效应中获益。此外，宏观政策对贫困治理也产生了积极的影响，特别是政府救助政策（卢盛峰和卢洪友，2018）、基础设施建设（高颖和李善同，2006）以及政府基本公共服务（刘穷志，2007）等。

作为互联网与金融的结合体，数字金融具有金融的属性。金融市场可以降低交易的搜寻成本，拓展居民投融资渠道，实现家庭风险分散和风险转移，从而影响家庭贫困（崔艳娟和孙刚，2012）。在金融发展的过程中，普惠金融是一个重要目标，对减贫有着重要作用。杨艳林和付晨玉（2019）从个体贫困视角，探讨了我国农村普惠金融发展的减贫效应。研究表明，农村普惠金融通过提高贫困个体的收入，间接改善了贫困状态。事实上，贫困群体通常难以借助教育、信息扩散、知识外溢等效应来提升其经济能力，以至于人力资本积累极少、缺乏风险应对能力的群体，将无法从技术创新行为中获利。此时，金融如果没有普惠性，那么未能触及的群体不仅无法从中获益，而且脱贫的机会可能还会被挤占。

以往文献认为数字金融具有普惠特征，认为传统金融发展通常受制于物理网点的分布，而互联网技术的出现和普及，突破了地域约束，极大地降低了交易成本，为普惠金融服务创造了有利条件（李继尊，2015；焦瑾璞，2014）。"互联网＋金融"的发展模式对优化金融资产配置、改善社会融资环境具有不可替代的优势，也为落后地区提供了赶超的契机（王颖和陆磊，

2012；郭峰等，2019）。从评估数字金融发展经济效应的实证文献来看，这些文献普遍认为数字经济具有包容性增长的特征，不仅有助于实现经济增长，而且对改善城乡差距也起到了积极作用（Kapoor，2014；宋晓玲，2017）。谢绚丽等（2018）基于区域层面的数据，考察数字经济与企业创新的关系，进一步验证了数字金融的宏观经济效应。另一些学者则尝试从微观层面寻找证据。易行健和周利（2018）与张勋等（2019）结合家庭调查数据，检验了数字金融影响微观主体消费行为以及收入获得的微观机制。

然而，值得注意的是，随着互联网基础设施的发展，数字鸿沟缩小，应用覆盖性增强，也触发了互联网红利的差异（邱泽奇等，2016）。Toffler（1990）研究了数字经济的发展导致信息、网络技术的拥有程度、应用程度以及创新能力的差别，进而造成信息落差和贫富进一步呈两极分化的趋势。这说明，数字金融发展与贫困的关系可能更加复杂，有赖于互联网可得性的差异。遗憾的是，对数字金融与家庭贫困的关系，以往文献并没有给出答案。因而，本节试图从微观视角展开讨论，丰富和拓展现有研究。

三、研究设计

（一）实证策略

为了探讨数字金融发展与家庭的多维贫困状态的关系，我们首先建立两者关系的实证模型。用 I_{ijt} 表示第 t 年 j 地区 i 家庭是否处于多维贫困状态的虚拟变量，处于多维贫困状态则取值为1，家庭所在地区的数字金融发展程度用 DF_{jt} 表示，可以得到如下实证模型：

$$I_{ijt} = \alpha_0 + \alpha_1 DF_{jt} + \gamma X_{ijt} + \theta_i + \delta_t + \mu_{ijt} \tag{10-1}$$

式（10-1）中，系数 α_1 衡量了数字金融的发展对家庭多维贫困状态的总体影响。X_{ijt} 为控制变量，主要包括户主层面、家庭层面以及地区层面的因素。其中，在户主层面，我们控制了年龄平方项、性别、婚姻状况等变量。在家庭层面，我们首先控制家庭规模和家庭人口抚养比，同时引入家庭人均收入作为家庭资源禀赋的代理变量。我们还进一步引入家庭存款规模，来控制传统金融的影响。在地区层面上，所在的村、镇或居委的总人口和经济状况被纳入考量，这是影响家庭贫困状态和贫困深度的重要宏观变量。

我们采用双向固定效应，θ_i 表示家庭层面的固定效应，来控制不随时间变化的家庭差异对多维贫困的影响；δ_t 表示时间固定效应，来控制影响多维贫困的共同时间趋势；μ_{ijt} 为随机扰动项。为了避免地区内部家庭之间相关性的干扰，我们将标准误聚类到地区层面。

除了分析数字金融发展与多维贫困状态的关系之外，我们还进一步分析数字金融发展对多维贫困程度的影响。以 A_{ijt} 表示第 t 年 j 地区 i 家庭多维贫困程度的指标，参考式（10-1），构建式（10-2）：

$$A_{ijt} = \beta_0 + \beta_1 DF_{jt} + \gamma X_{ijt} + \theta_i + \delta_t + \mu_{ijt} \tag{10-2}$$

式（10-2）中，系数 β_1 衡量了数字金融的发展对家庭多维贫困程度的影响。

（二）多维贫困指数的构建

关于多维贫困指数的构建方法，Alkire 和 Foster（2011）提供了一个经典的分析框架，对多维贫困进行测度和分解。本章参考该框架，构建了反映多维贫困状态的指标，该指标能够反映个体福利和能力的被剥夺状态。我们按照通行做法，考察 $K=3$ 时的多维贫困状态。

除了多维贫困状态之外，我们还构建了反映多维贫困程度的指标 A，该指标衡量了以不同维度的贫困指标所构建的家庭平均贫困程度，也称多维贫困深度。

表10-1是构建多维贫困指标的不同维度的构成情况，我们可以看出，不同于早期以收入来衡量贫困的单一指标，多维贫困指标包括了教育、健康、保险、就业、生活质量和资产等多个维度（郭熙保和周强，2016），可以更加全面地反映家庭的贫困状况。

表 10-1　多维贫困指标的构成

贫困维度	指标	指标解释	临界值
教育	人均受教育水平	家庭 16 岁以上成员的平均受教育年限	6 年
健康	自评健康	家庭成员中不健康人口的比例	100%
保险	医疗保险	家庭成员未参加医疗保险的比例	100%
就业	就业状态	家庭成年劳动力失业的比例	100%
收入	人均收入	家庭成员人均年纯收入（2010 年为基期）	2300 元
生活质量	做饭燃料	清洁燃料可得性	1= 不可得 0= 可得
	饮用水	清洁水源可得性	
资产	住房	从政府、单位获得住房，或已购买住房	

注：本章采用等权重方法对指标进行赋权。

（三）估计方法

我们利用构建的多维贫困指标，结合模型（10-1）和模型（10-2），来估计数字金融的发展对家庭的多维贫困状态和程度的总体影响。不过，上述模型有可能存在遗漏变量和内生性问题。为了克服由第三方因素导致的内生性问题，我们尽可能控制家庭层面中不随时间变化的因素。反向因果也有可能存在，因为贫困的缓解、家庭收入的提升以及区域经济的发展，会促进数字金融的发展。因此，我们采用工具变量估计方法。我们所选取的工具变量为利用地理信息系统（GIS）所计算得到的距离类型的变量，即家庭所在地区与省会的球面距离。

首先，工具变量应具备相关性。众所周知，省会通常是一个省的经济中心，也应是数字金融发展中心，距离省会越近，数字金融的发展也应越好。因此，该指标与数字金融发展紧密相关。

其次，我们还必须说明距离变量的外生性，即不会通过一些遗漏变量（Omitted Variables），特别是经济发展水平，影响家庭贫困，从而满足排他性约束（Exclusion Restriction）。与省会距离较近的地区，一般也都是经济上比较发达的地区。对于这一问题，我们解决的办法是利用家庭调查数据，控制所在的村、镇或居委的一些经济发展指标，尽可能地减少遗漏变量，从而切断地理距离与家庭多维贫困之间可能产生的联系。我们认为，在控制了这些变量之后，地理距离变量更加外生。

（四）数据

我们使用的第一部分数据来源地区层面的数字金融发展程度，用2011—2018年中国数字普惠金融指数[①]来描述我国数字金融的发展概况。该指数采用了蚂蚁金服的交易账户大数据，由北京大学数字金融研究中心和蚂蚁金服集团共同编制（郭峰等，2020），具有代表性和可靠性。

第二部分数据为工具变量数据，如前文所说，是家庭所在地区与省会的球面距离，这些数据通过地理信息系统计算后获得。

第三部分数据来自北京大学中国社会科学调查中心执行的中国家庭追踪调查（CFPS）数据。我们探讨我国数字金融发展对家庭多维贫困的影响，并通过成人问卷、家庭问卷和社区问卷等三个层面考虑影响贫困的相关因素。

我们按照通行的方法对家庭数据进行处理：（1）删除无法识别的样本，如社区编码、家庭编码、个体编码、城乡编码、省份编码等标识变量缺失的样本；（2）通过家庭主事者和财务回答人来识别户主身份，作为家庭的代表性个体，保留户主年龄在16岁以上的家庭。在此基础上，我们将这三部分数据按照家庭所在城市和时间进行数据匹配。

这样的匹配有助于精准识别数字金融发展对家庭贫困的影响，粗略地从宏观层面考察地区数字金融与贫困的关系。结合两组数据的共同时间区间，我们最终选定的样本年份为2012、2014和2016年的家庭数据以及与之相对应的数字普惠金融发展指数。最后，我们仅保留三年均进入调查的样本数据，以便在时间维度上考察贫困的状态与深度。

表10-2报告了主要变量的描述性统计结果。

---

① 蚂蚁金服的交易账户数据为通常意义上的支付宝账户数据，另外一个大数据来源是腾讯集团旗下的微信支付账户数据。然而，后者不可得。

表10-2　主要变量的描述性统计

变量	2012			2016		
	样本量	均值	标准差	样本量	均值	标准差
多维贫困状态	5330	0.237	0.425	5330	0.200	0.400
多维贫困深度	5330	0.172	0.161	5330	0.156	0.155
户主性别	5330	0.751	0.432	5330	0.751	0.432
户主年龄	5330	52.737	11.738	5330	56.780	11.723
婚姻状况	5330	0.894	0.308	5330	0.877	0.328
家庭规模	5330	3.901	1.796	5330	3.830	1.878
儿童比例	5330	0.138	0.162	5330	0.128	0.157
老年比例	5330	0.124	0.256	5330	0.179	0.302
家庭存款	5330	8.206	2.705	5330	6.520	4.887
家庭人均收入	5330	8.604	1.369	5330	9.008	1.285
家庭就业状况	5330	0.741	0.438	5330	0.744	0.436
村/居经济状况	5330	4.398	1.091	5330	4.398	1.091
村/居人口状况	5330	3943.155	4451.048	5330	4117.405	5060.809
城乡	5330	0.430	0.495	5330	0.457	0.498

四、数字金融发展与多维贫困：实证分析

我们接下来分析数字金融的发展与多维贫困的关系，在基准分析之后，将分区间段讨论数字金融发展对多维贫困的影响，之后进行内生性和测量误差方面的稳健性分析。

（一）数字金融发展与多维贫困

我们根据模型（10-1）和模型（10-2）进行线性最小二乘回归。在所有回归中，我们均加入家庭和时间双重固定效应，并将稳健标准误聚类到地区层面。表10-3报告了数字金融发展与家庭多维贫困的基准回归结果。

表10-3　数字金融发展与多维贫困：基准分析

被解释变量	多维贫困状态		多维贫困程度	
	(1)	(2)	(3)	(4)
数字金融发展	0.111***	0.112***	0.032**	0.032**
	(0.039)	(0.039)	(0.014)	(0.014)
年龄平方	0.0084	0.0084	0.0049**	0.0049**
	(0.0072)	(0.0072)	(0.0020)	(0.0020)
婚姻	−0.0442*	−0.0449*	−0.0067	−0.0065
	(0.0255)	(0.0258)	(0.0085)	(0.0085)
家庭规模	−0.0299***	−0.0300***	−0.0151***	−0.0152***
	(0.0037)	(0.0037)	(0.0013)	(0.0013)
儿童抚养比	0.142***	0.141***	0.0674***	0.0676***
	(0.0464)	(0.0464)	(0.0109)	(0.0109)
老年抚养比	0.243***	0.243***	0.133***	0.133***
	(0.0287)	(0.0287)	(0.0081)	(0.0081)
家庭存款	−0.0006	−0.0006	−0.0003	−0.0003
	(0.0009)	(0.0009)	(0.0003)	(0.0003)
家庭人均收入	−0.0897***	−0.0897***	−0.0412***	−0.0411***
	(0.0056)	(0.0056)	(0.0012)	(0.0012)
村/居经济状况		−0.0199		−0.0090
		(0.0353)		(0.0089)

续表

被解释变量	多维贫困状态		多维贫困程度	
	(1)	(2)	(3)	(4)
村/居人口规模		0.0273		−0.0084
		(0.0264)		(0.0140)
家庭固定效应	是	是	是	是
年份固定效应	是	是	是	是
样本量	15,990	15,990	15,990	15,990
R^2	0.116	0.117	0.268	0.268

注：1）括号内为稳健标准误，且在地区层面聚类；2）*、** 和 *** 分别表示在10%、5% 和1% 的水平上显著。

在表10-3的第（1）和第（2）列中，考察数字金融发展与家庭多维贫困状态的关系，控制变量涉及户主特征、家庭整体特征和所在地区的经济特征。结果发现，数字金融发展的系数显著为正，表明从整体而言，数字金融发展加剧了家庭贫困的发生。其他控制变量的系数也大致符合预期：家庭规模的作用为负，而抚养负担的影响显著为正。

我们依据模型（10-2），进一步探讨数字金融发展与家庭的多维贫困程度的关系，来检验模型的稳健性。表10-3第（3）和第（4）列报告了数字金融发展对多维贫困程度的影响。估计结果显示，数字金融发展的指标依然是显著为正，表明基准分析结果是稳健的，也意味着数字金融发展不仅提高了贫困发生的概率，还可能加深了贫困的程度。

一方面，互联网的普惠以及信息基础设施的搭建，使弱势社会经济群体获得更多的服务和赋能，极大缩小了其与市场的距离；另一方面，基于数字和技术驱动的信用体系，为弱势群体提供了金融基础设施，可以缓解家庭面临的信贷约束。但是，我们发现，数字金融的发展加剧了贫困。这不得不令人深思，数字金融在多年的发展过程中是否一直在提升贫困发生的概率和加深贫困的程度？这一关系究竟是数字金融本身的发展滞后，还是数字金融的发展存在结构性问题？下文将做进一步分析。

（二）数字金融发展影响多维贫困的趋势

根据以上内容，我们初步发现数字金融发展可能加深了家庭贫困的程度。进一步的问题是，数字金融在多年的发展过程中是否一直在提升贫困发生的概率和加深贫困的程度。为了判断数字金融在不同年份对贫困可能产生的不同作用，我们引入数字金融发展与时间虚拟变量的交互项，进行了分时间段的比较分析。表10-4报告了数字金融发展与多维贫困关系的变化趋势分析结果。

表10-4　数字金融发展与多维贫困：变化趋势

被解释变量	多维贫困状态		多维贫困程度	
	(1)	(2)	(3)	(4)
数字金融发展	−0.036	0.003	−0.034	−0.001
	(0.093)	(0.071)	(0.026)	(0.021)
数字金融发展 × 2014年虚拟变量	0.064**		0.011	
	(0.029)		(0.010)	
数字金融发展 × 2016年虚拟变量	0.099**		0.041***	
	(0.049)		(0.014)	
数字金融发展 × 2014和2016年虚拟变量		0.077**		0.023**
		(0.035)		(0.011)
年龄平方	0.0066	0.0068	0.0042**	0.0044**
	(0.0071)	(0.0071)	(0.0020)	(0.0020)
婚姻	−0.0445*	−0.0449*	−0.0062	−0.0065
	(0.0257)	(0.0258)	(0.0084)	(0.0084)
家庭规模	−0.0303***	−0.0303***	−0.0153***	−0.0153***
	(0.0037)	(0.0037)	(0.0013)	(0.0013)

被解释变量	多维贫困状态		多维贫困程度	
	(1)	(2)	(3)	(4)
儿童抚养比	0.144***	0.144***	0.0685***	0.0683***
	(0.0457)	(0.0459)	(0.0107)	(0.0108)
老年抚养比	0.242***	0.242***	0.133***	0.133***
	(0.0288)	(0.0288)	(0.0081)	(0.0081)
家庭存款	−0.0007	−0.0007	−0.0003	−0.0003
	(0.0009)	(0.0009)	(0.0003)	(0.0003)
家庭人均收入	−0.0899***	−0.0898***	−0.0412***	−0.0412***
	(0.0056)	(0.0056)	(0.0012)	(0.0012)
村/居经济状况	−0.0174	−0.0168	−0.0087	−0.0081
	(0.0358)	(0.0357)	(0.0089)	(0.0091)
村/居人口规模	0.0212	0.0225	−0.0110	−0.0098
	(0.0256)	(0.0258)	(0.0133)	(0.0138)
家庭固定效应	是	是	是	是
年份固定效应	是	是	是	是
样本量	15,990	15,990	15,990	15,990
R^2	0.118	0.117	0.270	0.269

注：1）括号内为稳健标准误，且在地区层面聚类；2）*、** 和 *** 分别表示在10%、5%和1%的水平上显著。

与表10-3一致，表10-4的第（1）和第（2）列研究数字金融发展与家庭贫困状态的关系，第（3）和第（4）列则从家庭贫困程度的角度展开分析。与表10-3不同的是，在表10-4中，我们讨论了数字金融发展与家庭贫困在年份区间上的异质性。

在表10-4的第（1）和第（3）列中，引入2014年和2016年两个时间虚拟变量，将其与数字金融发展变量进行交互，考察数字金融发展在不同年份对家庭贫困所可能产生的不同影响。值得指出的是，在控制了这两个虚拟变量之后，数字金融发展变量本身的系数实际上衡量了2012年数字金融发展与家庭贫困的关系。分析结果显示：首先，与表10-3不同，数字金融发展变量本身不显著，表明在2012年，数字金融发展与家庭贫困状态和贫困程度不相关，意味着数字金融并不是一直会导致家庭贫困并带来家庭贫困程度的提升；其次，数字金融发展和2014年与2016年的时间虚拟变量的系数均为正，其中，数字金融发展在2014—2016年均显著导致了家庭贫困，且在2016年显著加深了家庭贫困的程度；再次，数字金融发展与2016年时间虚拟变量的估计系数比2014年变量的估计系数大得多，也更显著，意味着数字金融发展对家庭贫困的影响逐年增大；最后，在第（2）和第（4）列中，选用2014和2016年的共同时间虚拟变量与数字金融发展进行交互，同样发现该系数不论是在家庭贫困状态还是家庭贫困深度的回归中均显著为正，进一步证实了上述结论。

（三）内生性问题

在探讨数字金融加剧家庭贫困的原因之前，我们还需要对模型进行内生性分析。如前文所述，数字金融与家庭多维贫困之间的关系可能受内生性的影响，从而导致估计系数的偏误。因此，我们采用工具变量估计方法，来保证所识别的相关关系也是因果关系。不过，在估计之前，我们有一点必须指出：模型（10-1）中的内生变量，即数字金融发展是随年份变化的变量，但所选取的工具变量并不是随时间变化的，这使得一般的第二阶段估计失效。因此，我们将工具变量与全国层面相应的数字金融发展指数的均值进行交互，作为新的具有时间变化效应的工具变量。

我们首先从统计学的角度检验了两者的相关性。表10-5报告了第一阶段的回归结果。很明显，这类距离的工具变量与数字金融发展显著负相关，意味着离数字金融发展中心越远，数字金融的发展水平越低。这是符合预期的。

表10–5　数字金融发展与多维贫困：第一阶段回归

被解释变量 数字金融发展	(1)	(2)	(3)	(4)
城市到省会的球面距离 × 全国数字金融发展均值	–0.014***	–0.014***	–0.014***	–0.014***
	(0.003)	(0.003)	(0.003)	(0.003)
年龄平方		0.0105***	0.0105***	0.0104***
		(0.0035)	(0.0034)	(0.0034)
婚姻		0.0004	0.0004	0.0017
		(0.0056)	(0.0057)	(0.0060)
家庭规模			0.0013	0.0013
			(0.0009)	(0.0009)
儿童抚养比			–0.0101	–0.0097
			(0.0092)	(0.0091)
老年抚养比			–0.0070	–0.0072
			(0.0054)	(0.0055)
家庭存款			–0.0003	–0.0003
			(0.0003)	(0.0003)
家庭人均收入			0.0015	0.0015
			(0.0010)	(0.0010)
村/居经济状况				0.0208
				(0.0257)
村/居人口规模				–0.0433**
				(0.0193)
家庭固定效应	是	是	是	是
年份固定效应	是	是	是	是
样本量	15,990	15,990	15,990	15,990
R^2	0.992	0.992	0.992	0.992

注：1）括号内为稳健标准误，且在地区层面聚类（Cluster）；2）*、** 和 *** 分别表示在10%、5%和1%的水平上显著。

表10-6报告了采用工具变量估计的第二阶段回归结果。与表10-3一致，第（1）和第（2）列，从多维贫困发生的角度来分析数字金融发展与多维贫困状态的关系，控制变量涉及户主特征、家庭特征和所在地区的经济特征。第（3）和第（4）列，从多维贫困程度的角度来探讨数字金融发展与家庭的多维贫困深度的关系，来检验模型的稳健性。

我们首先考察工具变量的有效性。结果显示，第一阶段考虑异方差的弱工具变量检验 F 统计量均大于10，说明我们所选取的工具变量是有效的。

表10-6　数字金融发展与多维贫困：第二阶段回归

被解释变量	多维贫困状态		多维贫困程度	
	(1)	(2)	(3)	(4)
数字金融发展	0.217**	0.213**	0.069**	0.070**
	(0.104)	(0.102)	(0.031)	(0.031)
年龄平方	0.0067	0.0068	0.0043**	0.0043**
	(0.0068)	(0.0068)	(0.0019)	(0.0019)
婚姻	−0.0443*	−0.0451*	−0.0068	−0.0066
	(0.0254)	(0.0258)	(0.0085)	(0.0084)
家庭规模	−0.0300***	−0.0301***	−0.0152***	−0.0152***
	(0.0037)	(0.0037)	(0.0013)	(0.0013)
儿童抚养比	0.142***	0.141***	0.0675***	0.0677***
	(0.0459)	(0.0459)	(0.0108)	(0.0109)
老年抚养比	0.243***	0.243***	0.133***	0.133***
	(0.0287)	(0.0287)	(0.0082)	(0.0082)
家庭存款	−0.0006	−0.0006	−0.0003	−0.0003
	(0.0009)	(0.0009)	(0.0003)	(0.0003)
家庭人均收入	−0.0900***	−0.0900***	−0.0413***	−0.0412***
	(0.0056)	(0.0056)	(0.0012)	(0.0012)

被解释变量	多维贫困状态		多维贫困程度	
	(1)	(2)	(3)	(4)
村居经济状况		−0.0218		−0.0098
		(0.0351)		(0.0089)
村居人口规模		0.0295		−0.0075
		(0.0269)		(0.0143)
家庭固定效应	是	是	是	是
年份固定效应	是	是	是	是
样本量	15,990	15,990	15,990	15,990
R^2	0.116	0.116	0.266	0.267
First stage F-stat	12.58	12.88	12.58	12.88

注：1）括号内为稳健标准误，且在地区层面聚类；2）*、** 和 *** 分别表示在10%、5% 和1% 的水平上显著。

从估计结果上看，我们依然发现数字金融的发展不仅加剧了家庭贫困的发生，还加剧了家庭贫困的深度，并且这一结果在考虑了可能的内生性之后依然存在。此外，数字金融发展的估计系数更加显著，证实了估计结果的稳健性。不仅如此，数字金融发展的估计系数也有所扩大，但扩大程度不大（系数绝对值提升不到1倍），表明解释变量的测量误差程度较弱（Angrist 和 Pischke，2008）。综上，估计结果是稳健的，没有受到内生性的过多干扰。

五、背后机制：数字鸿沟与多维贫困

数字金融发展提高了贫困发生的概率，也加深了多维贫困的程度。这一发现似乎是反直觉的，也在一定程度上与近年来文献所论证的数字金融发展所带来的经济效益相违背。这意味着我们必须对这一发现的背后原因进行分析，以便更好地刻画和评估数字金融发展在我国经济增长中的作用。

（一）数字鸿沟是否存在

如前文所言，数字金融发展之所以加剧了多维贫困，一种可能的原因是数字金融发展本身滞后。不过，发展滞后本身是一个总量问题，如果数字金融发展加剧贫困的原因的确是数字金融发展滞后，那么数字金融发展应该对全体居民都产生负面影响，但这与以往的研究完全矛盾。此外，我国的数字金融发展在全球处于领先地位，这是有目共睹的，把贫困的加剧归咎于数字金融发展滞后并不合理。

排除滞后问题，数字金融发展也可能具有结构性问题，特别是对贫困群体不利的结构性问题。如前文所言，数字金融原本所具有的普惠性，可以惠及更多群体，使不同群体都能够享受到金融服务的便利性。但是，这里有一个前提条件：所有居民都必须能够接触到互联网。如果部分居民接触不到互联网，这种新出现的数字鸿沟，就可能使得那些无法接触到互联网的居民无法享受数字金融所带来的益处。这个群体显然主要由处于贫困线以下及贫困线附近的居民组成，他们本来所拥有的机会和资源可能被挤占，使得数字金融发展出现了互联网偏向，从而不利于居民脱贫，甚至有可能加深贫困程度。

基于这一逻辑，在表10-7中，按照能否接触到互联网，我们将家庭样本分为两个群体。为了避免选择性偏误，我们只保留在样本期间一直可以接触到互联网以及一直没有接触互联网的家庭。表10-7的第（1）和（2）列为一直没有接触互联网的家庭，即处于数字劣势家庭的估计结果，第（3）和（4）列则为一直能够接触互联网的家庭，即处于数字优势家庭的估计结果。结果发现，数字金融对家庭多维贫困概率的提高效应主要来自未能接触互联网的家庭，对于一直能够接触互联网的家庭，数字金融对贫困发生概率的影响为负，虽然并不显著，但也证实了数字鸿沟的存在，表明接触到互联网的确是家庭脱贫的前提条件。

表10-7　数字鸿沟与多维贫困

被解释变量 多维贫困状态	互联网完全不可得		互联网完全可得	
	(1)	(2)	(3)	(4)
数字金融 发展	0.254*	0.244*	−0.014	−0.014
	(0.131)	(0.127)	(0.062)	(0.062)
年龄平方	0.0002**	0.0002**	0.0001	0.0001
	(0.0001)	(0.0001)	(0.0001)	(0.0001)
婚姻	−0.0501	−0.0513	−0.0005	−0.0006
	(0.0327)	(0.0332)	(0.0106)	(0.0099)
家庭规模	−0.0319***	−0.0320***	0.0017	0.0017
	(0.0043)	(0.0043)	(0.0100)	(0.0099)
儿童抚养比	0.173***	0.173***	−0.0194	−0.0196
	(0.0615)	(0.0614)	(0.0319)	(0.0313)
老年抚养比	0.282***	0.282***	−0.0255	−0.0285
	(0.0316)	(0.0316)	(0.0182)	(0.0181)
家庭存款	−0.0006	−0.0006	−0.0001	−0.0001
	(0.0011)	(0.0011)	(0.0008)	(0.0008)
家庭人均收入	−0.103***	−0.103***	−0.0174	−0.0173
	(0.0054)	(0.0054)	(0.0111)	(0.0110)
村/居经济状况		−0.0266		−0.0473
		(0.0414)		(0.0315)
村/居人口规模		0.0636		0.0115
		(0.0479)		(0.0202)
家庭固定效应	是	是	是	是
年份固定效应	是	是	是	是

被解释变量 多维贫困状态	互联网完全不可得		互联网完全可得	
	(1)	(2)	(3)	(4)
样本量	11,853	11,853	1,125	1,125
R^2	0.131	0.132	0.017	0.018
First stage F-stat	11.51	11.74	12.70	13.33

注：1）括号内为稳健标准误，且在地区层面聚类；2）*、** 和 *** 分别表示在10%、5% 和1% 的水平上显著。

（二）数字鸿沟为什么带来了多维贫困

表10-7表明，数字鸿沟使得数字金融的发展不利于那些未接触到互联网的家庭脱贫。更为严重的是，数字金融非但不能帮助这些家庭脱贫，反而加剧了这些家庭的贫困程度，意味着这些家庭的一些脱贫机会由于数字鸿沟而遭到了挤占和剥夺。那么，究竟是哪些脱贫机会遭到了挤占呢？本节对此进一步展开分析。

如前文所示，多维贫困由教育、健康、保险、就业、收入、生活质量和资产多维度构成，这也为进一步分析数字鸿沟所带来的多维贫困的背后机制提供了便利。在表10-8中，依次从这7个维度出发，分析数字鸿沟影响多维贫困的内在机制。我们将样本限制在面临数字鸿沟上，即未接触互联网的家庭。结果发现，仅有代表就业维度的家庭成年劳动力就业状态以及代表收入维度的家庭人均收入的系数是显著的。其中，第（4）列显示，数字金融的发展带来了家庭成年劳动力就业的下降，这意味着数字金融的发展可能剥夺了这些家庭的就业机会。这可能存在两方面的原因：一方面，技术变革可能本身对劳动力市场就存在负向冲击（Acemoglu 和 Autor，2011），这使得在这场技术变革中本身就面临数字鸿沟的群体处于更加不利的位置；另一方面，数字金融发展可能给接触互联网的群体带来更多的信息优势，从而可能挤占了未接触互联网群体的就业机会。这两方面综合造成了存在数字鸿沟的群体的就业机会减少。

表10-8　数字金融发展通过数字鸿沟影响多维贫困的机制分析

被解释变量各个维度	教育年限	医疗维度	保险维度	就业维度	收入维度	生活维度	住房维度
	(1)	(2)	(3)	(4)	(5)	(6)	(7)
数字金融发展	0.0671	0.2169	0.0893	−0.1905**	1.1127**	0.0222	0.1883
	(0.3910)	(0.1824)	(0.0654)	(0.0831)	(0.5450)	(0.2136)	(0.1515)
年龄平方	0.0009***	−0.0002**	0.0000	−0.0004***	0.0003	0.0000	−0.0001*
	(0.0003)	(0.0001)	(0.0000)	(0.0001)	(0.0003)	(0.0001)	(0.0001)
婚姻	0.0621	0.0708**	0.0094	0.0436*	0.0531	−0.0800**	0.0473
	(0.0982)	(0.0358)	(0.0161)	(0.0250)	(0.1056)	(0.0349)	(0.0288)
家庭规模	0.1819***	0.0049	0.0015	0.0603***	0.0242	−0.0050	0.0065**
	(0.0173)	(0.0038)	(0.0011)	(0.0056)	(0.0183)	(0.0036)	(0.0032)
儿童抚养比	−0.8991***	−0.0432	−0.0114	−0.4056***	−0.7703***	0.0572	−0.0604*
	(0.1908)	(0.0472)	(0.0169)	(0.0432)	(0.1436)	(0.0450)	(0.0341)
老年抚养比	−1.0187***	0.0414	−0.0328**	−0.6363***	−0.2322***	−0.0272	0.0057
	(0.1062)	(0.0324)	(0.0132)	(0.0316)	(0.0739)	(0.0309)	(0.0186)
家庭存款	0.0031	0.0010	0.0004	0.0004	0.0202***	0.0033***	−0.0005
	(0.0025)	(0.0010)	(0.0004)	(0.0010)	(0.0037)	(0.0012)	(0.0007)
村/居经济规模	−0.0005	0.0158	0.0078	−0.0013	0.0924	0.0523	−0.0320
	(0.1325)	(0.0366)	(0.0128)	(0.0444)	(0.1495)	(0.0422)	(0.0261)
村/居人口规模	0.2138	−0.0374	0.0068	0.0300	0.0834	0.0306	−0.0126
	(0.1636)	(0.0328)	(0.0316)	(0.0420)	(0.1760)	(0.0616)	(0.0458)
家庭固定效应	是	是	是	是	是	是	是

续表

被解释变量各个维度	教育年限	医疗维度	保险维度	就业维度	收入维度	生活维度	住房维度
	(1)	(2)	(3)	(4)	(5)	(6)	(7)
年份固定效应	是	是	是	是	是	是	是
样本量	11,853	11,853	11,853	11,853	11,853	11,853	11,853
R^2	0.1817	0.0007	0.0048	0.1424	0.0593	0.0160	0.0027
First stage F-stat	11.75	11.75	11.75	16.75	11.75	11.75	11.75

注：1）括号内为稳健标准误，且在地区层面聚类；2）*、** 和 *** 分别表示在 10%、5% 和 1% 的水平上显著；3）分析样本为面临数字鸿沟，即未接触互联网的家庭；4）控制变量中不再包含家庭人均收入变量。

第（5）列的结果恰好相反，数字金融的发展尽管使未接触互联网的群体失去了就业机会，但从总体上提升了这些家庭的人均收入。这两者并不必然矛盾，因为数字金融对贫困的影响可能存在群体间的异质性：数字金融的发展尽管可能会挤占一部分面临数字劣势群体的就业机会，但可能会带动另一部分面临数字劣势的群体收入提升。只不过这种收入提升更可能是由接触互联网的群体受数字金融发展影响所产生的溢出效应，而非数字金融发展的直接效应。

（三）数字鸿沟的异质性影响

以上研究表明，数字金融发展可能会挤占一部分居民的就业机会，也可能给另一部分居民带来收入溢出效应，这意味着数字金融存在异质性影响。那么，面临数字劣势的群体，究竟哪一类群体更容易因为数字金融发展而被剥夺就业机会，哪一类群体更容易因为数字金融发展而提升收入呢？回答这一问题不仅具有理论意义，也具有实践意义，有利于在政策层面上实现精准数字扶贫。

鉴于此，我们采取了分样本回归讨论数字鸿沟在城乡、性别、不同年龄阶段以及不同人力资本层次的异质性影响。

1. 城乡的异质性

首先，我们考察数字鸿沟的城乡异质性。中国城乡分割的现实使城乡居民不管在禀赋、收入还是机会上都有显著差别。为此，我们将样本按照常住地分为城乡两部分，考察数字金融发展的影响。

表10-9的分析表明，数字金融发展对面临"数字劣势"群体的影响的确具有城乡层面的异质性。首先，对农村居民而言，数字金融的发展并没有挤占他们的就业机会，反而给他们带来了收入溢出效应。观察现实，农村居民往往本身具有一定的禀赋，如土地，即使非农就业机会被挤占，也可以继续进行农业生产，因此就业状态不受影响。另外，数字金融发展还被证明能够带动那些可以接触到互联网的群体进行创新创业（谢绚丽等，2018），因此可能会更多地从农村居民手中采购原材料（如农产品），从而也能够提升农村居民的收入。这表明数字金融的发展具有相当强的渗透力。这也说明数字金融发展并非一定会造成面临"数字劣势"的群体处境恶化，更多可能是带来社会分工的深化，使不同群体根据他们的比较优势选择不同的社会角色。

其次，对面临"数字劣势"的城镇居民而言，数字金融的发展一方面挤占了他们的就业机会，另一方面无法给他们带来收入上的溢出效应。根据中国互联网络信息中心发布的《中国互联网络发展状况统计报告》（以下简称为互联网发展报告），截止到2017年底，我国整体网民规模为7.72亿，网络普及率达到55.8%，其中城镇网民占比73.0%。因此，从政策层面来看，我们要重点关注城镇地区面临"数字劣势"的群体，因为数字金融的发展可能会导致这部分群体失业且无法增收，由此引发社会不稳定的现象。我们进一步考虑到数字金融的作用不仅仅是提供就业，还可以带来与金融相关的一系列其他业务，如投资、保险、信贷等。我们尽可能地缩小数字鸿沟，这样对全社会来讲有相当可观的好处。

表10-9　数字鸿沟的城乡异质性

被解释变量	就业机会		家庭收入	
	(1)	(2)	(3)	(4)
	农村样本	城镇样本	农村样本	城镇样本
数字金融发展	−0.148	−0.227***	1.630***	0.100
	(0.131)	(0.066)	(0.401)	(0.347)
年龄平方	−0.0005***	−0.0001	0.0005	−0.0006
	(0.0001)	(0.0001)	(0.0004)	(0.0004)
婚姻	0.0855***	−0.0632*	0.105	0.0894
	(0.0328)	(0.0359)	(0.138)	(0.118)
家庭规模	0.0538***	0.102***	0.0438**	−0.0509*
	(0.0062)	(0.0134)	(0.0203)	(0.0302)
儿童抚养比	−0.372***	−0.650***	−0.875***	−0.220
	(0.0467)	(0.127)	(0.173)	(0.296)
老年抚养比	−0.704***	−0.400***	−0.261***	−0.104
	(0.0335)	(0.0569)	(0.0925)	(0.151)
家庭存款	0.0010	−0.0013	0.0230***	0.0141***
	(0.0011)	(0.0024)	(0.0043)	(0.0041)
家庭人均收入	−0.0003	−0.0672	0.109	0.0271
	(0.0518)	(0.0752)	(0.173)	(0.272)
村/居经济状况	0.101	−0.0568	0.513*	−0.267**
	(0.0682)	(0.0449)	(0.283)	(0.112)

续表

被解释变量	就业机会		家庭收入	
	(1)	(2)	(3)	(4)
	农村样本	城镇样本	农村样本	城镇样本
村/居人口规模	0.1021	−0.0545	0.5135*	−0.2611**
	(0.0682)	(0.0448)	(0.2838)	(0.1125)
家庭固定效应	是	是	是	是
年份固定效应	是	是	是	是
样本量	8,926	2,635	8,926	2,635
R^2	0.160	0.126	0.055	0.104
First stage F-stat	9.86	145.50	9.86	145.50

注：1）分析样本为面临数字鸿沟，即未接触互联网的家庭；2）括号内为稳健标准误，且在地区层面聚类（Cluster）；3）*、** 和 *** 分别表示在 10%、5% 和 1% 的水平上显著。

2. 性别的异质性

从性别的异质性来看，我国互联网使用倾向于男性，这意味着网络覆盖率对男性而言更高，也更有可能享受数字金融服务，获得更多潜在机会和收益。表10-10报告了按照性别划分的异质性分析结果。我们发现，在面临"数字劣势"时，女性群体一方面被挤占了更多的就业机会，另一方面无法从数字金融发展的溢出效应中获益。男性群体的收入溢出效应则非常显著，表现出明显的性别异质性。这意味着我们要更加关注女性群体的数字扶贫问题。

表10-10 数字鸿沟的性别异质性

被解释变量	就业机会		家庭收入	
	(1)	(2)	(3)	(4)
	女性样本	男性样本	女性样本	男性样本
数字金融发展	−0.245**	−0.146	0.662	1.259***
	(0.107)	(0.092)	(0.407)	(0.347)
年龄平方	−0.0003**	−0.0005***	0.0006	0.0002
	(0.0001)	(0.0001)	(0.0006)	(0.0004)
婚姻	0.0574	0.0220	0.294*	−0.0696
	(0.0352)	(0.0339)	(0.162)	(0.132)
家庭规模	0.0780***	0.0557***	−0.0452	0.0420**
	(0.0127)	(0.0057)	(0.0410)	(0.0184)
儿童抚养比	−0.372***	−0.413***	−0.906***	−0.733***
	(0.0977)	(0.0526)	(0.331)	(0.161)
老年抚养比	−0.426***	−0.712***	−0.228*	−0.234***
	(0.0496)	(0.0330)	(0.136)	(0.0817)
家庭存款	−0.0003	0.0005	0.0121*	0.0232***
	(0.0021)	(0.0010)	(0.0063)	(0.0038)
家庭人均收入	0.0307	−0.0096	−0.317	0.205
	(0.0561)	(0.0496)	(0.243)	(0.170)
村/居经济状况	0.0008	0.0501	−0.191	0.364*
	(0.0580)	(0.0581)	(0.138)	(0.214)

续表

被解释变量	就业机会		家庭收入	
	(1)	(2)	(3)	(4)
	女性样本	男性样本	女性样本	男性样本
村/居人口规模	0.0014	0.0521	−0.1892	0.3642*
	(0.0576)	(0.0585)	(0.1400)	(0.2151)
家庭固定效应	是	是	是	是
年份固定效应	是	是	是	是
样本量	2,865	8,988	2,865	8,988
R^2	0.106	0.160	0.084	0.056
First stage F-stat	57.75	19.23	57.75	19.23

注：1）分析样本为面临数字鸿沟，即未接触互联网的家庭；2）括号内为稳健标准误，且在地区层面聚类（Cluster）；3）*、** 和 *** 分别表示在 10%、5% 和 1% 的水平上显著。

3. 年龄的异质性

互联网发展报告还指出，我国网民的年龄结构特征明显，以青年和中年为主，对高龄人群覆盖不足。2017年，10~39岁覆盖率为73.0%，40~49岁占13.2%，50岁以上不足10%。表10-11进一步分析了按照年龄划分的异质性分析结果，我们使用户主年龄作为代理变量。根据世界卫生组织确定的年龄分段，我们将样本分为青年样本（45岁以下）、中年样本（45岁至65岁）和老年样本（65岁以上）。从户主年龄的异质性出发，我们发现，在处于"数字劣势"时，中年群体的就业比例有所减少，但收入有所增加，意味着中年群体更容易受到数字金融发展的影响；青年群体不论是在就业还是收入上受数字金融的影响都比较小，这与青年群体的经济活动调整空间较大有关。

表10-11 数字鸿沟的年龄异质性

被解释变量	就业机会			家庭收入		
	(1)	(2)	(3)	(4)	(5)	(6)
	青年样本	中年样本	老年样本	青年样本	中年样本	老年样本
数字金融发展	−0.154	−0.161*	−0.107	2.356	1.187***	0.612*
	(0.206)	(0.097)	(0.070)	(1.445)	(0.376)	(0.324)
年龄平方	−0.0005	−0.0002	0.0002	0.0053**	−0.0000	0.0023***
	(0.0003)	(0.0002)	(0.0002)	(0.0026)	(0.0007)	(0.0009)
婚姻	0.0235	0.0184	0.0862**	−0.121	0.0473	0.144
	(0.112)	(0.0338)	(0.0436)	(0.412)	(0.111)	(0.254)
家庭规模	0.0131	0.0444***	0.100***	0.0182	0.0342	−0.0012
	(0.0182)	(0.0055)	(0.0133)	(0.0807)	(0.0225)	(0.0344)
儿童抚养比	−0.258**	−0.200***	−1.106***	0.281	−0.864***	−0.856*
	(0.102)	(0.0554)	(0.124)	(0.436)	(0.204)	(0.503)
老年抚养比	−0.0512	−0.680***	−0.493***	−0.664	−0.158*	−0.276
	(0.152)	(0.0439)	(0.0690)	(0.719)	(0.0878)	(0.207)
家庭存款	−0.0042*	0.0009	0.0033	0.0131	0.0197***	0.0189***
	(0.0025)	(0.0012)	(0.0020)	(0.0098)	(0.0044)	(0.0066)
家庭人均收入	0.0522	−0.0441	0.107*	0.246	0.0807	0.196
	(0.0780)	(0.0477)	(0.0600)	(0.462)	(0.177)	(0.209)
村/居经济状况	0.100	0.0446	0.0104	0.540**	0.124	−0.0302
	(0.0832)	(0.0501)	(0.0788)	(0.254)	(0.221)	(0.294)

被解释变量	就业机会			家庭收入		
	(1)	(2)	(3)	(4)	(5)	(6)
	青年样本	中年样本	老年样本	青年样本	中年样本	老年样本
村／居人口规模	0.0920	0.0226	0.0102	0.4768	0.1176	−0.0303
	(0.0883)	(0.0532)	(0.0788)	(0.3002)	(0.2266)	(0.2932)
家庭固定效应	是	是	是	是	是	是
年份固定效应	是	是	是	是	是	是
样本量	1,193	7,174	2,670	1,193	7,174	2,670
R^2	0.106	0.139	0.204	0.085	0.047	0.080
First stage F-stat	9.52	18.17	49.61	9.52	18.17	49.61

注：1）分析样本为面临数字鸿沟，即未接触互联网的家庭；2）括号内为稳健标准误，且在地区层面聚类（Cluster）；3）*、** 和 *** 分别表示在 10%、5% 和 1% 的水平上显著。

4. 教育的异质性

在表10-12中，我们按照户主的人力资本状况划分样本，进一步探讨数字鸿沟在人力资本层面的异质性。一方面，人力资本水平越高的群体具备较好的学习能力，受数字鸿沟的影响越小；另一方面，人力资本水平越低的群体越有可能从事提供原材料和农产品等受数字金融发展的溢出效应影响的行业。考虑到中国实行9年义务教育，我们以9年为界进行划分，结果与预期一致：人力资本水平较高的群体并没有因为数字金融的发展而被挤占了工作机会，收入水平有一定程度的提升；人力资本水平较低的群体虽被挤占了就业，但也能够得到数字金融发展的溢出效应带来的收益。

表10-12 数字鸿沟的人力资本异质性

被解释变量	就业机会		家庭收入	
	(1)	(2)	(3)	(4)
	低学历样本	高学历样本	低学历样本	高学历样本
数字金融发展	−0.173**	−0.010	0.936***	2.512*
	(0.082)	(0.233)	(0.247)	(1.363)
年龄平方	−0.0004***	−0.0006**	0.0003	−0.0005
	(0.0001)	(0.0003)	(0.0003)	(0.0008)
婚姻	0.0513*	−0.0348	0.0553	−0.0455
	(0.0279)	(0.0815)	(0.116)	(0.332)
家庭规模	0.0620***	0.0418***	0.0235	0.0263
	(0.0057)	(0.0157)	(0.0192)	(0.0467)
儿童抚养比	−0.419***	−0.243	−0.761***	−0.843*
	(0.0440)	(0.161)	(0.143)	(0.480)
老年抚养比	−0.644***	−0.532***	−0.261***	0.165
	(0.0311)	(0.111)	(0.0770)	(0.226)
家庭存款	0.0005	−0.0007	0.0212***	0.0148**
	(0.0010)	(0.0022)	(0.0039)	(0.0075)
家庭人均收入	−0.0014	−0.0172	0.140	−0.333
	(0.0469)	(0.0835)	(0.156)	(0.263)
村/居经济状况	0.0632	−0.174**	0.0494	0.288
	(0.0466)	(0.0731)	(0.195)	(0.212)
村/居人口规模	0.0646	−0.1733**	0.0516	0.2877
	(0.0467)	(0.0708)	(0.1969)	(0.2129)
家庭固定效应	是	是	是	是

续表

被解释变量	就业机会		家庭收入	
	(1)	(2)	(3)	(4)
	低学历样本	高学历样本	低学历样本	高学历样本
年份固定效应	是	是	是	是
样本量	10,590	1,263	10,590	1,263
R^2	0.150	0.091	0.060	0.049
First stage F-stat	25.34	14.97	25.34	14.97
Hansen P value	0.716	0.294	0.871	0.697

注：1）分析样本为面临数字鸿沟，即未接触互联网的家庭；2）括号内为稳健标准误，且在地区层面聚类（Cluster）；3）*、** 和 *** 分别表示在10%、5% 和 1% 的水平上显著。

综上，我们发现，女性和中老年人等特定群体，若无法接触互联网，不仅会由于数字金融的发展被挤占就业机会，还无法获得数字金融发展溢出效应所带来的收入，从而导致了贫困的发生。

六、小结

数字普惠金融助力扶贫实践的机遇与挑战并存。一方面，数字金融可以进一步服务原先被传统金融排斥在外的群体，这显然为他们脱离贫困提供了条件；另一方面，技术革命对就业市场和居民收入也会产生不利冲击，从而可能使居民落入多维贫困状态。

本章的贡献在于首次利用中国数字普惠金融发展指数和中国家庭追踪调查（CFPS）的匹配数据，通过克服内生性的工具变量估计，探讨了数字金融发展对家庭多维贫困的影响。然而，与预期不同的是，我们初步研究发现数字金融发展提升了贫困发生的概率，也加深了多维贫困的程度，且影响逐年增大。不过，进一步的研究表明，数字金融发展可能存在结构性问题：数字金融发展能够给接触到互联网的居民带来便利以及机会，但挤占了未能接触到互联网的居民原先所可能获得的资源，这种数字鸿沟使得位于贫困线附近的居民由于数字金融的发展而愈加贫困。我们观察背后机制发现，数字金融发展主要导致了面临数字劣势的贫困居民失业概率的提升。

本章的政策含义明确。

第一，数字鸿沟可能会加剧贫困发生，因此在推进数字金融发展的同时，应着力提高数字金融服务的覆盖率和可得性。

第二，应重点关注女性、中老年人等群体的数字劣势问题，预防此类群体因数字金融发展而丧失就业机会，进而引发社会不稳定。

第三，在推进数字金融服务的覆盖率的同时，也要注重教育的作用，使居民能够更好地共享数字金融发展所带来的红利。

当然，在具体推进数字扶贫战略时，我们也需要提高甄别机制，促进有限资源实现高效配置。

第十一章

数字金融发展与家庭金融资产配置

　　财富是人们追求幸福生活的基础，也是实现共同富裕的前提。合理而有效的金融资产组合对提升家庭财产性收入，实现家庭财富保值增值具有重要的意义。本章讨论数字金融发展与家庭金融资产配置之间的关系。数字金融发展影响居民金融行为的可能机制在于，通过拓展金融信息获取渠道和提升风险承担水平等路径提升家庭金融资产配置效率。

一、引言

　　党的二十大报告指出，探索多种渠道增加中低收入群众要素收入，多渠道增加城乡居民财产性收入。增加居民收入与增加家庭财富是扩大内需的基础支撑，也是共同富裕目标实现的基本要求。

　　金融资产是家庭财产性收入的重要来源。居民参与金融市场，实现自身资源的跨期配置，不仅满足了家庭对财富增长的需求，还有利于国家整体资产效用的提升和经济增长。现阶段，我国家庭金融市场参与规模和多元化程度均较低。基于中央银行发布的《2019年中国城镇居民家庭资产负债情况调查》报告，我国城镇居民家庭资产以实物资产为主，住房占比近七成，住房拥有率达到96.0%；金融资产占比较低，仅为20.4%，居民家庭更偏好无风险金融资产。同样，基于中国家庭金融调查数据库2019年数据，我国持有股票、基金和债券的家庭占比分别为4.4%、1.3%和0.2%。我国家庭金融资产配置也缺乏多样性，高达70.5%的家庭仅持有一种金融资产（吴雨等，2021）。

近年来，我国数字金融发展迅速，对经济社会和生产生活产生了深远的影响。数字金融的发展降低了金融交易成本，拓宽了家庭金融投资渠道，增加了家庭投资的时空便利性，激发了居民的投资理财需求，提高了居民的金融素养，改变了家庭的金融风险态度。在此背景下，厘清数字金融发展与家庭金融资产配置之间的关系，对科学制定中国金融市场的发展和金融创新相关政策具有重要意义。

鉴于此，本章聚焦数字金融发展对家庭金融决策的影响及其作用机制，以期为促进家庭财富增长提供定量化证据。

本章力图在以下两方面有所贡献：第一，将中国家庭金融调查数据库和北京大学数字金融研究中心编制的中国数字普惠金融指数相结合，从金融资产规模和资产多样性双重视角出发，探索数字金融发展与家庭金融决策之间的关系，丰富了金融资产配置方面的研究。第二，从区域、城市等级、城乡、家庭财富特征四个角度出发，深入揭示数字金融的异质性影响，为精准制定金融帮扶政策，促进金融包容发展提供经验支持。

二、文献综述

与本章密切相关的文献主要有两类，第一类文献与家庭金融资产配置的影响因素相关。既有研究主要从家庭人口学特征、社会资本、住房资产等微观视角探讨对家庭投资决策的影响因素。大多学者关注金融市场参与（张红伟和何冠霖，2022）、金融资产的广度和深度（卢亚娟和张菁晶，2018）、金融资产组合有效性（吴雨等，2021）等维度。雷晓燕和周月刚（2010）的研究发现健康状况变差会使家庭减少金融资产，尤其是风险资产的持有。王琎和吴卫星（2014）认为婚姻影响家庭风险资产选择，已婚女性决策者比单身女性决策者更倾向于投资风险资产和股票，更倾向于增加风险资产和股票在总资产中的配置比重。梁斌和陈茹（2022）发现子女性别也会影响家庭金融资产选择，受传统观念影响，会通过"为儿买房"机制增加家庭储蓄率，减少风险资产投资。尹志超等（2014）的研究表明金融知识的增加会推动家庭参与金融市场，并增加家庭在风险资产，尤其是股票资产上的配置。柴时军（2017）指出亲友关系的社会资本能够显著提高家庭投资组合的有效性。吴卫星等（2014）发现房产对风险金融资产并非以一定的挤出效应为主，随着房产拥有数量的提高，资产配置效应可能会占主导地位。陈永伟等（2015）则认为房产财富的增加会显著提升家庭对金融市场的参与概率，也会增加家庭对风险资产的持有比例。

第二类文献关注数字金融发展与家庭金融资产配置的关系。数字金融发展有利于优化金融服务供给，降低金融服务成本，使金融服务的可获得性大幅提升，从而对家庭经济、金融行为产生影响。周雨晴和何广文（2020）认为数字金融发展不仅提高了农户参与金融市场的概率，还增加了家庭配置风险金融资产的比例。廖婧琳和周利（2020）发现数字普惠金融发展会促进家庭参与风险金融资产投资，教育水平在数字金融发展深度对家庭风险金融资产投资的影响中起着显著的调节作用。吴雨等（2021）指出数字金融发展有助于提升家庭金融资产组合的有效性，提高家庭金融资产投资组合的多样性，并降低家庭极端风险投资的可能性。

三、研究设计

（一）实证策略

为了探讨数字金融发展与家庭金融资产配置的关系，我们首先建立两者关系的实证模型。用 $Assets_{ij}$ 表示 j 城市第 i 个家庭的金融资产配置；用 DF_j 表示 j 城市的数字金融发展。可以得到如下实证模型：

$$Assets_{ij} = \alpha_0 + \alpha_1 DF_j + \delta X_{ij} + \mu_{ij} \tag{11-1}$$

式（11-1）中，系数 α_1 可以衡量数字金融发展对家庭金融资产配置的直接影响，X_{ij} 表示一系列与家庭金融资产配置相关的控制变量。本节涉及的控制变量，涵盖户主特征、家庭经济特征等。其中，户主特征包括年龄、性别、户籍、健康状况和受教育年限，家庭经济特征包括家庭收入和家庭负债。μ_{ij} 为随机误差项。

此外，$Assets_{ij}$ 不仅可以表示家庭金融资产规模，还可以表示家庭金融资产多样性。因而，模型（11-1）可以进一步来考察数字金融发展对家庭金融资产规模和家庭金融资产多样性的影响。

（二）变量说明

1. 家庭金融资产配置

（1）家庭金融资产规模

家庭金融资产规模通过社保账户余额、存款余额、现金、股票市值、债券价值、基金价值、衍生品市值、理财产品价值、非人民币资产、黄金价值、其他金融资产和借出款加总得到，并以对数形式进入模型。

（2）家庭金融资产多样性

家庭金融资产多样性以持有无风险性金融资产（现金、存款）和风险性金融资产（股票、基金、理财产品、黄金、非人民币资产）的种类来衡量，取值0~7。

2. 家庭金融知识

家庭金融知识作为我们研究的机制变量，以利率计算、通货膨胀理解和投资风险等四个衡量家庭金融知识的提取变量[1]加总得到的新变量作为代理变量。

---

① CHFS 问卷中涉及的4个问题分别是问题1：假设银行的年利率是4%，如果把100元钱存1年定期，1年后获得的本金和利息是？问题2：假设银行的年利率是5%，通货膨胀率每年是8%，把100元钱存银行一年之后能够买到的东西是？问题3：您认为一般而言，主板股票和创业板股票哪个风险更大？问题4：您认为一般而言，保险型基金和偏债型基金哪个风险更大？

3. 风险偏好

风险偏好也是我们关注的机制变量，借鉴张号栋和尹志超（2016）的做法，我们将衡量风险态度的提取变量[1]进行重新编码，并将得到的新变量作为代理变量。

（三）数据

我们使用的第一部分数据主要源于中国家庭金融调查（CHFS）数据库2019年的数据，该数据集覆盖全国29个省（自治区、直辖市），343个县（县级市、旗、市辖区等），1360个村（居）委会，样本规模达34643户，数据具有全国代表性。

我们按照通行的方法对家庭数据进行处理：（1）删除了无法识别的样本，如省份编码、社区编码、城乡编码、家庭编码、个体编码等标识变量缺失的样本；（2）以家庭为研究对象，并将户主年龄限定在22~70岁。最终获得18690个有效样本。

第二部分数据是地区层面的中国数字普惠金融指数。该指数采用了蚂蚁金服的交易账户大数据，由北京大学数字金融研究中心和蚂蚁金服集团共同编制（郭峰等，2020），是涉及省、市、县三级的年度数据，已经被广泛认可并应用于分析中国数字金融发展中，具有相当的代表性和可靠性。

表11-1报告了主要变量的描述性统计结果。

表11-1 主要变量的描述性统计

变量	观测值	均值	标准差	最小值	最大值
家庭金融资产规模	18,690	9.9607	2.6612	0	16.1221
家庭金融资产多样性	18,690	1.7658	0.7763	0	7

---

[1] CHFS问卷中衡量风险态度的问题是：如果你有一笔资产，将选择哪种投资项目？ 1. 高风险、高回报项目；2. 略高风险、略高回报项目；3. 平均风险、平均回报项目；4. 略低风险、略低回报项目；5. 不愿意承担任何风险。我们将选项1重新赋值为3，定义为风险偏好；选项2、3和4重新赋值为2，定义为风险中性；选项5重新赋值为1，定义为风险厌恶。

变量	观测值	均值	标准差	最小值	最大值
数字金融发展	18,690	321.69	29.16	282.65	410.28
覆盖广度	18,690	305.22	26.37	271.14	384.66
使用深度	18,690	311.12	43.05	241.55	439.91
数字化程度	18,690	395.32	21.68	362.35	462.23
家庭收入	18,690	10.7129	1.4041	−1.8938	16.3106
家庭负债（有负债=1）	18,690	0.4456	0.497	0	1
户籍（农村=1）	18,690	0.4139	0.4925	0	1
年龄	18,690	54.7607	9.9352	22	70
性别（男性=1）	18,690	0.8012	0.3991	0	1
健康状况	18,690	2.6652	0.9874	1	5
受教育年限	18,690	11.5042	3.816	0	22
风险偏好	15,663	1.4614	0.5629	1	3
金融知识	18,690	0.609	0.8356	0	4
区域	18,690	1.9035	0.8381	1	3
城市规模	18,690	2.4009	0.8423	1	3
住房数量	18,690	1.2479	0.5523	1	21

四、数字金融发展与家庭金融资产配置：实证分析

接下来，我们着重考察数字金融发展与家庭金融资产配置的关系，在基准分析之后，进行内生性讨论和稳健性分析。

（一）数字金融发展与家庭金融资产配置

我们根据模型（11-1），考察数字金融发展对家庭金融资产配置的影响。在所有的回归分析中，我们控制了户主特征、家庭特征两类控制变量。

首先，我们利用 Tobit 模型检验数字金融发展与家庭金融资产配置的关系，如表11-2所示。其中，第（1）列报告了基于家庭金融资产规模的估计结果。结果显示，数字金融发展的估计系数为正，且在1%的水平上通过了显著性检验，说明数字金融发展有利于家庭金融市场参与。第（2）列报告了基于家庭金融资产多样性的估计结果。结果显示，数字金融发展的估计系数为正，且在1%的水平上通过了显著性检验，说明数字金融发展有助于促进家庭金融资产组合的多样性，提升资产配置的有效性。

表11-2　数字金融发展与家庭金融资产配置：基准分析

被解释变量	家庭金融资产规模	家庭金融资产多样性
	(1)	(2)
数字金融发展	0.9018***	0.2449***
	(15.3114)	(12.5001)
家庭收入	0.6335***	0.1230***
	(48.9121)	(28.5151)
户籍	−1.0441***	−0.1900***
	(−28.7873)	(−15.7334)

续表

被解释变量	家庭金融资产规模	家庭金融资产多样性
	(1)	(2)
家庭负债	−0.4766***	−0.0563***
	(−13.6474)	(−4.8475)
性别	−0.0637	−0.0367**
	(−1.5055)	(−2.6017)
年龄	−0.0152***	−0.0037***
	(−8.2556)	(−6.0364)
健康状况	−0.3390***	−0.0385***
	(−18.8355)	(−6.4187)
受教育年限	0.0624***	0.0166***
	(13.8458)	(11.0694)
样本量	18,690	18,690
Pseudo R^2	0.0719	0.0546

注：1）括号内为 t 值；2）*、** 和 *** 分别表示在 10%、5% 和 1% 的水平上显著。

接下来，我们进一步分析数字金融不同维度的影响。

表11-3报告了数字金融不同维度与家庭金融资产配置的关系。结果显示，数字金融的覆盖广度、使用深度和数字化程度均显著促进了家庭金融资产规模增长和金融资产多样性的增加。从估计系数取值来看，覆盖广度和数字化程度对家庭金融配置的影响更大。

从控制变量来看，家庭收入、受教育年限对家庭金融资产规模和资产多样性的影响显著为正，表明家庭的金融资产配置会随着收入水平的提高和人力资本的积累而改变。户籍身份对家庭金融资产配置的影响显著为负，表明相较于城镇家庭，农村家庭金融资产配置规模更小，资产配置结构更单一。可能的原因在于，城镇家庭通常拥有更高的收入、更好的财富积累，以及更丰富的金融知识与金融素养，因而有更强的风险承担能力和应对市场变化的能力。家庭负债对家庭金融资产配置的影响显著为负，表明家庭持有负债对金融资产配置具有挤出效应。此外，年龄和健康的估计系数显著为负，表明年龄的增长、健康水平的下降会使家庭减少金融资产，特别是减少风险资产。

表11-3　数字金融发展不同维度与家庭金融资产配置的关系

被解释变量	家庭金融资产规模			家庭金融资产多样性		
	(1)	(2)	(3)	(4)	(5)	(6)
覆盖广度	1.0030***			0.2612***		
	(15.4322)			(12.0771)		
使用深度		0.5586***			0.1576***	
		(14.0249)			(11.9021)	
数字化程度			1.0273***			0.2926***
			(13.0077)			(11.1492)
家庭收入	0.6349***	0.6365***	0.6401***	0.1237***	0.1235***	0.1245***
	(49.0845)	(49.1155)	(49.4301)	(28.6994)	(28.6429)	(28.8955)
户籍	−1.0406***	−1.0553***	−1.0596***	−0.1897***	−0.1926***	−0.1937***
	(−28.6789)	(−29.1009)	(−29.2038)	(−15.6953)	(−15.9604)	(−16.0473)
家庭负债	−0.4810***	−0.4797***	−0.4816***	−0.0580***	−0.0568***	−0.0572***
	(−13.7842)	(−13.7204)	(−13.7640)	(−4.9875)	(−4.8828)	(−4.9188)
性别	−0.0709	−0.0622	−0.0622	−0.0388**	−0.0360*	−0.0359*
	(−1.6752)	(−1.4675)	(−1.4654)	(−2.7525)	(−2.5521)	(−2.5451)
年龄	−0.0150***	−0.0149***	−0.0148***	−0.0036***	−0.0036***	−0.0036***
	(−8.1564)	(−8.1179)	(−8.0321)	(−5.9114)	(−5.9664)	(−5.9045)
健康状况	−0.3360***	−0.3430***	−0.3434***	−0.0378***	−0.0395***	−0.0396***
	(−18.6615)	(−19.0439)	(−19.0541)	(−6.3015)	(−6.5884)	(−6.6033)

续表

被解释变量	家庭金融资产规模			家庭金融资产多样性		
	(1)	(2)	(3)	(4)	(5)	(6)
受教育水平	0.0629***	0.0624***	0.0630***	0.0168***	0.0166***	0.0168***
	(13.9625)	(13.8164)	(13.9484)	(11.1764)	(11.0335)	(11.1444)
样本量	18,690	18,690	18,690	18,690	18,690	18,690
Pseudo R^2	0.0719	0.0714	0.0711	0.0544	0.0543	0.0539

注：1）括号内为 t 值；2）*、** 和 *** 分别表示在 10%、5% 和 1% 的水平上显著。

（二）稳健性检验

为了增加基准结论的可靠性，我们将实证模型更换为线性模型，来解决模型可能存在的设定偏误问题。具体而言，被解释变量中取值为 0 的样本相对较少（小于总样本的 1%），因此，我们采用最小二乘估计方法对模型（11-1）进行再估计，结果如表 11-4 所示。

结果显示，数字金融发展与其不同维度指数的估计系数均显著为正，与 Tobit 模型的估计结果一致，说明基准结果稳健。

（三）内生性问题

数字金融发展与家庭金融资产配置之间的关系可能受内生性的影响，从而导致估计系数的偏误。我们将数字金融发展指数滞后一期处理，来削弱模型可能存在的双向因果问题。在此基础上，我们对模型（11-1）进行再估计，结果如表 11-5 所示。

结果显示，滞后一期的数字金融发展的估计系数为正，且在 1% 的水平上通过了显著性检验，表明数字金融发展有助于促进家庭财富增长，优化家庭金融资产配置。

表11—4　稳健性检验：模型设定

被解释变量	家庭金融资产多样性				家庭金融资产规模			
	(1)	(2)	(3)	(4)	(5)	(6)	(7)	(8)
数字金融发展	0.2430*** (11.0972)				0.8952*** (16.2492)			
覆盖广度		0.2600*** (10.9118)				0.9985*** (16.5126)		
使用深度			0.1558*** (10.6845)				0.5527*** (14.5420)	
数字化程度				0.2901*** (9.9749)				1.0180*** (13.7122)
家庭收入	0.1186*** (24.5970)	0.1193*** (24.8112)	0.1192*** (24.6023)	0.1201*** (24.8054)	0.6275*** (34.2805)	0.6288*** (34.3992)	0.6305*** (34.3483)	0.6340*** (34.5253)
家庭负债	−0.0527*** (−4.7529)	−0.0543*** (−4.8999)	−0.0532*** (−4.7932)	−0.0536*** (−4.8257)	−0.4705*** (−13.7403)	−0.4748*** (−13.8727)	−0.4737*** (−13.8104)	−0.4755*** (−13.8598)

续表

被解释变量	家庭金融资产多样性				家庭金融资产规模			
	(1)	(2)	(3)	(4)	(5)	(6)	(7)	(8)
户籍	-0.1844***	-0.1840***	-0.1870***	-0.1880***	-1.0388***	-1.0351***	-1.0500***	-1.0542***
	(-17.2876)	(-17.2451)	(-17.5373)	(-17.6281)	(-26.9794)	(-26.8573)	(-27.2739)	(-27.3810)
性别	-0.0370**	-0.0391**	-0.0364*	-0.0363*	-0.0634	-0.0704	-0.0619	-0.0618
	(-2.5931)	(-2.7381)	(-2.5469)	(-2.5375)	(-1.5907)	(-1.7684)	(-1.5529)	(-1.5487)
年龄	-0.0034***	-0.0033***	-0.0033***	-0.0033***	-0.0148***	-0.0146***	-0.0145***	-0.0144***
	(-5.7284)	(-5.6098)	(-5.6483)	(-5.5884)	(-8.2353)	(-8.1485)	(-8.0851)	(-8.0060)
健康状况	-0.0358***	-0.0351***	-0.0368***	-0.0369***	-0.3358***	-0.3327***	-0.3397***	-0.3402***
	(-6.3544)	(-6.2272)	(-6.5355)	(-6.5488)	(-18.4363)	(-18.2545)	(-18.6460)	(-18.6621)
受教育年限	0.0161***	0.0163***	0.0161***	0.0162***	0.0619***	0.0624***	0.0618***	0.0625***
	(11.3776)	(11.4900)	(11.3421)	(11.4593)	(12.7583)	(12.8557)	(12.7422)	(12.8578)
样本量	18,690	18,690	18,690	18,690	18,690	18,690	18,690	18,690
R^2	0.1268	0.1263	0.1260	0.1252	0.2984	0.2986	0.2969	0.2959

注：1）括号内为 t 值；2）*、** 和 *** 分别表示在 10%、5% 和 1% 的水平上显著。

241

表11-5 数字金融发展与家庭金融资产配置：滞后一期

被解释变量	家庭金融规模	家庭金融多样性
	(1)	(2)
数字金融发展滞后一期	0.9472***	0.2749***
	(14.3860)	(12.5609)
家庭收入	0.6363***	0.1233***
	(49.1295)	(28.6027)
户籍	−1.0475***	−0.1900***
	(−28.8619)	(−15.7332)
家庭负债	−0.4807***	−0.0568***
	(−13.7571)	(−4.8865)
性别	−0.0655	−0.0367**
	(−1.5472)	(−2.6087)
年龄	−0.0150***	−0.0037***
	(−8.1421)	(−6.0172)
健康状况	−0.3407***	−0.0388***
	(−18.9187)	(−6.4713)
受教育年限	0.0625***	0.0166***
	(13.8529)	(11.0506)
样本量	18,690	18,690
Pseudo R^2	0.0716	0.0546

注：1）括号内为 t 值；2）*、** 和 *** 分别表示在 10%、5% 和 1% 的水平上显著。

表11-6进一步报告了滞后一期的数字金融发展不同维度指数的估计结果。结果显示，滞后一期的数字金融覆盖广度、使用深度和数字化程度的估计系数均为正，且均在1%的水平上通过了显著性检验，表明数字金融发展确实显著促进了家庭金融资产参与的广度与深度。

综上，稳健性分析结果与基准结果基本一致，进一步证明了基准估计结果的可靠性。

表11-6　数字金融发展不同维度与家庭金融资产配置：滞后一期

被解释变量	家庭金融资产规模			家庭金融资产多样性		
	(1)	(2)	(3)	(4)	(5)	(6)
覆盖广度滞后一期	1.0718***			0.2895***		
	(14.8890)			(12.0928)		
使用深度滞后一期		0.5678***			0.1810***	
		(12.7799)			(12.2657)	
数字化程度滞后一期			0.1731***			0.0548***
			(6.1296)			(5.8466)
家庭收入	0.6360***	0.6404***	0.6566***	0.1237***	0.1238***	0.1290***
	(49.1481)	(49.4324)	(50.8267)	(28.7068)	(28.7556)	(30.0492)
户籍	−1.0406***	−1.0595***	−1.1034***	−0.1891***	−0.1923***	−0.2063***
	(−28.6558)	(−29.1934)	(−30.3992)	(−15.6435)	(−15.9456)	(−17.1051)
家庭负债	−0.4831***	−0.4852***	−0.5102***	−0.0582***	−0.0572***	−0.0652***
	(−13.8388)	(−13.8701)	(−14.5645)	(−5.0066)	(−4.9204)	(−5.6022)
性别	−0.0711	−0.0650	−0.0883*	−0.0387**	−0.0360*	−0.0434**
	(−1.6809)	(−1.5325)	(−2.0752)	(−2.7466)	(−2.5525)	(−3.0710)
年龄	−0.0148***	−0.0146***	−0.0132***	−0.0036***	−0.0036***	−0.0032***
	(−8.0866)	(−7.9591)	(−7.1573)	(−5.8934)	(−5.9535)	(−5.1834)
健康状况	−0.3367***	−0.3452***	−0.3472***	−0.0379***	−0.0400***	−0.0406***
	(−18.6955)	(−19.1553)	(−19.1987)	(−6.3144)	(−6.6753)	(−6.7607)
受教育水平	0.0629***	0.0627***	0.0648***	0.0168***	0.0166***	0.0173***
	(13.9440)	(13.8729)	(14.3134)	(11.1520)	(11.0327)	(11.4633)

被解释变量	家庭金融资产规模			家庭金融资产多样性		
	(1)	(2)	(3)	(4)	(5)	(6)
样本量	18,690	18,690	18,690	18,690	18,690	18,690
Pseudo R^2	0.0717	0.0711	0.0697	0.0544	0.0545	0.0519

注：1）括号内为 t 值；2）*、** 和 *** 分别表示在 10%、5% 和 1% 的水平上显著。

五、数字金融发展对家庭金融资产配置的异质性影响

本节从区域、城市等级、城乡，以及家庭财富四个角度出发，探讨数字金融发展对家庭金融资产规模和资产多样性的异质性影响。

（一）区域的异质性

为了探究数字金融发展对居民家庭金融资产配置是否具有区域异质性影响，我们将总样本划分为东部地区、中部地区和西部地区三组，分别估计模型（11-1）。

回归结果见表11-7。表11-7第（1）至（3）列报告了基于家庭金融资产规模的估计结果。研究发现，东部地区和中部地区数字金融发展的估计系数均为正，且在1%的水平上通过了显著性检验，表明相较于西部地区，数字金融发展对东部地区和中部地区家庭金融资产规模的促进作用更大。

表11-7第（4）至（6）列报告了基于家庭金融资产多样性的估计结果。研究发现，数字金融发展的估计系数均显著为正，这说明数字金融发展对不同地区家庭金融资产多样性均具有促进作用，其中，对东部和中部地区家庭的促进作用更强。

可能的原因在于，西部地区的网络基础设施建设相对薄弱，使西部地区居民无法充分共享数字金融发展带来的红利，从而限制了数字金融发展对家

庭资产配置的优化作用。

表11-7 数字金融发展与家庭金融资产配置：区域的异质性

被解释变量	家庭金融资产规模			家庭金融资产多样性		
	(1)	(2)	(3)	(4)	(5)	(6)
	东部	中部	西部	东部	中部	西部
数字金融发展	0.5335***	1.7335***	0.0403	0.2066***	0.3340***	0.1748*
	(6.8592)	(8.7010)	(0.1636)	(7.0356)	(5.3834)	(2.4360)
家庭收入	0.6260***	0.6626***	0.6052***	0.1455***	0.1234***	0.0913***
	(31.8888)	(24.2161)	(27.6910)	(19.6033)	(14.4677)	(14.3452)
家庭负债	−0.3097***	−0.6388***	−0.5014***	−0.0278	−0.1207***	−0.0447*
	(−5.7382)	(−9.4295)	(−8.0921)	(−1.3626)	(−5.7248)	(−2.4763)
户籍	−1.0322***	−0.9056***	−1.1617***	−0.2119***	−0.2056***	−0.1286***
	(−18.1063)	(−13.1914)	(−18.0428)	(−9.8345)	(−9.6196)	(−6.8592)
性别	−0.1705**	−0.0979	0.0655	−0.0552*	−0.0522*	0.0014
	(−2.6973)	(−1.1923)	(0.8423)	(−2.3147)	(−2.0420)	(0.0614)
年龄	−0.0089**	−0.0247***	−0.0140***	−0.0020*	−0.0064***	−0.0024*
	(−3.2883)	(−6.5745)	(−4.2124)	(−1.9782)	(−5.4838)	(−2.4869)
健康状况	−0.3536***	−0.3391***	−0.2790***	−0.0279**	−0.0468***	−0.0387***
	(−12.7671)	(−9.9891)	(−8.4818)	(−2.6676)	(−4.4263)	(−4.0352)
受教育水平	0.0738***	0.0556***	0.0586***	0.0283***	0.0103***	0.0115***
	(9.7136)	(6.2843)	(8.0902)	(9.8346)	(3.7189)	(5.4480)
样本量	7,553	5,388	5,749	7,553	5,388	5,749
Pseudo R^2	0.0734	0.0599	0.0653	0.0569	0.0517	0.0403

注：1）括号内为 t 值；2）*、** 和 *** 分别表示在 10%、5% 和 1% 的水平上显著。

（二）城市等级的异质性

为了研究数字金融发展对居民家庭金融资产配置的影响是否存在城市异质性，我们按照城市等级将样本分为一线（含新一线）城市、二线城市、三线及以下城市三组，分别估计模型（11-1）。

回归结果见表11-8。表11-8第（1）至（3）列报告了基于家庭金融资产规模的估计结果。研究发现，对于不同等级的城市，数字金融发展的估计系数均显著为正，表明数字金融发展能够有效促进家庭金融资产规模增加，特别是对一线城市和二线城市的家庭。

表11-8第（4）至（6）列报告了基于家庭金融资产多样性的估计结果。研究发现，对于一线城市和二线城市，数字金融发展的估计系数均显著为正，表明数字金融发展对一线城市和二线城市家庭金融资产多样性的提升作用明显，对三线及以下城市的影响相对有限。

表11-8 数字金融发展与家庭金融资产配置：城市等级的异质性

被解释变量	家庭金融资产规模			家庭金融资产多样性		
	(1)	(2)	(3)	(4)	(5)	(6)
	一线	二线	三线及以下	一线	二线	三线及以下
数字金融发展	0.7775***	1.0482***	0.3026**	0.1601***	0.2755***	0.0091
	(9.3542)	(5.3425)	(2.9983)	(4.3153)	(4.2409)	(0.3075)
家庭收入	0.5712***	0.7133***	0.5993***	0.1477***	0.1349***	0.0980***
	(23.7466)	(17.0859)	(36.5732)	(13.7518)	(9.7434)	(20.4713)
家庭负债	−0.2033**	−0.5100***	−0.5608***	−0.0164	−0.0649	−0.0808***
	(−3.1146)	(−4.8902)	(−12.6566)	(−0.5621)	(−1.8800)	(−6.2425)
户籍	−1.0122***	−1.1081***	−0.9114***	−0.3102***	−0.2688***	−0.1156***
	(−12.7101)	(−9.9226)	(−20.4331)	(−8.7142)	(−7.2589)	(−8.8753)
性别	−0.0307	−0.3589**	0.1051	−0.0523	−0.1302***	0.0335*
	(−0.4535)	(−3.0433)	(1.8015)	(−1.7327)	(−3.3365)	(1.9646)

被解释变量	家庭金融资产规模			家庭金融资产多样性		
	(1)	(2)	(3)	(4)	(5)	(6)
	一线	二线	三线及以下	一线	二线	三线及以下
年龄	−0.0054	−0.0138*	−0.0182***	0.0050***	−0.0043*	−0.0060***
	(−1.7168)	(−2.5456)	(−7.5084)	(3.5472)	(−2.3903)	(−8.5483)
健康状况	−0.2074***	−0.4298***	−0.3442***	−0.0055	−0.0397*	−0.0455***
	(−6.0300)	(−7.7248)	(−15.2771)	(−0.3562)	(−2.1510)	(−6.9059)
受教育水平	0.0928***	0.0546***	0.0517***	0.0412***	0.0170***	0.0093***
	(9.8473)	(3.7879)	(9.4232)	(9.7630)	(3.5570)	(5.7950)
样本量	4,385	2,427	1,1878	4,385	2,427	1,1878
Pseudo R^2	0.0751	0.0673	0.0549	0.0510	0.0556	0.0398

注：1）括号内为 t 值；2）*、** 和 *** 分别表示在 10%、5% 和 1% 的水平上显著。

（三）城乡的异质性

为了探究数字金融发展对居民家庭金融资产配置的影响是否存在城乡异质性，我们进一步将样本分为城镇家庭和农村家庭两组，分别估计模型（11-1）。

回归结果见表11-9。表11-9第（1）至（2）列报告了基于家庭金融资产规模的估计结果。研究发现，数字金融发展的估计系数均显著为正，表明数字金融发展能够有效促进城镇家庭和农村家庭金融资产规模增加。

表11-9第（3）至（4）列报告了基于家庭金融资产多样性的估计结果。研究发现，对于城镇家庭，数字金融发展的估计系数显著为正，表明数字金融发展对城镇家庭金融资产多样性的提升作用明显，对农村家庭的影响则相对有限。

可能的原因在于，城镇家庭数字鸿沟的存在使得农村家庭更难获得数字技术发展带来的经济机会。

表11-9　数字金融发展与家庭金融资产配置：城乡的异质性

被解释变量	家庭金融资产规模		家庭金融资产多样性	
	(1)	(2)	(3)	(4)
	农村	城镇	农村	城镇
数字金融发展	1.0065***	0.8260***	0.0564	0.3045***
	(8.8358)	(12.3248)	(1.8026)	(12.1785)
家庭收入	0.6085***	0.6271***	0.0911***	0.1350***
	(28.0623)	(39.2530)	(15.2856)	(22.6247)
家庭负债	−0.6926***	−0.3402***	−0.0825***	−0.0451**
	(−12.1096)	(−7.7952)	(−5.2494)	(−2.7714)
性别	0.2253**	−0.1497**	0.0829***	−0.0722***
	(2.7318)	(−3.1195)	(3.6536)	(−4.0315)
年龄	−0.0284***	−0.0049*	−0.0080***	−0.0005
	(−8.6064)	(−2.2278)	(−8.8223)	(−0.6481)
健康状况	−0.3299***	−0.3200***	−0.0420***	−0.0294***
	(−11.6612)	(−13.7803)	(−5.3929)	(−3.3870)
受教育水平	0.0146*	0.1155***	0.0005	0.0335***
	(2.2122)	(18.3098)	(0.2716)	(14.2150)
样本量	7,735	10,955	7,735	10,955
Pseudo R^2	0.0406	0.0595	0.0300	0.0459

注：1）括号内为 t 值；2）*、** 和 *** 分别表示在10%、5%和1%的水平上显著。

（四）家庭财富的异质性

家庭金融理论一般认为拥有房产会对风险资产的持有产生挤出效应和资产配置效应（吴卫星等，2014）。我们进一步将样本分为无房产、拥有1套房产及多套房产三组，分别估计模型（11-1）。

　　回归结果见表11-10。表11-10第（1）至（3）列报告了基于家庭金融资产规模的估计结果。研究发现，数字金融发展的估计系数均显著为正，表明数字金融发展会显著促进家庭的金融参与。

　　表11-10第（4）至（6）列报告了基于家庭金融资产多样性的估计结果。研究发现，数字金融发展的估计系数均显著为正，表明数字金融发展同样会提升家庭的金融资产多样性。

表11-10　数字金融发展与家庭金融资产配置：家庭财富的异质性

被解释变量	家庭金融资产规模			家庭金融资产多样性		
	(1)	(2)	(3)	(4)	(5)	(6)
	无房产	1套房产	多套房产	无房产	1套房产	多套房产
数字金融发展	0.9884***	0.8901***	0.5676***	0.2771***	0.2102***	0.2116***
	(11.0955)	(9.0999)	(4.8125)	(9.6582)	(6.9076)	(3.9600)
家庭收入	0.6669***	0.5399***	0.6237***	0.1195***	0.1017***	0.1471***
	(31.7093)	(27.5696)	(20.2210)	(17.6237)	(16.6775)	(10.5109)
家庭负债	−0.6011***	−0.6052***	−0.1161	−0.0833***	−0.0637***	−0.0488
	(−10.7483)	(−11.1629)	(−1.5502)	(−4.6221)	(−3.7749)	(−1.4390)
户籍	−1.0902***	−0.9110***	−1.2081***	−0.2047***	−0.1449***	−0.2785***
	(−19.3947)	(−16.2201)	(−14.1026)	(−11.2981)	(−8.2851)	(−7.1710)
性别	0.0339	−0.1012	−0.2023*	−0.0199	−0.0328	−0.0773
	(0.5059)	(−1.5292)	(−2.3039)	(−0.9227)	(−1.5907)	(−1.9421)
年龄	−0.0183***	−0.0217***	0.0016	−0.0060***	−0.0042***	0.0007
	(−5.9703)	(−7.8462)	(0.4152)	(−6.0666)	(−4.9103)	(0.4209)
健康状况	−0.3504***	−0.3044***	−0.3085***	−0.0491***	−0.0352***	0.0025
	(−12.3975)	(−10.9421)	(−7.7821)	(−5.3932)	(−4.0598)	(0.1414)

续表

被解释变量	家庭金融资产规模			家庭金融资产多样性		
	(1)	(2)	(3)	(4)	(5)	(6)
	无房产	1套房产	多套房产	无房产	1套房产	多套房产
受教育水平	0.0530***	0.0623***	0.0795***	0.0146***	0.0123***	0.0358***
	(7.6454)	(8.9810)	(7.3621)	(6.5188)	(5.7117)	(7.3150)
样本量	7,471	8,401	2,815	7,471	8,401	2,815
Pseudo R^2	0.0043	0.1038	0.0222	0.0765	0.0337	0.0666

注：1）括号内为 t 值；2）*、** 和 *** 分别表示在 10%、5% 和 1% 的水平上显著。

六、数字金融发展影响家庭金融资产配置的机制分析

上文研究结论表明数字金融发展显著优化了家庭金融资产配置，那么数字金融发展是如何影响家庭金融资产配置的呢？本节试图从居民金融知识和风险偏好两方面进行探讨。

在基准回归的基础上，进一步构建中介效应模型：

$$Interm_{ij} = \beta_0 + \beta_1 DF_j + \delta X_{ij} + \mu_{ij} \qquad (11-2)$$

$$Assets_{ij} = \gamma_0 + \gamma_1 DF_j + \gamma_2 Interm_{ij} + \delta X_{ij} + \mu_{ij} \qquad (11-3)$$

这两个式子中，$Interm_{ij}$ 为中介变量，包括居民金融知识和风险偏好。

（一）基于金融知识的考察

金融知识的获取对家庭金融资产投资效率发挥着关键的作用。

表 11-11 报告了以金融知识为中介变量的估计结果。其中，第（1）和（2）列报告了数字金融发展对金融知识的影响。结果显示，数字金融发展的估计

系数为正，且在1%的水平上显著，表明数字金融发展提高了居民金融知识储备。

第（3）和（4）列报告了基于家庭金融资产规模的中介效应模型估计结果。结果显示，金融知识对家庭金融资产规模的估计系数为正，且在1%的水平上显著，表明金融知识的增加有助于扩大家庭金融资产规模。因而，数字金融能够通过影响金融知识，对家庭金融资产规模产生影响。

第（5）和（6）列报告了基于家庭金融资产多样性的中介效应模型估计结果。结果显示，金融知识对家庭金融资产多样性的估计系数为正，且在1%的水平上显著，表明金融知识的增加有助于提升家庭金融资产多样性。因而，数字金融能够通过影响金融知识储备，对家庭金融资产组合多样性产生影响。

我们采用了Sobel标准误对间接效应进行统计检验，见表11-12。结果显示，检验统计量的P值小于0.05，拒绝原假设。因此，金融知识的中介效应成立，且中介效应占总效应的比例分别为18.10%和25.77%。

表11-11　数字金融发展、金融知识与家庭金融资产配置

被解释变量	金融知识		家庭金融资产规模		家庭金融资产多样性	
	(1)	(2)	(3)	(4)	(5)	(6)
数字金融发展	0.4328***	0.2645***	1.3858***	0.7388***	0.2823***	0.1813***
	(20.8842)	(13.3484)	(21.8491)	(12.7708)	(14.7323)	(9.5110)
金融知识			1.0999***	0.6152***	0.3184***	0.2400***
			(49.7058)	(28.9408)	(47.6381)	(34.2914)
家庭收入		0.1039***		0.5694***		0.0978***
		(23.8560)		(44.2996)		(23.0789)
家庭负债		0.0222		−0.4901***		−0.0615***
		(1.8920)		(−14.3535)		(−5.4656)

被解释变量	金融知识		家庭金融资产规模		家庭金融资产多样性	
	(1)	(2)	(3)	(4)	(5)	(6)
户籍		−0.2864***		−0.8677***		−0.1208***
		(−23.4768)		(−24.1191)		(−10.1830)
性别		−0.0343*		−0.0426		−0.0285*
		(−2.4105)		(−1.0302)		(−2.0903)
年龄		−0.0088***		−0.0098***		−0.0016**
		(−14.1855)		(−5.4043)		(−2.6411)
健康状况		−0.0312***		−0.3197***		−0.0309***
		(−5.1520)		(−18.1576)		(−5.3147)
受教育水平		0.0245***		0.0473***		0.0107***
		(16.1855)		(10.6545)		(7.3025)
样本量	18,690	18,690	18,690	18,690	18,690	18,690
Pseudo R^2/R^2	0.0228	0.1590	0.0342	0.0810	0.0565	0.0796

注：1）括号内为 t 值；2）*、** 和 *** 分别表示在 10%、5% 和 1% 的水平上显著。

表 11-12　中介效应检验：金融知识

被解释变量	家庭金融资产规模	家庭金融资产多样性
	(1)	(2)
间接（中介）效应	0.1621***	0.0626***
置信区间	[0.1347, 0.1894]	[0.0514, 0.0738]
直接效应	0.7331***	0.1803***
置信区间	[0.6231, 0.8431]	[0.1381, 0.2226]
样本量	18,690	18,690

（二）基于风险偏好的考察

风险偏好是决定家庭投资决策的关键因素之一。随着数字金融的发展，居民对风险的主观与客观偏好程度都有所增长。

表11-13报告了以风险偏好为中介变量的估计结果。其中，第（1）和（2）列报告了数字金融发展对风险偏好的影响。结果显示，数字金融发展的估计系数为正，且在1%的水平上显著，表明数字金融发展提高了居民的风险偏好。

第（3）和（4）列报告了基于家庭金融资产规模的中介效应模型估计结果。结果显示，风险偏好对家庭金融资产规模的估计系数为正，且在1%的水平上显著，表明风险偏好的增加有助于扩大家庭金融资产规模。因而，数字金融能够通过影响风险偏好，对家庭金融资产规模产生影响。

第（5）和（6）列报告了基于家庭金融资产多样性的中介效应模型估计结果。结果显示，风险偏好对家庭金融资产多样性的估计系数为正，且在1%的水平上显著，表明风险偏好的增加有助于提升家庭金融资产多样性。因而，数字金融能够通过提升风险偏好程度，对家庭金融资产组合多样性产生影响。

我们采用了Sobel标准误对间接效应进行统计检验，见表11-14。结果显示，检验统计量的P值小于0.05，拒绝原假设。因此，风险偏好的中介效应成立，且中介效应占总效应的比例分别为3.59%和6.02%。

表11-13　数字金融发展、风险偏好与家庭金融资产配置

被解释变量	风险偏好		家庭金融资产规模		家庭金融资产多样性	
	(1)	(2)	(3)	(4)	(5)	(6)
数字金融发展	0.1067***	0.0731***	1.7302***	0.8798***	0.4072***	0.2425***
	(0.015)	(0.015)	(0.067)	(0.060)	(0.021)	(0.021)
风险偏好			0.9175***	0.4481***	0.3034***	0.2167***
			(0.036)	(0.033)	(0.011)	(0.011)

续表

被解释变量	风险偏好		家庭金融资产规模		家庭金融资产多样性	
	(1)	(2)	(3)	(4)	(5)	(6)
家庭收入		0.0413***		0.6028***		0.1207***
		(0.003)		(0.014)		(0.005)
家庭负债		0.0756***		−0.4854***		−0.0778***
		(0.009)		(0.037)		(0.013)
户籍		−0.0931***		−1.0000***		−0.1797***
		(0.009)		(0.038)		(0.013)
性别		0.0180*		−0.0660		−0.0478***
		(0.011)		(0.044)		(0.015)
年龄		−0.0110***		−0.0071***		−0.0005
		(0.000)		(0.002)		(0.001)
健康状况		−0.0151***		−0.3200***		−0.0310***
		(0.005)		(0.019)		(0.007)
受教育水平		0.0042***		0.0596***		0.0174***
		(0.001)		(0.005)		(0.002)
样本量	15,663	15,663	15,663	15,663	15,663	15,663
Pseudo R^2/R^2	0.003	0.098	0.0180	0.0761	0.0290	0.0660

注：1）括号内为 t 值；2）*、** 和 *** 分别表示在 10%、5% 和 1% 的水平上显著。

表11-14　中介效应检验：风险偏好

被解释变量	家庭金融资产规模	家庭金融资产多样性
	(1)	(2)
间接（中介）效应	0.0326***	0.0154***
置信区间	[0.0195, 0.0456]	[0.0091, 0.0218]
直接效应	0.8738***	0.2413***
置信区间	[0.7643, 0.9833]	[0.1930, 0.2895]
样本量	15,663	15,663

七、小结

本章基于中国家庭金融调查数据和北京大学中国数字普惠金融指数，从微观视角探究数字金融发展与家庭金融资产配置的关系。研究发现，数字金融发展不仅扩大了家庭金融资产规模，还提高了家庭金融资产投资组合多样性。在进行稳健性检验之后，基准结论依然成立。

从异质性分析的结果来看，数字金融发展对家庭金融资产配置的优化作用在我国东中部地区、一二线城市、城镇家庭中更为明显。

从机制分析的结果来看，数字金融发展主要通过拓展金融知识获取的渠道和提升风险偏好等路径优化家庭金融资产配置。

第十二章

数字金融发展与家庭金融脆弱性

家庭金融脆弱性直接影响居民的福利水平。本章讨论数字金融发展在家庭应对不确定性冲击中的作用。研究发现，数字金融发展有助于提升家庭应对不确定性冲击的能力，缓解不确定性冲击对当期家庭收入和金融资产的不利影响，增进家庭福祉。但是，数字金融的非均衡发展，在一定程度上限制了数字金融调节功能的发挥。

一、引言

近年来，全球宏观形势复杂严峻，不稳定性不确定性因素增多，经济下行压力持续加大。疫情冲击、全球性通货膨胀、地缘政治冲突等多重因素叠加，进一步加大了中国经济发展的不确定性。这种不确定性可能是阶段性、暂时性的，但是已形成全局性的、系统性的冲击。经济发展的不确定性使经济中原有的脆弱性和结构性扭曲加速暴露（中国人民银行国际司青年课题组，2020）。

自金融危机以来，家庭部门杠杆率持续攀升，不仅扩大了家庭财务风险敞口，而且信用风险还可能通过家庭的金融行为进一步传至宏观经济和金融系统中，甚至引发新一轮的金融风险（Mian 和 Sufi，2011；Mian 等，2013；殷剑峰和王增武，2018）。特别是对于相对贫困家庭，其应对外部冲击的能力普遍较弱，外部冲击可能会加剧家庭金融的脆弱性，甚至导致家庭陷入长期贫困。因而，深入探讨提升家庭金融韧性的方法，对打赢脱贫攻坚战，实现共同富裕具有重要的现实意义和政策意义。

当下，数字金融促进包容性发展已成为重要共识。数字金融发展深刻改变着家庭的消费方式、生产方式和资源配置方式，对家庭风险分担具有重要作用。大量研究证实，数字技术变革在提升金融服务可得性、便利性、普惠性等方面发挥积极作用。数字金融发展有助于提升家庭金融资产管理能力和手段，帮助家庭建立良好的风险应对机制，进而降低不确定性风险给家庭造成的福利损失。已有文献主要聚焦于数字金融发展对家庭金融行为的直接影响，却缺乏数字金融发展与家庭金融风险应对的相关研究。

鉴于此，本章着重探讨不确定性冲击对家庭金融脆弱性的影响，重点关注数字金融发展在家庭风险应对中的作用，拓展和补充相关领域的研究。

本章力图在以下两方面有所贡献：第一，从失业冲击、收入冲击和健康冲击等多维视角构建不确定性冲击指标，更加全面地反映家庭层面不确定性冲击对家庭金融脆弱性的影响，加强研究结果的可靠性。第二，尝试从家庭风险应对的内部机制出发，探讨数字金融发展如何通过影响家庭金融行为，改善家庭福利。

二、文献综述

（一）不确定性冲击与家庭脆弱性

有学者较早关注到不确定性对家庭资产配置方面的影响，经研究表明，家庭在面临不确定性冲击时，不仅会倾向于增加预防性储蓄，还会改变不同流动性资产的配置决策（Caballero，1991）。

Rosen 和 Wu（2004）研究了健康冲击对家庭投资组合决策的影响，发现总财富水平相同的情况下，面临健康冲击的家庭持有高风险金融资产的可能性较低。Berkowitz 和 Qiu（2006）进一步指出健康冲击对家庭金融和非金融财富的影响是不对称的。突发疾病会导致金融财富的减少幅度大于非金融财富的减少幅度。张冀等（2022）发现健康冲击加大了中老年家庭金融脆弱性，尤其是对中等收入家庭和农村家庭而言。其传导机制在健康冲击降低家庭收入或增加家庭支出的方式上显著提高了中老年家庭的金融风险。

通常，当家庭面临的劳动力市场的不确定性较低时，家庭的风险规避程度会随之下降，使其更加偏向于投资风险较高的非存款类金融资产。许志伟和刘建丰（2019）发现当收入不确定性上升时，家庭会预防性地增持流动性资产，并对生产性风险资本的供给产生挤出效应，最终导致总需求变弱、经济下滑。周利等（2022）认为收入不确定性将显著加大家庭的经济脆弱性，其中，贫困家庭对收入不确定性最为敏感。相较于持久性收入不确定，暂时性收入不确定对家庭经济脆弱性的影响更大。此外，经济不确定性也会影响家庭金融参与，家庭出于预防性动机会显著降低风险资产在家庭金融资产中的比重（刘逢雨等，2019）。

（二）数字金融发展与家庭风险应对

数字金融发展极大地降低了金融服务的获取门槛、交易成本和信用风险，有效拓宽了普惠金融的服务广度和深度，为家庭平滑消费、提高风险管理和风险应对提供了重要补充。比如，移动支付技术提高了家庭金融参与的便利性，突破了时间和空间的限制，降低了交易成本，促进了家庭正规信贷的获得，进而有助于缓解家庭面临的预算约束，提高了家庭风险分担能力（Jack和Suri，2014）。普惠金融还能够为家庭提供高流动性且有收益的在线储蓄投资工具，进而提高家庭收入增长面临负向冲击时的自我保障能力（李政和李鑫，2022）。保险数字化发展拓宽了保险的销售渠道，也丰富和拓展了多元化的金融保险服务和产品，进而有助于提高家庭抵御不确定性的能力，起到平滑风险的作用（孙玉环等，2021）。

数字金融发展还能够为居民提供更为灵活的就业、创业机会，提高家庭工资性收入和经营性收入（何宗樾和宋旭光，2020）。同时，数字金融为平台经济发展提供了重要支撑，能够缓解供给与需求之间的信息不对称，降低交易成本，提高农产品的流通效率，实现丰产增收。因而，数字金融发展能够通过提高家庭收入的稳定性和长期性，来提高家庭抵御外来风险冲击的能力。

三、研究设计

（一）实证策略

为了探讨不确定性冲击对家庭金融脆弱性的影响，本节首先建立两者关系的实证模型。用 HFF_{ij} 表示 j 地区第 i 个家庭的金融脆弱性；P_{ij} 表示 j 地区第 i 个家庭是否面临不确定性冲击。进而得到如下实证模型：

$$HFF_{ij} = \alpha_0 + \alpha_1 P_{ij} + \delta X_{ij} + \theta_j + \mu_{ij} \qquad (12\text{-}1)$$

式（12-1）中，系数 α_1 衡量了不确定性冲击对家庭金融脆弱性的总体影响。X_{ij} 为控制变量，我们尽可能控制影响家庭金融脆弱性的其他因素，涵盖户主、家庭和地区多个维度的特征变量，来减少遗漏变量产生的偏误。其中，户主层面包括年龄、年龄平方、性别、婚姻、受教育程度等因素；家庭层面包括家庭规模、家庭中未成年孩子的个数、家庭中 80 岁以上老人的个数、风险偏好[1]，以及城乡等变量；地区层面选择地区人均 GDP 和传统金融深化程度分别作为地区经济发展程度和金融发展程度的代理变量。

我们采用固定效应，θ_j 表示地区层面的固定效应，来控制不随时间变化的地区差异对金融脆弱性的影响；μ_{jt} 为随机扰动项。

除了分析不确定性冲击状态对家庭金融脆弱性的影响之外，我们还进一步分析不确定性冲击深度对家庭金融脆弱性的影响。以 D_{ij} 表示家庭面临不确定性冲击的深度，参照模型（12-1），我们构建实证模型（12-2）：

---

[1]　根据 CHFS 2017 年调查问卷中的问题"投资风险收益选择"设置变量，变量取值 1 到 6，将选择"1. 高风险、高回报的项目；2. 略高风险、略高回报的项目"的编码为 3（风险偏好）；选择"3. 平均风险、平均回报的项目"的编码为 2（风险中立）；选择"4. 略低风险、略低回报的项目；5. 不愿意承担任何风险"的编码为 1（风险规避）等。分数高，表示偏向风险进取型；分数低，表示偏向风险规避型。

$$HFF_{ij} = \beta_0 + \beta_1 D_{ij} + \delta X_{ij} + \theta_j + \mu_{ij} \qquad (12\text{-}2)$$

式（12-2）与模型（12-1）一致。系数 β_1 衡量了不确定性冲击的深度对家庭金融脆弱性的总体影响。

数字金融发展作为近年来我国经济社会中的重要创新，能否在削弱不确定性冲击影响方面发挥积极的作用呢？

为了回答这一问题，我们将在模型（12-1）的基础上，进一步引入数字金融及其与不确定性冲击的交互项，来考察数字金融的调节效应。拓展的模型如下：

$$HFF_{ij} = \gamma_0 + \gamma_1 Shock_{ij} + \gamma_2 DF_j + \gamma_3 Shock_{ij} \times DF_j + \delta X_{ij} + \varepsilon_{ij} \qquad (12\text{-}3)$$

式（12-3）中，DF_j 为数字金融发展，作为调节变量；$Shock_{ij}$ 为不确定性冲击，涉及家庭不确定性冲击状态（P_{ij}）和不确定性冲击的深度（D_{ij}）两个核心解释变量；ε_{ij} 为固定效应和随机误差项的综合。

γ_3 衡量数字金融发展在缓解不确定性冲击影响方面的作用。具体而言，$\gamma_3 > 0$，说明数字金融发展会进一步扩大不确定性冲击对家庭金融风险的负向影响。$\gamma_3 < 0$，说明数字金融发展有助于削弱不确定性冲击对家庭金融风险的经济影响。$\gamma_3 = 0$，则说明数字金融发展与不确定性冲击对家庭金融脆弱性的影响是相互独立的，意味着数字金融发展不会对两者之间的关系产生影响。

（二）变量说明

1. 家庭金融脆弱性

家庭金融脆弱性反映家庭偿付能力和风险应对能力。我们借鉴张冀等（2022）的研究，构建金融脆弱性指标，记为 HFF_{ijt}，表示第 t 年 j 地区第 i 个家庭的金融脆弱性情况，取值1~3。HFF_{ijt} 值越大，说明家庭的金融脆弱性越高。

如果 $HFF_{ijt} = 1$，表示家庭处于无金融脆弱性状态，当满足"家庭收入 ≥ 预期支出"时成立，即家庭能够完全维持基本生活水平，覆盖家庭支出和负债。如果 $HFF_{ijt} = 2$，表示家庭处于弱金融脆弱性状态，当"家庭收入 < 预期

支出"和"家庭收入＋流动资产≥预期支出"同时满足时成立，即虽然家庭收入不足以支付基本生活支出，但流动性资产可以补偿部分基本生活支出。如果 HFF_{ijt}=3，当"家庭收入＋流动资产＜预期支出"时成立，表示家庭处于高金融脆弱性状态，即家庭收入和流动性资产均无法满足家庭基本生活支出的需要。其中，家庭收入包括工资性收入、经营性收入、财产性收入和转移性收入；预期支出包括家庭消费支出和负债；流动资产包括现金、活期存款和定期存款。

2. 不确定性冲击

长期以来，家庭普遍面临诸多不确定性，如失业风险、收入波动、突发疾病等未预期冲击，这类不确定性冲击通常会使家庭出现收入降低、负债增加、健康支出增加、资产配置有效性降低等问题。这不仅扩大了家庭经济风险敞口，还可能通过家庭金融行为进一步传至宏观经济和金融系统中，甚至引发新一轮的金融风险（Mian 和 Sufi，2011；Mian 等，2013；殷剑峰和王增武，2018）。因此，本章从健康、就业和收入三个维度构建不确定性冲击，记为 $Shock_{ij}^{m}$，表示 j 地区第 i 个家庭第 m 个维度的不确定性冲击指标，m 取值1~3。指标构建思路如下：

（1）健康冲击

中国家庭金融调查包含丰富的与健康状况相关的问题。自评健康是衡量个体健康水平的重要代理指标之一，能够反映客观测量指标无法反映的、自知的个体健康信息。本节研究的健康冲击指标的计算方法如下：以家庭为单位得到2015年和2017年每个家庭自评不健康的成员数量，进而得到其占家庭规模的比重（x_{ijt}^{1}）。在此基础上，我们通过对家庭自评不健康人数占比进行标准化及差分处理，得到家庭的健康冲击，记为 $Shock_{ij}^{1}$。

$$y_{ijt}^{1} = \left(x_{ijt}^{1} - \min\right)/\left(\max - \min\right) \tag{12-4}$$

$$Shock_{ij}^{1} = \Delta y_{ij}^{1} \tag{12-5}$$

（2）就业冲击

本节研究的就业冲击指标的计算方法如下：以家庭为单位得到2015年和

2017年每个家庭处于失业状态^{①}的成员人数，进而得到其占家庭劳动人口的比重（x_{ijt}^2）。在此基础上，我们通过对家庭失业人数占比进行标准化及差分处理，得到家庭的就业冲击，记为$Shock_{ij}^2$。

$$y_{ijt}^2 = \left(x_{ijt}^2 - \min\right)\big/(\max - \min) \tag{12-6}$$

$$Shock_{ij}^2 = \Delta y_{ij}^2 \tag{12-7}$$

（3）收入冲击

本节研究的收入冲击指标的计算方法如下：以家庭为单位得到2015年和2017年每个家庭人均收入（x_{ijt}^3）。在此基础上，我们通过对家庭人均收入进行标准化及差分处理，得到家庭的收入冲击，记为$Shock_{ij}^3$。

$$y_{ijt}^3 = \left(x_{ijt}^3 - \min\right)\big/(\max - \min) \tag{12-8}$$

$$Shock_{ij}^3 = \Delta y_{ij}^3 \tag{12-9}$$

（4）不确定性冲击指数

在不同维度不确定性冲击指标构建的基础上，我们编制不确定性冲击发生率（P_{ij}）和不确定性冲击深度（D_{ij}）两个综合评价指数。

表12-1　不确定性冲击指标构成及相关

维度	权重	指标解释	临界值
健康冲击	1/3	家庭自评不健康人数占比变动	0
就业冲击	1/3	家庭失业人数占家庭劳动人口比例变动	0
收入冲击	1/3	家庭人均收入变化	0

注：1）本章采用等权重方法进行指标赋权；2）本章将劳动人口定义为16~65岁具有劳动能力的个体。

3. 数字金融发展

数字金融发展作为本章的调节变量，以中国数字普惠金融指数为代理变

---

① 根据CFPS问卷中的问题："家庭成员是否有工作"，用选择"否"表示失业，编码为1；用选择"是"表示有工作，编码为0。

量。该指数包括了覆盖广度、使用深度和数字支持服务程度三个二级指标。

（三）数据

我们使用的第一部分数据来自中国家庭金融调查与研究中心执行的中国家庭金融调查2015年和2017年的数据。该调查旨在收集有关家庭金融微观层次的相关信息，对家庭经济、金融行为进行了全面细致的刻画，是国内外学者使用频次极高的一个数据库，尤其在金融学和劳动经济学领域。CHFS样本覆盖29个省（自治区、直辖市）的367个县（县级市、旗、市辖区等），1481个社区，有效样本达到40011户家庭和127012名个体，具有良好的代表性和权威性。

我们按照通行的方法对微观数据进行处理：（1）删除了无法识别的样本，如省份编码、社区编码、城乡编码、家庭编码、个体编码等标识变量缺失的样本；（2）保留户主年龄在18岁至65岁的家庭样本；（3）结合模型设定与变量选择，最后共获得12913个信息较为完整的样本。

第二部分数据是地区层面的中国数字普惠金融指数，该指数由北京大学数字金融研究中心和蚂蚁金服集团共同编制（郭峰等，2020），具有相当的代表性和可靠性，已经被广泛应用于数字经济效应的研究中。

第三部分数据源于中国统计年鉴，包含地区经济发展状况、金融发展水平等方面的宏观数据。

表12-2报告了主要变量的描述性统计结果。

表12-2　主要变量的描述性统计

变量	样本量	均值	标准差	最小值	最大值
家庭金融脆弱性	12913	2	0.940	1	3
不确定性风险冲击概率	12913	0.330	0.280	0	1
不确定性风险冲击深度	12913	0.700	0.460	0	1
数字金融指数	12913	276.4	23.48	240.2	336.6
覆盖广度	12913	318.9	8.200	301.4	340.1

变量	样本量	均值	标准差	最小值	最大值
使用深度	12913	250.2	24.82	215.7	316.1
数字化程度	12913	300.6	35.61	240.4	396.1
年龄	12913	49.55	9.660	18	65
年龄平方 /100	12913	25.49	9.290	3.240	42.25
性别（男性 =1）	12913	0.850	0.360	0	1
婚姻（已婚 =1）	12913	0.920	0.270	0	1
教育程度	12913	9.790	3.720	0	22
风险偏好	12913	2.030	1.190	1	5
城乡	12913	0.370	0.480	0	1
家庭规模	12913	3.590	1.480	1	15
家庭孩子个数	12913	0.610	0.820	0	7
家庭老人个数	12913	0.190	0.470	0	5
地区人均 GDP	12913	11	0.370	10.29	11.77
地区金融发展	12913	1.450	0.400	0.920	2.480

四、数字金融发展、不确定性冲击与家庭脆弱性：实证分析

接下来，我们考察数字金融发展、不确定冲击与家庭脆弱性三者之间的关系。

（一）不确定性冲击与家庭脆弱性

我们根据模型（12-1），考察不确定性冲击与家庭脆弱性的关系。表12-3第（1）和（2）列报告了基于固定效应回归模型的估计结果。第（1）列结果

表明，不确定性冲击会显著提高家庭陷入高脆弱性的概率。我们进一步依据模型（12-2），从不确定性冲击深度的视角来探讨其对家庭金融脆弱性的影响，同时来检验模型的稳健性。第（2）列结果显示，不确定性冲击深度的影响显著为正，表明基准分析的结果是稳健的。因此，不确定性冲击及其深度均对家庭金融脆弱性产生了显著的影响。当前，受疫情和全球性通胀等因素影响，经济发展环境的复杂性、严峻性、不确定性有所上升，居民健康、就业、收入等均面临新的挑战，从而提高家庭金融脆弱性。

第（3）和（4）列报告了基于随机效应有序Probit模型的估计结果。从结果来看，我们依然发现不确定性冲击及其深度都加剧了家庭的金融脆弱性。从估计系数来看，核心变量的估计系数变化不大，表明估计结果是稳健的，没有受到模型设定的过多干扰。

表12-3 不确定性冲击与家庭脆弱性：基准分析

被解释变量 家庭金融 脆弱性	固定效应模型		有序 Probit 模型	
	(1)	(2)	(3)	(4)
不确定性冲击状态	0.242***		0.323***	
	(0.0174)		(0.0233)	
不确定性冲击深度		0.557***		0.746***
		(0.0286)		(0.0396)
家庭规模	−0.0437***	−0.0499***	−0.0524***	−0.0612***
	(0.009)	(0.009)	(0.012)	(0.012)
家庭孩子数量	0.1051***	0.1151***	0.1386***	0.1532***
	(0.015)	(0.015)	(0.020)	(0.020)
家庭老人数量	0.0078	0.0070	0.0127	0.0115
	(0.019)	(0.019)	(0.026)	(0.026)
年龄	−0.0022	−0.0015	−0.0027	−0.0017
	(0.007)	(0.007)	(0.010)	(0.010)

被解释变量 家庭金融 脆弱性	固定效应模型		有序 Probit 模型	
	(1)	(2)	(3)	(4)
年龄平方	−0.0100	−0.0110	−0.0138	−0.0154
	(0.008)	(0.008)	(0.010)	(0.010)
性别	0.0217	0.0221	0.0242	0.0249
	(0.023)	(0.023)	(0.031)	(0.031)
婚姻	−0.1188***	−0.1195***	−0.1698***	−0.1710***
	(0.032)	(0.032)	(0.043)	(0.043)
教育程度	−0.0253***	−0.0229***	−0.0345***	−0.0318***
	(0.003)	(0.003)	(0.003)	(0.003)
城乡	0.0017	0.0023	0.0076	0.0086
	(0.007)	(0.007)	(0.009)	(0.009)
风险偏好	0.0834***	0.0802***	0.1260***	0.1228***
	(0.019)	(0.019)	(0.025)	(0.025)
地区人均 GDP	−0.2610***	−0.2607***	−0.3770***	−0.3651***
	(0.071)	(0.071)	(0.030)	(0.030)
金融深化程度	0.0329	0.0714	0.0279	0.0328
	(0.135)	(0.133)	(0.027)	(0.027)
地区固定效应	是	是	是	是
样本量	12,913	12,913	12,913	12,913
Pseudo R^2/R^2	0.075	0.088	0.036	0.042

注：1）括号内为稳健标准误；2）*、** 和 *** 分别表示在 10%、5% 和 1% 的水平上显著。

（二）数字金融发展、不确定性冲击与家庭金融脆弱性

我们通过以上研究发现，不确定性冲击及冲击深度均显著提高了家庭的

脆弱性。接下来，我们引入不确定性冲击及其与数字金融发展的交互项，进一步探讨数字金融发展在家庭风险应对中的作用。

表12-4报告了数字金融发展、不确定性冲击状态与家庭金融脆弱性的关系。第（1）列在模型（12-1）的基础上，加入数字金融发展。结果显示，不确定性冲击状态对家庭金融脆弱性的影响显著为正；数字金融发展对家庭的金融脆弱性具有负向影响，但在统计上不显著。第（2）列是基于模型（12-3）的估计结果。结果显示，不确定性冲击状态与数字金融发展的交互项系数为-0.155，在5%的水平上显著。这表明，数字金融的发展缓解了不确定性冲击对家庭金融脆弱性的不利影响。可能的原因在于，数字金融的发展极大地降低了金融服务的获取门槛、交易成本和信用风险，有效拓宽了普惠金融的服务广度和深度，为家庭平滑风险、提高风险管理和应对提供了重要补充（World Bank，2014）。此外，其他控制变量的回归结果基本符合预期。

接下来，我们引入数字金融发展的三个二级指标，进一步确认数字金融发展的不同维度在缓解不确定性冲击对家庭金融脆弱性不利影响中的作用。基于模型（12-3）的估计结果显示，数字金融覆盖广度的系数显著为负。这一结果表明，数字金融覆盖广度具有"缓释器"的作用，能够有效地缓解不确定性冲击对家庭金融脆弱性的负向影响。数字使用深度和数字化程度的影响相对有限。

表12-4　数字金融发展、不确定性冲击状态与家庭金融脆弱性的关系

被解释变量 家庭金融脆弱性	(1)	(2)	(3)	(4)	(5)
不确定性冲击状态	0.242***	0.672***	0.657***	0.470***	0.872
	(0.0174)	(0.199)	(0.171)	(0.145)	(0.687)
数字金融发展	-0.184	-0.0716			
	(0.232)	(0.238)			
不确定性冲击状态 × 数字金融发展		-0.155**			
		(0.0712)			

续表

被解释变量 家庭金融脆弱性	(1)	(2)	(3)	(4)	(5)
数字覆盖广度			−0.0241		
			(0.186)		
不确定性冲击 状态 × 数字 覆盖广度			−0.165**		
			(0.0674)		
数字使用深度				−0.162	
				(0.278)	
不确定性冲击 状态 × 数字 使用深度				−0.0754	
				(0.0474)	
数字化程度					−0.423
					(0.745)
不确定性冲击 状态 × 数字 化程度					−0.197
					(0.215)
家庭规模	−0.0437***	−0.0441***	−0.0440***	−0.0441***	−0.0439***
	(0.009)	(0.009)	(0.009)	(0.009)	(0.009)
家庭孩子数量	0.1051***	0.1053***	0.1052***	0.1052***	0.1053***
	(0.015)	(0.015)	(0.015)	(0.015)	(0.015)
家庭老人数量	0.0078	0.0083	0.0083	0.0083	0.0080
	(0.019)	(0.019)	(0.019)	(0.019)	(0.019)
年龄	−0.0022	−0.0020	−0.0020	−0.0021	−0.0022
	(0.007)	(0.007)	(0.007)	(0.007)	(0.007)
年龄平方	−0.0100	−0.0102	−0.0102	−0.0101	−0.0100
	(0.008)	(0.008)	(0.008)	(0.008)	(0.008)

被解释变量 家庭金融脆弱性	(1)	(2)	(3)	(4)	(5)
性别	0.0217	0.0223	0.0226	0.0220	0.0215
	(0.023)	(0.023)	(0.023)	(0.023)	(0.023)
婚姻	−0.1188***	−0.1196***	−0.1200***	−0.1191***	−0.1189***
	(0.032)	(0.032)	(0.032)	(0.032)	(0.032)
教育程度	−0.0253***	−0.0252***	−0.0252***	−0.0252***	−0.0253***
	(0.003)	(0.003)	(0.003)	(0.003)	(0.003)
城乡	0.0017	0.0013	0.0013	0.0015	0.0017
	(0.007)	(0.007)	(0.007)	(0.007)	(0.007)
风险偏好	0.0834***	0.0832***	0.0832***	0.0832***	0.0833***
	(0.019)	(0.019)	(0.019)	(0.019)	(0.019)
地区人均 GDP	−0.1049	−0.1091	−0.1279	−0.0508	−0.1299
	(0.150)	(0.150)	(0.127)	(0.220)	(0.123)
金融深化程度	0.0201	0.0175	−0.0073	0.0823	0.0253
	(0.128)	(0.128)	(0.121)	(0.173)	(0.131)
地区固定效应	是	是	是	是	是
样本量	12,913	12,913	12,913	12,913	12,913
R^2	0.075	0.076	0.076	0.076	0.076

注：1）括号内为稳健标准误；2）*、** 和 *** 分别表示在10%、5% 和 1% 的水平上显著。

表12-5报告了数字金融发展、不确定性冲击深度与家庭金融脆弱性的估计结果。研究发现，数字金融能够有效缓解不确定性冲击程度对家庭金融脆弱性的消极影响。我们从数字金融不同维度来看，数字金融覆盖广度、使用深度与不确定性冲击交互项的系数分别为 −0.2771 和 −0.143，且均通过了显著性检验；而数字化程度与不确定性冲击交互项的系数为 −0.2655，在统计意义

上不显著。这一结果表明，数字化程度在调节不确定性冲击与家庭金融脆弱性关系中的作用相对有限。

表12-5　数字金融发展、不确定性冲击深度与家庭金融脆弱性

被解释变量 家庭金融 脆弱性	(1)	(2)	(3)	(4)	(5)
不确定性冲击 深度	0.5574***	1.3085***	1.2470***	0.9852***	1.4043
	(0.029)	(0.342)	(0.294)	(0.243)	(1.109)
数字金融 发展	−0.1964	−0.1104			
	(0.230)	(0.234)			
不确定性冲击 深度 × 数字 金融发展		−0.2729**			
		(0.124)			
数字覆盖 广度			−0.0646		
			(0.182)		
不确定性冲击 深度 × 数字 覆盖广度			−0.2771**		
			(0.117)		
数字使用 深度				−0.1887	
				(0.274)	
不确定性冲击 深度 × 数字 使用深度				−0.1430*	
				(0.081)	
数字化程度					−0.5218
					(0.731)
不确定性冲击 深度 × 数字 化程度					−0.2655
					(0.347)

续表

被解释变量 家庭金融 脆弱性	(1)	(2)	(3)	(4)	(5)
家庭规模	−0.0499***	−0.0505***	−0.0504***	−0.0504***	−0.0500***
	(0.009)	(0.009)	(0.009)	(0.009)	(0.009)
家庭孩子 数量	0.1151***	0.1156***	0.1155***	0.1156***	0.1153***
	(0.015)	(0.015)	(0.015)	(0.015)	(0.015)
家庭老人 数量	0.0070	0.0079	0.0079	0.0077	0.0071
	(0.019)	(0.019)	(0.019)	(0.019)	(0.019)
年龄	−0.0015	−0.0014	−0.0014	−0.0015	−0.0015
	(0.007)	(0.007)	(0.007)	(0.007)	(0.007)
年龄平方	−0.0110	−0.0110	−0.0111	−0.0110	−0.0110
	(0.008)	(0.008)	(0.008)	(0.008)	(0.008)
性别	0.0221	0.0219	0.0221	0.0218	0.0220
	(0.023)	(0.023)	(0.023)	(0.023)	(0.023)
婚姻	−0.1195***	−0.1198***	−0.1201***	−0.1195***	−0.1195***
	(0.032)	(0.032)	(0.032)	(0.032)	(0.032)
教育程度	−0.0229***	−0.0228***	−0.0228***	−0.0229***	−0.0229***
	(0.003)	(0.003)	(0.003)	(0.003)	(0.003)
城乡	0.0023	0.0020	0.0020	0.0021	0.0023
	(0.007)	(0.007)	(0.007)	(0.007)	(0.007)
风险偏好	0.0802***	0.0801***	0.0802***	0.0801***	0.0802***
	(0.019)	(0.019)	(0.019)	(0.019)	(0.019)
地区人均GDP	−0.0945	−0.0957	−0.1167	−0.0329	−0.1197
	(0.149)	(0.149)	(0.127)	(0.219)	(0.122)

续表

被解释变量 家庭金融 脆弱性	(1)	(2)	(3)	(4)	(5)
金融深化 程度	0.0578	0.0581	0.0288	0.1297	0.0659
	(0.127)	(0.127)	(0.120)	(0.171)	(0.130)
地区固定 效应	是	是	是	是	是
样本量	12,913	12,913	12,913	12,913	12,913
R^2	0.088	0.088	0.088	0.088	0.088

注：1）括号内为稳健标准误；2）*、** 和 *** 分别表示在 10%、5% 和 1% 的水平上显著。

五、异质性分析

（一）区域的异质性

我们考察数字金融发展的调节效应是否存在区域差异。我们按照地区将样本划分为东部地区、中部地区和西部地区三组，来考察数字金融发展的区域异质影响。

表 12-6 报告了基于地区异质性的估计结果。其中，表 12-6 第（1）至（3）列为基于不确定性冲击状态的估计结果。研究发现，东部地区数字金融发展与不确定性冲击的交互项系数为负，在 5% 的水平上显著；中部地区和西部地区数字金融发展与不确定性冲击的交互项系数在统计意义上均不显著。这一结果表明，尽管数字金融能够在一定程度上缓解不确定性冲击的不利影响，但是其功能的发挥受到数字金融发展程度的约束。表 12-6 第（4）至（6）列为基于不确定性冲击深度的估计结果，与以上结论基本一致。

表12-6 数字金融发展、不确定性冲击与家庭金融脆弱性：区域的异质性

被解释变量 家庭金融 脆弱性	不确定性冲击状态			不确定性冲击深度		
	(1)	(2)	(3)	(4)	(5)	(6)
	东部	中部	西部	东部	中部	西部
不确定性冲击	0.844***	0.757	−0.465	1.6836***	1.7840	0.1260
	(0.297)	(0.913)	(0.879)	(0.535)	(1.423)	(1.375)
数字金融发展	1.663***	−0.476	−1.475	1.5784***	−0.4407	−1.7227
	(0.416)	(0.616)	(1.185)	(0.412)	(0.592)	(1.163)
不确定性冲击 × 数字金融 发展	−0.212**	−0.194	0.283	−0.3913**	−0.4657	0.1743
	(0.101)	(0.344)	(0.338)	(0.183)	(0.536)	(0.531)
家庭规模	−0.0489***	−0.0320*	−0.0491***	−0.0521***	−0.0408**	−0.0569***
	(0.013)	(0.017)	(0.016)	(0.013)	(0.017)	(0.016)
家庭孩子数量	0.1157***	0.0746**	0.1139***	0.1227***	0.0858***	0.1279***
	(0.023)	(0.029)	(0.027)	(0.023)	(0.029)	(0.026)
家庭老人数量	−0.0085	0.0187	0.0343	−0.0153	0.0180	0.0429
	(0.029)	(0.037)	(0.036)	(0.028)	(0.037)	(0.036)
年龄	0.0113	−0.0099	−0.0154	0.0120	−0.0097	−0.0156
	(0.011)	(0.015)	(0.014)	(0.011)	(0.015)	(0.014)
年龄平方	−0.0237**	−0.0015	0.0041	−0.0249**	−0.0020	0.0042
	(0.011)	(0.015)	(0.014)	(0.011)	(0.015)	(0.014)
性别	0.0192	−0.0734	0.1202***	0.0227	−0.0721	0.1102**
	(0.033)	(0.048)	(0.046)	(0.032)	(0.048)	(0.045)
婚姻	−0.1163**	−0.0413	−0.2037***	−0.1152**	−0.0432	−0.2046***
	(0.047)	(0.062)	(0.060)	(0.047)	(0.061)	(0.061)

续表

被解释变量家庭金融脆弱性	不确定性冲击状态			不确定性冲击深度		
	(1)	(2)	(3)	(4)	(5)	(6)
	东部	中部	西部	东部	中部	西部
教育程度	−0.0148***	−0.0341***	−0.0334***	−0.0130***	−0.0316***	−0.0304***
	(0.004)	(0.005)	(0.005)	(0.004)	(0.005)	(0.005)
城乡	−0.0010	−0.0028	0.0041	−0.0002	−0.0016	0.0047
	(0.010)	(0.013)	(0.014)	(0.010)	(0.013)	(0.014)
风险偏好	0.0756***	0.0958***	0.0542	0.0712**	0.0919***	0.0554
	(0.029)	(0.035)	(0.037)	(0.029)	(0.034)	(0.037)
地区人均GDP	−1.0808***	0.0970	−0.1415	−1.0512***	0.0885	−0.1374
	(0.204)	(0.453)	(0.155)	(0.203)	(0.449)	(0.154)
金融深化程度	−0.2298**	0.2723*	−0.3057	−0.2179**	0.2774*	−0.3797
	(0.092)	(0.149)	(0.250)	(0.091)	(0.147)	(0.248)
地区固定效应	是	是	是	是	是	是
样本量	6,050	3,696	3,167	6,050	3,696	3,167
R^2	0.063	0.050	0.078	0.074	0.064	0.090

注：1）括号内为稳健标准误；2）*、** 和 *** 分别表示在10%、5% 和1% 的水平上显著。

（二）城乡的异质性

我们将样本分为城镇和农村两组，来考察数字金融的调节作用是否存在城乡差异。借鉴已有研究，我们以户主的户籍作为划分依据。估计结果见表12-7。其中，表12-7第（1）和（2）列为基于不确定性冲击状态的估计结果。研究发现，数字金融的调节效应主要作用于城镇家庭，对农村家庭影响则较为有限。表12-7第（3）和（4）列为基于不确定性冲击深度的估计结果，与以上结论基本一致。

表12-7　数字金融发展、不确定性冲击与家庭金融脆弱性：城乡的异质性

被解释变量 家庭金融脆弱性	不确定性冲击状态		不确定性冲击深度	
	(1)	(2)	(3)	(4)
	城镇	农村	城镇	农村
不确定性冲击	0.7579***	0.4036	1.4888***	0.8004*
	(0.272)	(0.300)	(0.503)	(0.479)
数字金融发展	−0.0720	−0.2991	−0.0879	−0.3466
	(0.355)	(0.332)	(0.351)	(0.323)
不确定性冲击 × 数字金融发展	−0.1992**	−0.0475	−0.3691**	−0.0713
	(0.096)	(0.109)	(0.179)	(0.175)
家庭规模	−0.0228	−0.0600***	−0.0271*	−0.0670***
	(0.015)	(0.011)	(0.015)	(0.011)
家庭孩子数量	0.0619**	0.1257***	0.0709***	0.1369***
	(0.026)	(0.018)	(0.026)	(0.018)
家庭老人数量	−0.0435	0.0546**	−0.0465	0.0547**
	(0.032)	(0.024)	(0.032)	(0.024)
年龄	0.0154	−0.0112	0.0157	−0.0104
	(0.011)	(0.010)	(0.011)	(0.010)
年龄平方	−0.0323***	0.0036	−0.0327***	0.0024
	(0.012)	(0.010)	(0.012)	(0.010)
性别	0.0122	0.0059	0.0141	0.0018
	(0.030)	(0.038)	(0.030)	(0.038)
婚姻	−0.1745***	−0.0777*	−0.1750***	−0.0784*
	(0.046)	(0.045)	(0.046)	(0.045)

被解释变量 家庭金融脆弱性	不确定性冲击状态		不确定性冲击深度	
	(1)	(2)	(3)	(4)
	城镇	农村	城镇	农村
教育程度	−0.0148***	−0.0274***	−0.0133***	−0.0248***
	(0.004)	(0.004)	(0.004)	(0.004)
城乡	−0.0030	0.0036	−0.0015	0.0034
	(0.011)	(0.009)	(0.011)	(0.009)
风险偏好	0.0484	0.0223	0.0354	0.0240
	(0.059)	(0.023)	(0.059)	(0.022)
地区人均GDP	−0.0066	−0.0633	−0.0102	−0.0373
	(0.233)	(0.197)	(0.232)	(0.195)
金融深化程度	−0.1374	0.1616	−0.1184	0.2190
	(0.201)	(0.169)	(0.198)	(0.167)
地区固定效应	是	是	是	是
样本量	5,478	7,423	5,478	7,423
R^2	0.071	0.071	0.077	0.086

注：1）括号内为稳健标准误；2）*、** 和 *** 分别表示在 10%、5% 和 1% 的水平上显著。

（三）数字经济发展程度的异质性

考虑到数字金融发展对家庭金融脆弱性的影响可能是非线性的，我们以数字金融发展水平的中位数为界限，将样本分成两组。估计结果详见表12-8。其中，表12-8第（1）和（2）列为不确定性冲击状态在不同数字金融发展程度下的估计结果。研究发现，在数字金融发展程度更高的地区，数字金融能够更有效地降低不确定性冲击对家庭造成的福利损失。表12-8第（3）和（4）列为不确定性冲击深度在不同数字金融发展程度下的估计结果，与以上结论基本一致。

表12-8 数字金融发展、不确定性冲击与家庭金融脆弱性：数字经济发展程度的异质性

被解释变量 家庭金融脆弱性	不确定性冲击状态		不确定性冲击深度	
	(1)	(2)	(3)	(4)
	低发展程度	高发展程度	低发展程度	高发展程度
不确定性冲击	−0.2603	0.6054*	−0.0620	1.4911**
	(0.926)	(0.329)	(1.440)	(0.581)
数字金融发展	−0.1555	−2.9365***	−0.3588	−3.0455***
	(0.957)	(0.919)	(0.931)	(0.909)
不确定性冲击 × 数字金融发展	0.2060	−0.1341	0.2488	−0.3305*
	(0.357)	(0.111)	(0.556)	(0.198)
家庭规模	−0.0119	−0.0781***	−0.0213*	−0.0808***
	(0.012)	(0.013)	(0.012)	(0.012)
家庭孩子数量	0.0494**	0.1621***	0.0641***	0.1671***
	(0.021)	(0.022)	(0.021)	(0.021)
家庭老人数量	0.0265	−0.0100	0.0315	−0.0164
	(0.027)	(0.027)	(0.027)	(0.027)
年龄	−0.0125	0.0072	−0.0130	0.0089
	(0.011)	(0.010)	(0.011)	(0.010)
年龄平方	0.0001	−0.0184*	0.0003	−0.0206*
	(0.011)	(0.011)	(0.011)	(0.011)
性别	0.0470	0.0018	0.0430	0.0044
	(0.034)	(0.032)	(0.034)	(0.031)
婚姻	−0.1501***	−0.0903**	−0.1471***	−0.0943**
	(0.045)	(0.044)	(0.045)	(0.044)

续表

被解释变量 家庭金融脆弱性	不确定性冲击状态		不确定性冲击深度	
	(1)	(2)	(3)	(4)
	低发展程度	高发展程度	低发展程度	高发展程度
教育程度	−0.0364***	−0.0145***	−0.0337***	−0.0126***
	(0.004)	(0.004)	(0.004)	(0.004)
城乡	−0.0020	0.0019	−0.0009	0.0024
	(0.010)	(0.010)	(0.010)	(0.010)
风险偏好	0.0399	0.1155***	0.0406	0.1090***
	(0.026)	(0.028)	(0.026)	(0.028)
地区人均 GDP	−0.1295	1.0579***	−0.1212	1.1086***
	(0.148)	(0.381)	(0.147)	(0.378)
金融深化程度	0.0450	0.3867**	0.0115	0.4140**
	(0.128)	(0.192)	(0.127)	(0.189)
地区固定效应	是	是	是	是
样本量	6,457	6,456	6,457	6,456
R^2	0.067	0.073	0.079	0.085

注：1）括号内为稳健标准误；2）*、** 和 *** 分别表示在 10%、5% 和 1% 的水平上显著。

六、数字金融发展与家庭风险应对的机制分析

通常，不确定性冲击通过现金流缺口以及偿付能力下降来影响家庭的福利水平。本节，我们着重考察不确定性冲击对以下结果变量的影响：家庭收

入、家庭资产、家庭负债，以及家庭消费，来探讨数字金融影响家庭金融脆弱性的可能机制。

（一）基于家庭收入的考察

聚焦不确定性冲击与家庭收入。表12-9报告了不确定性冲击及其与数字金融发展交互作用对家庭收入的影响。第（1）和（3）列报告了基于模型（12-1）和（12-2）的估计结果，展示以不确定性冲击状态和不确定性冲击深度衡量的不确定性冲击对家庭收入的影响。第（2）和（4）列报告了基于模型（12-3）的估计结果，展示不确定性冲击及其与数字金融发展之间的交互作用对家庭收入的影响。

结果显示，不确定性冲击的估计系数显著为负，表明不确定性冲击对家庭收入有明显的负面影响。从交互项的系数来看，不确定性冲击深度与数字金融发展的交互项显著为正。这一结果表明，与不确定性冲击带来的直接生产力损失相反，数字金融发展能够通过为劳动者提供更多就业、创业机会，提高家庭可支配收入，提升家庭金融韧性，进而在一定程度上减轻不确定性冲击的不利影响，起到平滑风险的作用。

表12-9 数字金融发展、不确定性冲击与家庭收入

被解释变量 家庭收入	不确定性冲击状态		不确定性冲击深度	
	(1)	(2)	(3)	(4)
不确定性冲击	−0.5557***	−1.1240***	−1.1577***	−1.6306***
	(0.021)	(0.229)	(0.040)	(0.440)
数字金融发展		1.1617***		1.2907***
		(0.377)		(0.369)
不确定性冲击 × 数字金融发展		0.2050**		0.1718
		(0.082)		(0.159)
家庭规模	0.3016***	0.3020***	0.3142***	0.3146***
	(0.012)	(0.012)	(0.012)	(0.012)

被解释变量 家庭收入	不确定性冲击状态		不确定性冲击深度	
	(1)	(2)	(3)	(4)
家庭孩子数量	-0.2599***	-0.2601***	-0.2805***	-0.2808***
	(0.021)	(0.021)	(0.021)	(0.021)
家庭老人数量	-0.1137***	-0.1143***	-0.1125***	-0.1131***
	(0.022)	(0.022)	(0.021)	(0.021)
年龄	-0.0225**	-0.0227**	-0.0242**	-0.0242**
	(0.011)	(0.011)	(0.011)	(0.011)
年龄平方	0.0227**	0.0230**	0.0251**	0.0251**
	(0.011)	(0.011)	(0.011)	(0.011)
性别	-0.0826***	-0.0833***	-0.0829***	-0.0828***
	(0.030)	(0.030)	(0.030)	(0.030)
婚姻	0.2629***	0.2639***	0.2625***	0.2627***
	(0.048)	(0.048)	(0.048)	(0.048)
教育程度	0.1088***	0.1087***	0.1042***	0.1041***
	(0.003)	(0.003)	(0.003)	(0.003)
城乡	0.0679***	0.0684***	0.0665***	0.0667***
	(0.009)	(0.009)	(0.009)	(0.009)
风险偏好	-0.3999***	-0.3996***	-0.3934***	-0.3933***
	(0.025)	(0.025)	(0.025)	(0.025)
地区人均GDP	0.8495***	-0.2543	0.8525***	-0.2847
	(0.115)	(0.223)	(0.113)	(0.220)
金融深化程度	-0.3500	-0.2555	-0.4303**	-0.3371*
	(0.216)	(0.200)	(0.212)	(0.196)
地区固定效应	是	是	是	是

被解释变量 家庭收入	不确定性冲击状态		不确定性冲击深度	
	(1)	(2)	(3)	(4)
样本量	12,913	12,913	12,913	12,913
R^2	0.278	0.278	0.296	0.296

注：1）括号内为稳健标准误；2）*、** 和 *** 分别表示在 10%、5% 和 1% 的水平上显著。

（二）基于家庭资产的考察

表 12-10 和表 12-11 报告了当结果变量为家庭资产和流动性资产时，对不确定性冲击及其与数字金融发展交互项的估计结果。研究发现，不确定性冲击对金融资产总额和流动性金融资产有明显的负向影响。这表明，在面临负向冲击时，家庭可以通过金融资产的变动，特别是高流动性资产的调整，以及降低预防性储蓄等方式进行风险分担和消费平滑。

数字金融的发展提升了金融可及性，为家庭提供更普惠的金融服务，有助于提高家庭投资与融资水平，优化家庭金融资产配置，提升风险应对能力。

表 12-10 数字金融发展、不确定性冲击与家庭资产

被解释变量 家庭资产	不确定性冲击状态		不确定性冲击深度	
	(1)	(2)	(3)	(4)
不确定性冲击	−0.1949***	−0.4963*	−0.4384***	−0.6651
	(0.024)	(0.288)	(0.042)	(0.528)
数字金融发展		1.0088***		1.0722***
		(0.325)		(0.317)
不确定性冲击 × 数字金融发展		0.1087		0.0824
		(0.104)		(0.192)
家庭规模	0.1507***	0.1509***	0.1555***	0.1557***
	(0.013)	(0.013)	(0.013)	(0.013)

续表

被解释变量 家庭资产	不确定性冲击状态		不确定性冲击深度	
	(1)	(2)	(3)	(4)
家庭孩子数量	−0.1092***	−0.1092***	−0.1170***	−0.1171***
	(0.021)	(0.021)	(0.021)	(0.021)
家庭老人数量	−0.1082***	−0.1085***	−0.1075***	−0.1078***
	(0.027)	(0.027)	(0.027)	(0.027)
年龄	0.0198*	0.0197*	0.0193*	0.0192*
	(0.011)	(0.011)	(0.011)	(0.011)
年龄平方	−0.0204*	−0.0203*	−0.0196*	−0.0196*
	(0.011)	(0.011)	(0.011)	(0.011)
性别	−0.0294	−0.0298	−0.0297	−0.0296
	(0.035)	(0.035)	(0.035)	(0.035)
婚姻	0.4305***	0.4310***	0.4309***	0.4310***
	(0.054)	(0.054)	(0.054)	(0.054)
教育程度	0.1252***	0.1251***	0.1233***	0.1233***
	(0.004)	(0.004)	(0.004)	(0.004)
城乡	0.1023***	0.1026***	0.1018***	0.1020***
	(0.010)	(0.010)	(0.010)	(0.010)
风险偏好	−0.6131***	−0.6129***	−0.6106***	−0.6106***
	(0.027)	(0.027)	(0.027)	(0.027)
地区人均 GDP	1.3594***	0.4417**	1.3595***	0.4307**
	(0.106)	(0.193)	(0.106)	(0.192)
金融深化程度	−0.3021*	−0.2247	−0.3324*	−0.2562
	(0.174)	(0.164)	(0.174)	(0.164)
地区固定效应	是	是	是	是

续表

被解释变量 家庭资产	不确定性冲击状态		不确定性冲击深度	
	(1)	(2)	(3)	(4)
样本量	12,913	12,913	12,913	12,913
R^2	0.348	0.348	0.351	0.351

注：1）括号内为稳健标准误；2）*、** 和 *** 分别表示在 10%、5% 和 1% 的水平上显著。

表12-11　数字金融发展、不确定性冲击与家庭流动性资产

被解释变量 家庭流动性资产	不确定性冲击状态		不确定性冲击深度	
	(1)	(2)	(3)	(4)
不确定性冲击	−0.3493***	−1.8033***	−0.8020***	−2.2639**
	(0.047)	(0.597)	(0.082)	(1.069)
数字金融发展		0.0166		0.2488
		(0.833)		(0.822)
不确定性冲击 × 数字金融发展		0.5245**		0.5311
		(0.215)		(0.387)
家庭规模	0.0807***	0.0819***	0.0895***	0.0906***
	(0.026)	(0.026)	(0.026)	(0.026)
家庭孩子数量	−0.1222***	−0.1226***	−0.1365***	−0.1375***
	(0.044)	(0.044)	(0.044)	(0.044)
家庭老人数量	−0.1339**	−0.1356**	−0.1327**	−0.1345**
	(0.057)	(0.057)	(0.057)	(0.057)
年龄	0.0166	0.0160	0.0156	0.0155
	(0.022)	(0.022)	(0.022)	(0.022)
年龄平方	−0.0171	−0.0165	−0.0156	−0.0156
	(0.023)	(0.023)	(0.022)	(0.022)

被解释变量 家庭流动性资产	不确定性冲击状态		不确定性冲击深度	
	(1)	(2)	(3)	(4)
性别	−0.0449	−0.0469	−0.0454	−0.0451
	(0.063)	(0.062)	(0.063)	(0.062)
婚姻	0.5320***	0.5347***	0.5331***	0.5336***
	(0.094)	(0.093)	(0.093)	(0.093)
教育程度	0.1556***	0.1552***	0.1522***	0.1520***
	(0.007)	(0.007)	(0.007)	(0.007)
城乡	0.0630***	0.0643***	0.0621***	0.0628***
	(0.020)	(0.020)	(0.020)	(0.020)
风险偏好	−0.7813***	−0.7807***	−0.7767***	−0.7766***
	(0.054)	(0.054)	(0.053)	(0.053)
地区人均 GDP	1.0383***	0.7150	1.0379***	0.6882
	(0.242)	(0.513)	(0.241)	(0.512)
金融深化程度	−0.6163	−0.5797	−0.6717	−0.6433
	(0.426)	(0.396)	(0.425)	(0.395)
地区固定效应	是	是	是	是
样本量	12,913	12,913	12,913	12,913
R^2	0.155	0.155	0.157	0.158

注：1）括号内为稳健标准误；2）*、** 和 *** 分别表示在 10%、5% 和 1% 的水平上显著。

（三）基于家庭负债的考察

经研究发现，负债的增加有利于平滑家庭的收支波动，是家庭应对风险的重要机制之一。通常对流动资产较少的家庭来说，这些家庭更倾向于通过举债和贷款来弥补损失。

表12-12报告了当结果变量为家庭负债时，对不确定性冲击及其与数字金融发展交互项的估计结果。研究发现，不确定性冲击深度会导致家庭债务明显增加，表明家庭面临不利冲击时会通过增加杠杆加以应对，但这会同时增加家庭的财务压力，增大家庭面临的负债风险。

数字金融发展为家庭金融资产配置提供了更为全面、灵活和多样化的选择和机会，以满足家庭多元的金融需求，为家庭更合理地配置资产提供了可能，进而在一定程度上削弱了家庭面临的负债风险。

表12-12 数字金融发展、不确定性冲击与家庭负债

被解释变量 家庭负债	不确定性冲击状态		不确定性冲击深度	
	(1)	(2)	(3)	(4)
不确定性冲击	0.0099	1.1795	0.3065*	4.7344**
	(0.103)	(1.193)	(0.171)	(2.053)
数字金融发展		1.2226		1.4365
		(1.422)		(1.408)
不确定性冲击 ×数字金融发展		−0.4219		−1.6087**
		(0.429)		(0.744)
家庭规模	0.5415***	0.5406***	0.5380***	0.5345***
	(0.052)	(0.052)	(0.052)	(0.052)
家庭孩子数量	−0.2501***	−0.2498***	−0.2444***	−0.2415***
	(0.091)	(0.091)	(0.091)	(0.091)
家庭老人数量	−0.7302***	−0.7288***	−0.7322***	−0.7267***
	(0.112)	(0.112)	(0.112)	(0.112)
年龄	−0.1091**	−0.1086**	−0.1092**	−0.1088**
	(0.045)	(0.045)	(0.045)	(0.045)
年龄平方	0.0122	0.0117	0.0121	0.0119
	(0.046)	(0.046)	(0.046)	(0.046)

被解释变量 家庭负债	不确定性冲击状态		不确定性冲击深度	
	(1)	(2)	(3)	(4)
性别	−0.0704	−0.0688	−0.0694	−0.0702
	(0.138)	(0.138)	(0.138)	(0.138)
婚姻	−0.8361***	−0.8382***	−0.8409***	−0.8427***
	(0.183)	(0.183)	(0.183)	(0.183)
教育程度	0.0446***	0.0449***	0.0466***	0.0472***
	(0.015)	(0.015)	(0.015)	(0.015)
城乡	0.2329***	0.2319***	0.2331***	0.2310***
	(0.041)	(0.041)	(0.041)	(0.041)
风险偏好	0.5809***	0.5803***	0.5788***	0.5784***
	(0.110)	(0.110)	(0.110)	(0.110)
地区人均GDP	−1.0756**	−1.8614**	−1.0669**	−1.8607**
	(0.427)	(0.884)	(0.427)	(0.885)
金融深化程度	−2.1999***	−2.1434***	−2.1796***	−2.1132***
	(0.791)	(0.749)	(0.791)	(0.749)
地区固定效应	是	是	是	是
样本量	12,913	12,913	12,913	12,913
R^2	0.077	0.077	0.077	0.077

注：1）括号内为稳健标准误；2）*、** 和 *** 分别表示在 10%、5% 和 1% 的水平上显著。

（四）基于家庭消费的考察

表12-13和表12-14报告了当结果变量为家庭消费和医疗支出时，对不确定性冲击及其与数字金融发展交互项的估计结果。研究发现，不确定性冲击对家庭消费有明显的负向影响，对家庭医疗支出则具有正向影响。这表明，

当家庭在不完全保险下面临不确定性冲击时，家庭消费会出现显著波动，家庭需通过调整消费水平、改变消费结构等方式应对风险。

从交互项的结果来看，数字金融有助于缓解不确定性冲击对消费的不利影响。可能的原因在于，数字金融发展通过向家庭提供普惠的金融服务，放松家庭的预算约束，为医疗支出等提供融资支持，进而起到平滑家庭消费的作用。

表12-13　数字金融发展、不确定性冲击与家庭消费

被解释变量 家庭消费	不确定性冲击		不确定性冲击深度	
	(1)	(2)	(3)	(4)
不确定性冲击	−0.0868***	0.1459	−0.1617***	0.4591*
	(0.013)	(0.147)	(0.022)	(0.256)
数字金融发展		−0.0929		−0.0767
		(0.184)		(0.182)
不确定性冲击 × 数字金融发展		−0.0839		−0.2255**
		(0.053)		(0.092)
家庭规模	0.1489***	0.1487***	0.1507***	0.1502***
	(0.007)	(0.007)	(0.007)	(0.007)
家庭孩子数量	−0.0488***	−0.0487***	−0.0516***	−0.0512***
	(0.012)	(0.012)	(0.012)	(0.012)
家庭老人数量	−0.0478***	−0.0475***	−0.0478***	−0.0470***
	(0.014)	(0.014)	(0.014)	(0.014)
年龄	0.0001	0.0002	−0.0002	−0.0002
	(0.006)	(0.006)	(0.006)	(0.006)

被解释变量 家庭消费	不确定性冲击		不确定性冲击深度	
	(1)	(2)	(3)	(4)
年龄平方	−0.0087	−0.0088	−0.0084	−0.0084
	(0.006)	(0.006)	(0.006)	(0.006)
性别	−0.0574***	−0.0570***	−0.0573***	−0.0575***
	(0.017)	(0.017)	(0.017)	(0.017)
婚姻	0.1398***	0.1394***	0.1395***	0.1392***
	(0.026)	(0.026)	(0.026)	(0.026)
教育程度	0.0529***	0.0530***	0.0523***	0.0524***
	(0.002)	(0.002)	(0.002)	(0.002)
城乡	0.0509***	0.0507***	0.0507***	0.0504***
	(0.005)	(0.005)	(0.005)	(0.005)
风险偏好	−0.3906***	−0.3907***	−0.3898***	−0.3898***
	(0.014)	(0.014)	(0.014)	(0.014)
地区人均GDP	0.2794***	0.4075***	0.2804***	0.4044***
	(0.056)	(0.114)	(0.056)	(0.113)
金融深化程度	0.2074**	0.1952**	0.1961**	0.1861**
	(0.099)	(0.093)	(0.099)	(0.093)
地区固定效应	是	是	是	是
样本量	12,913	12,913	12,913	12,913
R^2	0.314	0.314	0.314	0.314

注：1）括号内为稳健标准误；2）*、** 和 *** 分别表示在 10%、5% 和 1% 的水平上显著。

表12-14 数字金融发展、不确定性冲击与家庭医疗支出

被解释变量 家庭医疗支出	不确定性冲击		不确定性冲击深度	
	(1)	(2)	(3)	(4)
不确定性冲击	0.1563**	1.2796*	0.7720***	2.1516*
	(0.061)	(0.721)	(0.098)	(1.198)
数字金融发展		−0.6746		−0.7978
		(0.764)		(0.758)
不确定性冲击 × 数字金融发展		−0.4051		−0.5012
		(0.261)		(0.437)
家庭规模	0.0724**	0.0715**	0.0636**	0.0626**
	(0.032)	(0.032)	(0.032)	(0.032)
家庭孩子数量	0.1568***	0.1571***	0.1710***	0.1719***
	(0.054)	(0.054)	(0.053)	(0.053)
家庭老人数量	0.7063***	0.7076***	0.7028***	0.7045***
	(0.064)	(0.064)	(0.064)	(0.064)
年龄	−0.1755***	−0.1750***	−0.1751***	−0.1750***
	(0.027)	(0.027)	(0.027)	(0.027)
年龄平方	0.2187***	0.2182***	0.2179***	0.2178***
	(0.027)	(0.027)	(0.027)	(0.027)
性别	−0.2044**	−0.2029**	−0.2027**	−0.2030**
	(0.082)	(0.082)	(0.082)	(0.082)
婚姻	0.2939**	0.2918**	0.2864**	0.2859**
	(0.118)	(0.118)	(0.117)	(0.117)
教育程度	0.0182**	0.0186**	0.0226***	0.0228***
	(0.009)	(0.009)	(0.009)	(0.009)

被解释变量 家庭医疗支出	不确定性冲击		不确定性冲击深度	
	(1)	(2)	(3)	(4)
城乡	0.0008	−0.0002	0.0014	0.0008
	(0.025)	(0.025)	(0.025)	(0.025)
风险偏好	−0.2647***	−0.2652***	−0.2696***	−0.2697***
	(0.065)	(0.065)	(0.065)	(0.065)
地区人均GDP	−0.2491	0.5606	−0.2363	0.5701
	(0.245)	(0.465)	(0.245)	(0.466)
金融深化程度	0.7495*	0.6753*	0.8015*	0.7357*
	(0.423)	(0.402)	(0.424)	(0.404)
地区固定效应	是	是	是	是
样本量	12,913	12,913	12,913	12,913
R^2	0.040	0.041	0.044	0.044

注：1）括号内为稳健标准误；2）*、** 和 *** 分别表示在 10%、5% 和 1% 的水平上显著。

七、稳健性检验

如前所述，实证模型的一个重要假定就是，在控制变量给定的情况下，核心变量与模型误差项不相关。因此，我们检验了不确定性冲击与数字金融发展的关系。通常，外生政策变化被认为是无偏的，这意味着不确定性冲击的偏相关系数中遗漏的变量偏差不会随着外生政策的变化而变化。

表12-15报告了数字金融发展的系数估计情况。在所有的回归中，我们均控制地区层面的固定效应。结果显示，数字金融发展对不确定性冲击的估

计系数很小，并且在统计意义上不显著，这表明没有充分的证据证明数字金融发展会改变家庭面临的不确定性冲击状态和深度。

综上，我们认为实证模型的设定基本合理，研究结果较为稳健。

表12-15　稳健性检验：模型设定

被解释变量	不确定性冲击状态	不确定性冲击深度
	(1)	(2)
数字金融发展	−0.1714	−0.0531
	(0.114)	(0.069)
家庭规模	0.0017	0.0117***
	(0.004)	(0.003)
家庭孩子数量	−0.0022	−0.0189***
	(0.008)	(0.005)
家庭老人数量	0.0129	0.0072
	(0.010)	(0.006)
年龄	0.0038	0.0003
	(0.004)	(0.002)
年龄平方	−0.0036	0.0003
	(0.004)	(0.002)
性别	−0.0072	−0.0037
	(0.012)	(0.007)
婚姻	0.0358**	0.0169*
	(0.017)	(0.010)
教育程度	−0.0060***	−0.0069***
	(0.001)	(0.001)
城乡	0.0015	−0.0005
	(0.004)	(0.002)

续表

被解释变量	不确定性冲击状态	不确定性冲击深度
	(1)	(2)
风险偏好	0.0028	0.0069
	(0.009)	(0.006)
地区人均GDP	0.0761	0.0144
	(0.073)	(0.045)
金融深化程度	−0.0049	−0.0697*
	(0.062)	(0.040)
地区固定效应	是	是
样本量	12,913	12,913
R^2	0.007	0.024

注：1）括号内为稳健标准误；2）*、**和***分别表示在10%、5%和1%的水平上显著。

八、小结

本章使用中国家庭金融调查2015年和2017年两期数据，全面考察不确定性冲击对家庭金融脆弱性的影响，着重检验了数字金融发展在缓解不确定性冲击对家庭金融脆弱性方面的负向影响。研究发现，不确定性冲击状态和不确定性冲击深度均显著提高了家庭的金融脆弱性。数字金融发展能够有效缓解不确定性冲击的影响，降低家庭金融脆弱性的出现概率。

从家庭风险应对的机制来看，储蓄、负债、金融资产是家庭应对不确定性冲击的传统金融工具，这些反映家庭自我保险的能力。数字金融的发展为家庭提供了更普惠的金融服务、更丰富的金融资产选择、更多元的触达渠道，以及更便捷的交易平台，可以有效提高家庭应对风险的手段和能力。

本章为理解家庭金融脆弱性提供了新的视角，政策意涵明确。

第三篇 **03**

| 政策梳理与研究展望 |

第十三章

中国数字金融发展：政策梳理

近年来，数字金融已经成为数字时代推进中国式现代化的重要引擎。我国牢牢把握新一轮科技革命与产业变革机遇，高度重视数字经济与数字金融的发展，前瞻布局数字化转型战略，制度化推动数字金融向纵深发展。本章对数字金融相关政策进行梳理，对中国发展数字金融的政策脉络进行解析。

一、国家政策篇

从互联网金融到金融科技再到数字金融，金融与科技的融合正在以一种前所未有的速度推进。

近年来，我国数字金融发展重点日益明显，发展路径日渐清晰。2014年互联网金融首次被写入政府工作报告。2016年互联网金融首次被写入《中华人民共和国国民经济和社会发展第十三个五年规划纲要》。2017年中国人民银行金融科技（FinTech）委员会成立，标志着金融科技行业得到了科技监管的重要支持。2019年《金融科技发展规划（2019—2021年）》发布，是首份针对金融科技的顶层设计文件，明确了金融科技发展的方向、任务和路径，有力推动了金融科技良性有序发展。2022年《金融标准化"十四五"发展规划》颁布，旨在建设与现代金融体系相适应的标准体系，为金融业高质量发展提供有力的支撑。

这一系列重要指导性文件的推出，不仅为数字金融发展指明了重点与方

向，还加大了数字金融相关标准规范、框架模型等方法论研制力度，推动了
金融的数字化转型，为更好地服务实体经济提供了重要支撑。

具体政策汇总如下：

表13-1 数字金融相关政策汇总

时间	颁布部门	政策文件	相关内容
2015年7月	中国人民银行等十部门	《关于促进互联网金融健康发展的指导意见》（银发〔2015〕221号）	明确了互联网金融的行业监管部门，对互联网行业规范和市场监管提出意见
2016年1月	中共中央国务院	《推进普惠金融发展规划（2016—2020年）》	首个发展普惠金融的国家级战略规划。从普惠金融服务机构、产品创新、基础设施、法律法规和教育宣传等方面提出了一系列政策措施和保障手段。强调健全多层次的金融服务供给体系，充分发挥传统金融机构和新型业态的作用
2016年3月	中共中央国务院	《中华人民共和国国民经济和社会发展第十三个五年规划纲要》	互联网金融首次被写入国家五年规划纲要。强调规范发展互联网金融
2016年8月	中共中央国务院	《"十三五"国家科技创新规划》	提出健全支持科技创新创业的金融体系。强调发挥金融创新对创新创业的重要助推作用，开发符合创新需求的金融产品和服务，大力发展创业投资和多层次资本市场，完善科技和金融结合机制，提高直接融资比重，形成各类金融工具协同融合的科技金融生态
2017年6月	中国人民银行	《中国金融业信息技术"十三五"发展规划》	提出全面建成安全稳定、技术先进、集约高效的金融信息技术体系。重点围绕完善金融信息基础设施，健全网络安全防护体系，推动新技术应用，深化金融标准化战略，优化金融信息技术治理体系等方面

续表

时间	颁布部门	政策文件	相关内容
2019年8月	中国人民银行	《金融科技（FinTech）发展规划（2019—2021年）》	首份针对金融科技的顶层设计文件。 提出到2021年，建立健全我国金融科技发展的"四梁八柱"。重点围绕加强金融科技战略部署，强化金融科技合理应用，赋能金融服务提质增效，增强金融风险技防能力，强化金融科技监管，夯实金融科技基础支撑等方面
2021年10月	中共中央国务院	《国家标准化发展纲要》	提出提升产业标准化水平。强调健全和推广金融领域科技、产品、服务与基础设施等标准，有效防范化解金融风险
2022年1月	中国人民银行	《金融科技发展规划（2022—2025年）》	是央行编制的第二轮金融科技发展规划。重点围绕健全金融科技治理体系、充分释放数据要素潜能、打造新型数字基础设施、深化关键核心技术应用、激活数字化经营新动能、加快金融服务智慧再造，加强金融科技审慎监管，夯实可持续化发展基础等方面
2022年1月	中共中央国务院	《"十四五"数字经济发展规划》（国发〔2021〕29号）	将加快金融领域数字化转型列入重点行业数字化转型提升工程。提出加快金融领域数字化转型。强调合理推动大数据、人工智能、区块链等技术在银行、证券、保险等领域的深化应用，发展智能支付、智慧网点、智能投顾、数字化融资等新模式，稳妥推进数字人民币研发，有序开展可控试点
2022年2月	中国人民银行、市场监管总局、银保监会、证监会	《金融标准化"十四五"发展规划》	提出到2025年，建成与现代金融体系相适应的标准体系。重点围绕现代金融管理、健全金融市场体系、支撑金融产品和服务创新、金融业数字生态建设、金融标准化高水平开放、金融标准化改革创新、夯实金融标准化发展基础等方面加强建设
2023年2月	中共中央国务院	《数字中国建设整体布局规划》	首次提出数字中国建设整体框架。指出将实现金融行业全面数字化转型，让数字经济赋能金融服务，为实体经济发展提供更优质的金融服务，创造更广阔的金融创新空间

　　当前国家层面的数字金融相关政策以指导性为主，在政策上既有稳定性、延续性，又有创新性。政府重点围绕数字中国制定了一系列战略规划，数字金融等方面的政策体系持续丰富完善，数字基础设施、关键核心技术、现代金融监管、数字金融标准、金融数字生态等方面的建设与配套措施持续推进。

　　现阶段，政策效应正在逐步释放，为加快数字金融发展、引导数字金融更好地服务实体经济提供了有力保障。

图13-1　数字金融政策词云图

二、地方特色篇

　　近年来，各地政府将发展金融数字化转型列入重要任务清单，相继出台数字金融及相关产业政策，积极探索新时代发展路径。

　　北京、上海、浙江等地区，数字金融发展位居全国前列，具备经济、金融、数字经济叠加优势，对国家经济的数字化转型升级起到示范引领作用。因此，本节以北京、上海、浙江三地为例，对数字金融发展相关政策进行汇总。

表13-2　地方数字金融相关政策

省份	时间	发布机构	政策文件	相关内容
北京	2018年11月	中关村科技园区管理委员会、北京市金融工作局、北京市科学技术委员会	《北京市促进金融科技发展规划（2018年—2022年）》	提出建设成为具有全球影响力的国家金融科技创新与服务中心。包括推动金融科技底层技术创新和应用，加快培育金融科技产业链，拓展金融科技应用场景，优化金融科技空间布局，开展金融科技制度创新，加强重点政策支持等内容
	2021年8月	中共北京市委办公厅、北京市人民政府办公厅	《北京市关于加快建设全球数字经济标杆城市的实施方案》	针对数字金融产业，搭建多层次、系统化的数字金融监管和风险防控体系，提升金融监管效能。聚焦国家金融管理中心功能建设，围绕支付清算、登记托管、征信评级、资产交易、数据管理等环节，支持数字金融重点机构和重大项目落地，提升金融基础设施数字化水平。加强数字金融试点建设，全面推进数字人民币全场景试点应用，推动数字保险等改革试验与测试应用落地。搭建数字金融产业发展交流平台，举办高水平数字金融论坛，打造数字金融科技示范园
	2022年8月	北京市金融服务工作领导小组	《北京市"十四五"时期金融业发展规划》	提出到2035年，国家金融管理中心综合竞争力显著增强，与大国首都地位相匹配的现代金融业全面发展，成为全球金融中心城市网络中具有重要地位、在全球金融治理中发挥重要作用的中心节点。包括强化大国首都金融功能，发挥"金融＋科技＋数据"叠加优势，构建金融科技创新中心，建设精准高效金融生态服务体系，建设绿色金融中心，完善金融监管体系，营造国际一流金融营商环境等内容
	2022年10月	中共北京市委、北京市人民政府	《首都标准化发展纲要2035》	提出聚焦金融科技创新中心建设，推动形成贸易金融区块链标准体系，发挥北京证券交易所作用，支持国家金融标准制定和实施，助力国家金融监管体系建设
	2022年11月	北京市人民代表大会常务委员会	《北京市数字经济促进条例》	提出推动数字金融体系建设，支持金融机构加快数字化转型，以数据融合应用推动普惠金融发展，促进数字技术在支付清算、登记托管、征信评级、跨境结算等环节的深度应用，丰富数字人民币的应用试点场景和产业生态

续表

省份	时间	发布机构	政策文件	相关内容
上海	2021年8月	上海市人民政府	《上海国际金融中心建设"十四五"规划》	提出到2025年，上海国际金融中心能级显著提升，人民币金融资产配置和风险管理中心地位更加巩固。包括完善金融服务体系、完善金融市场体系、产品体系、机构体系、基础设施体系，扩大金融高水平开放，加快金融数字化转型，发展绿色金融，创新人才发展体制机制，构建与金融开放创新相适应的风险管理体系，优化金融营商环境等内容
	2021年10月	上海市人民政府办公厅	《上海市全面推进城市数字化转型"十四五"规划》	提出促进金融新科技。以数字化推动金融业效率提升，增强机构服务能级，提升金融服务的便利性和普惠性。开展数字人民币试点，拓展线下和线上支付、交通出行、政务和民生等场景应用。深化普惠金融试点，实施大数据普惠金融应用2.0专项工程，普惠金融贷款投放超2000亿元，服务企业数量实现倍增。延展数字金融服务模式，加快金融机构"总分支点"形态重塑，创新指尖上的金融服务，推动设立一批"开放银行"试点，发展智能投顾，提升资产交易、支付清算、登记托管、交易监管等关键环节智能化水平，推动金融市场高水平转型
	2022年3月	上海市人民政府办公厅	《上海城市数字化转型标准化建设实施方案》	提出聚焦金融服务便利化、普惠化建设需求，配合国家金融管理部门，探索制定普惠金融、开放银行、资产交易、支付清算、登记托管、交易监管等标准，引导各类金融机构加强相关标准的落地应用，发挥标准规范引领作用，延展数字金融服务模式，推动金融业提质增效
	2022年7月	上海市人民政府办公厅	《上海市数字经济发展"十四五"规划》	针对数字金融，合理推动人工智能、大数据、区块链等新技术深度融合，全面赋能金融科技应用。包括创新数字金融服务模式，有序开展数字人民币试点，探索数字人民币在交通出行、长三角生态绿色一体化发展示范区跨区域等场景的试点应用，发展可信交易和数字凭证等内容

省份	时间	发布机构	政策文件	相关内容
浙江	2020年12月	浙江省人民代表大会常务委员会	《浙江省数字经济促进条例》	针对数字金融，支持和引导现代信息技术在支付结算、信贷融资、保险业务、征信服务等金融领域融合应用，推动金融业数字化发展
	2021年6月	浙江省人民政府	《浙江省金融业发展"十四五"规划》	围绕新发展格局，搭建数智金融平台，提升服务实体经济能力、服务百姓普惠金融能力、金融产业高质量发展能力和金融风险防控处置能力，加快打造全国一流新兴金融中心，深入实施融资畅通工程、"凤凰行动"两个升级版，积极打造国际金融科技创新、多层次资本市场发展、民营和中小微企业金融服务三大高地，联动建设具有全国引领示范效应的科创金融、绿色金融、普惠金融和开放金融四大特色带，形成一批突破性、标志性成果
	2021年6月	浙江省人民政府办公厅	《浙江省数字经济发展"十四五"规划》	提出加快建设新兴金融中心。推进区块链、大数据等新技术与金融深度融合，建设高水平钱塘江金融港湾和杭州国际金融科技中心。加快"移动支付之省"建设，推动移动支付技术与支付结算服务创新，争取数字人民币应用试点。发挥金融风险"天罗地网"监测防控系统作用，完善防范化解互联网金融风险长效机制和现代金融监管体系，推进杭州金融科技创新监管试点，打造数智金融先行省
	2021年7月	浙江省数字化改革领导小组办公室	《浙江省数字化改革标准化体系建设方案（2021—2025年）》	针对数字金融，规范金融综合服务，制定金融主题库建设标准规范，公共数据在金融领域共享应用、授权访问、建模应用标准规范，以及与之配套的数据资产管理、数据安全管理、脱敏等系统建设指南，制定信贷一件事数字化业务协同标准

从区域政策制定来看，地方政府始终围绕国家战略部署，制定了明确的金融领域发展规划，聚焦建设国家金融科技中心、建设绿色金融中心、推动数字人民币研发试点、营造金融营商环境等重点任务，持续推动数字化战略和金融科技应用，为各地推动数字经济特色发展和协同发展起到了良好的示范引领作用。

第十四章

研究展望

本章在数字金融的经济效应相关文献研读的基础上，提出未来研究展望。

研究展望一：数字金融与经济不确定性。

全球宏观形势复杂严峻，不稳定性增多，经济下行压力持续加大。疫情冲击、全球性通货膨胀、地缘政治冲突等多重因素叠加，加深了经济发展的不确定性。不确定性给家庭造成负面冲击，研究数字金融如何帮助家庭应对不确定性冲击成为未来关注的重要问题。

研究展望二：数字金融与系统性金融风险。

防范系统性金融风险成为金融改革发展的重要任务。近年来，家庭部门杠杆率高企日益成为经济运行、消费升级和金融安全的一个潜在隐患。因此，探究数字金融与家庭债务问题之间的关系对防范化解家庭金融风险，以及促进金融服务实体经济具有重要的指导意义。

研究展望三：数字金融与产业变革。

党的二十大报告提出，"加快发展数字经济，促进数字经济与实体经济深度融合，打造具有国际竞争力的数字产业集群"，这为中国数字经济发展指明了方向。国家将实体经济引入数字金融生态，产业数字金融应运而生。产业数字金融正在随着技术的演进、数字化的迭代以及产业的多层次发展，呈现更加丰富的内涵（杨涛，2023）。后续研究可以将产业变革、数字金融、科技创新有机结合起来，深入评估产业数字金融对经济与产业发展的影响及其作用机理，进一步丰富和拓展数字金融经济效应的研究。

参考文献

一、中文文献

［1］巴曙松，朱元倩，王珂.区块链推动金融变革路径［J］.中国金融，2019（08）.

［2］柏培文，张云.数字经济、人口红利下降与中低技能劳动者权益［J］.经济研究，2021，56（05）.

［3］蔡昉.中国劳动力市场发育与就业变化［J］.经济研究，2007（07）.

［4］蔡跃洲，牛新星.中国数字经济增加值规模测算及结构分析［J］.中国社会科学，2021，311（11）.

［5］柴时军.社会资本与家庭投资组合有效性［J］.中国经济问题，2017（04）.

［6］陈斌开，林毅夫.发展战略、城市化与中国城乡收入差距［J］.中国社会科学，2013（04）.

［7］陈文，吴赢.数字经济发展、数字鸿沟与城乡居民收入差距［J］.南方经济，2021（11）.

［8］陈胤默，王喆，张明，等.全球数字经济发展能降低收入不平等吗？［J］.世界经济研究，2022（12）.

［9］陈永伟，史宇鹏，权五燮.住房财富、金融市场参与和家庭资产组合选择——来自中国城市的证据［J］.金融研究，2015（04）.

［10］程名望，张家平.互联网普及与城乡收入差距：理论与实证［J］.中国农村经济，2019（02）.

［11］程名望，张家平.新时代背景下互联网发展与城乡居民消费差距［J］.数量经济技术经济研究，2019，36（07）.

［12］崔艳娟，孙刚.金融发展是贫困减缓的原因吗？——来自中国的证据［J］.金融研究，2012（11）.

［13］邓峰，丁小浩.人力资本、劳动力市场分割与性别收入差距［J］.社会学研究，2012，27（05）.

［14］杜金岷，韦施威，吴文洋.数字普惠金融促进了产业结构优化吗？［J］.经济社会体制比较，2020（06）.

［15］樊斌，李银.区块链与会计、审计［J］.财会月刊，2018（02）.

［16］樊轶侠，徐昊，马丽君.数字经济影响城乡居民收入差距的特征与机制［J］.中国软科学，2022（06）.

［17］傅秋子，黄益平.数字金融对农村金融需求的异质性影响——来自中国家庭金融调查与北京大学数字普惠金融指数的证据［J］.金融研究，2018（11）.

［18］高梦滔，毕岚岚，师慧丽.流动性约束、持久收入与农户消费——基于中国农村微观面板数据的经验研究［J］.统计研究，2008（06）.

［19］高敏雪.SNA-08的新面貌以及延伸讨论［J］.统计研究，2013，30（05）.

［20］高廷帆，陈甫军.区块链技术如何影响审计的未来——一个技术创新与产业生命周期视角［J］.审计研究，2019（02）.

［21］高颖，李善同.基于模型对中国基础设施建设的减贫效应分析［J］.数量经济技术经济研究，2006（06）.

［22］龚六堂.数字经济就业的特征、影响及应对策略［J］.国家治理，2021（23）.

［23］龚玉泉，袁志刚.中国经济增长与就业增长的非一致性及其形成机理［J］.经济学动态，2002（10）.

［24］郭峰，王靖一，王芳，等.测度中国数字普惠金融发展：指数编制

与空间特征［J］.经济学（季刊），2020，19（04）.

［25］郭峰，熊云军.中国数字普惠金融的测度及其影响研究：一个文献综述［J］.金融评论，2021，13（06）.

［26］郭凯明.人工智能发展、产业结构转型升级与劳动收入份额变动［J］.管理世界，2019，35（07）.

［27］郭熙保，周强.长期多维贫困、不平等与致贫因素［J］.经济研究，2016，51（06）.

［28］何婧，李庆海.数字金融使用与农户创业行为［J］.中国农村经济，2019（01）.

［29］何宗樾，宋旭光.数字金融发展如何影响居民消费［J］.财贸经济，2020，41（08）.

［30］何宗樾，宋旭光.数字经济促进就业的机理与启示——疫情发生之后的思考［J］.经济学家，2020（05）.

［31］何宗樾，张勋，万广华.数字金融、数字鸿沟与多维贫困［J］.统计研究，2020，37（10）.

［32］胡鞍钢，李春波.新世纪的新贫困：知识贫困［J］.中国社会科学，2001（03）.

［33］黄倩，李政，熊德平.数字普惠金融的减贫效应及其传导机制［J］.改革，2019（11）.

［34］黄益平，黄卓.中国的数字金融发展：现在与未来［J］.经济学（季刊），2018，17（04）.

［35］蒋萍，刘丹丹，王勇.研究的最新进展：中心框架、卫星账户和扩展研究［J］.统计研究，2013，30（03）.

［36］焦瑾璞，黄亭亭，汪天都，等.中国普惠金融发展进程及实证研究［J］.上海金融，2015（04）.

［37］焦瑾璞.移动支付推动普惠金融发展的应用分析与政策建议［J］.中国流通经济，2014，28（07）.

[38] 雷晓燕, 周月刚. 中国家庭的资产组合选择: 健康状况与风险偏好 [J]. 金融研究, 2010 (01).

[39] 李继尊. 关于互联网金融的思考 [J]. 管理世界, 2015 (07).

[40] 李实. 农村妇女的就业与收入——基于山西若干样本村的实证分析 [J]. 中国社会科学, 2001 (03).

[41] 李涛, 陈斌开. 家庭固定资产、财富效应与居民消费: 来自中国城镇家庭的经验证据 [J]. 经济研究, 2014, 49 (03).

[42] 李晓栋, 万诗婕. 数字金融对劳动力的就业结构效应: 理论与检验 [J]. 经济与管理评论, 2022, 38 (04).

[43] 李政, 李鑫. 数字普惠金融与未预期风险应对: 理论与实证 [J]. 金融研究, 2022 (06).

[44] 梁斌, 陈茹. 子女性别与家庭金融资产选择 [J]. 经济学 (季刊), 2022, 22 (04).

[45] 廖婧琳, 周利. 数字普惠金融、受教育水平与家庭风险金融资产投资 [J]. 现代经济探讨, 2020 (01).

[46] 刘逢雨, 赵宇亮, 何富美. 经济政策不确定性与家庭资产配置 [J]. 金融经济学研究, 2019, 34 (04).

[47] 刘穷志. 公共支出归宿: 中国政府公共服务落实到贫困人口手中了吗? [J]. 管理世界, 2007 (04).

[48] 卢盛峰, 卢洪友. 政府救助能够帮助低收入群体走出贫困吗? ——基于1989—2009年数据的实证研究 [J]. 财经研究, 2013, 39 (01).

[49] 卢亚娟, 张菁晶. 农村家庭金融资产选择行为的影响因素研究——基于CHFS微观数据的分析 [J]. 管理世界, 2018, 34 (05).

[50] 罗娟, 李宝珍. 数字普惠金融对我国消费不平等的影响研究——来自中国家庭金融调查及县级数据的证据 [J]. 消费经济, 2021, 37 (04).

[51] 罗能生, 张梦迪. 人口规模、消费结构和环境效率 [J]. 人口研究, 2017, 41 (03).

［52］罗廷锦，茶洪旺."数字鸿沟"与反贫困研究——基于全国31个省市面板数据的实证分析［J］.经济问题探索，2018（02）.

［53］马德功，韩喜昆，赵新.互联网消费金融对我国城镇居民消费行为的促进作用研究［J］.现代财经（天津财经大学学报），2017，37（09）.

［54］马振邦，陈兴鹏，贾卓，等.人穷还是地穷？空间贫困陷阱的地统计学检验［J］.地理研究，2018，37（10）.

［55］莫怡青，李力行.零工经济对创业的影响——以外卖平台的兴起为例［J］.管理世界，2022，38（02）.

［56］聂秀华，江萍，郑晓佳，等.数字金融与区域技术创新水平研究［J］.金融研究，2021（03）.

［57］彭刚，杨德林，朱莉.中国城市共同富裕水平测度、空间特征与动态演进［J］.中国软科学，2022（S1）.

［58］钱海章，陶云清，曹松威，等.中国数字金融发展与经济增长的理论与实证［J］.数量经济技术经济研究，2020，37（06）.

［59］乔鹏程.基于知识图谱的区块链与云会计比较及融合研究［J］.科技管理研究，2019，39（05）.

［60］邱泽奇，许英康，刘世定，等.从数字鸿沟到红利差异——互联网资本的视角［J］.中国社会科学，2016（10）.

［61］曲兆鹏，赵忠.老龄化对我国农村消费和收入不平等的影响［J］.经济研究，2008，43（12）.

［62］冉光和，唐滔.数字普惠金融对社会就业的影响——基于企业性质和行业的异质性考察［J］.改革，2021（11）.

［63］阮杨，陆铭，陈钊.经济转型中的就业重构与收入分配［J］.管理世界，2002（11）.

［64］帅传敏，李文静，程欣，等.联合国IFAD中国项目减贫效率测度——基于7省份1356农户的面板数据［J］.管理世界，2016（03）.

［65］宋华，杨雨东，陶铮.区块链在企业融资中的应用：文献综述与知

识框架［J］．南开管理评论，2022，25（02）．

　　［66］宋敏，周鹏，司海涛．金融科技与企业全要素生产率——"赋能"和信贷配给的视角［J］．中国工业经济，2021（04）．

　　［67］宋晓玲．数字普惠金融缩小城乡收入差距的实证检验［J］．财经科学，2017（06）．

　　［68］宋旭光，周远翔．分享经济对国民经济核算发展的影响［J］．统计研究，2019，36（02）．

　　［69］宋旭光．物联网技术对国民经济核算发展的影响［J］．统计研究，2014，31（10）．

　　［70］宋铮．中国居民储蓄行为研究［J］．金融研究，1999（06）．

　　［71］孙玉环，张汀昱，王雪妮，等．中国数字普惠金融发展的现状、问题及前景［J］．数量经济技术经济研究，2021，38（02）．

　　［72］唐松，伍旭川，祝佳．数字金融与企业技术创新——结构特征、机制识别与金融监管下的效应差异［J］．管理世界，2020，36（05）．

　　［73］滕磊，马德功．数字金融能够促进高质量发展吗？［J］．统计研究，2020，37（11）．

　　［74］涂红，刘程．区块链在全球贸易与金融领域中的应用［J］．国际贸易，2018（10）．

　　［75］万佳彧，周勤，肖义．数字金融、融资约束与企业创新［J］．经济评论，2020（01）．

　　［76］汪三贵，胡联．产业劳动密集度、产业发展与减贫效应研究［J］．财贸研究，2014，25（03）．

　　［77］王博，张晓玫，卢露．网络借贷是实现普惠金融的有效途径吗——来自"人人贷"的微观借贷证据［J］．中国工业经济，2017（02）．

　　［78］王广州．新时期劳动年龄人口就业状况——基于多状态就业生命表的分析［J］．中国人口科学，2022（02）．

　　［79］王璇，吴卫星．婚姻对家庭风险资产选择的影响［J］．南开经济研

究，2014（03）.

［80］王宁，胡乐明.数字经济对收入分配的影响：文献述评与研究展望［J］.经济与管理评论，2022，38（05）.

［81］王曙光，刘彦君.数字普惠金融是否有助于缩小城乡收入差距?［J］.农村经济，2023（02）.

［82］王微，王念.消费大盘企稳　恢复向好可期［J］.中国国情国力，2023（03）.

［83］王小华，马小珂，何茜.数字金融使用促进农村消费内需动力全面释放了吗?［J］.中国农村经济，2022（11）.

［84］王小林.中国多维贫困测量：估计和政策含义［J］.中国农村经济，2009（12）.

［85］王修华，赵亚雄.数字金融发展是否存在马太效应?——贫困户与非贫困户的经验比较［J］.金融研究，2020（07）.

［86］王颖，陆磊.普惠制金融体系与金融稳定［J］.金融发展研究，2012（01）.

［87］魏众.健康对非农就业及其工资决定的影响［J］.经济研究，2004（02）.

［88］吴佳璇，闵师，王晓兵，等.互联网使用与偏远地区农户家庭生产要素配置——基于西南山区农户面板数据［J］.中国农村经济，2022（08）.

［89］吴卫星，沈涛，蒋涛.房产挤出了家庭配置的风险金融资产吗?——基于微观调查数据的实证分析［J］.科学决策，2014（11）.

［90］吴卫星，吴锟，张旭阳.金融素养与家庭资产组合有效性［J］.国际金融研究，2018（05）.

［91］吴雨，李晓，李洁，等.数字金融发展与家庭金融资产组合有效性［J］.管理世界，2021，37（07）.

［92］夏杰长，刘诚.数字经济赋能共同富裕：作用路径与政策设计［J］.经济与管理研究，2021，42（09）.

[93] 谢绚丽, 沈艳, 张皓星, 等. 数字金融能促进创业吗? ——来自中国的证据 [J]. 经济学 (季刊), 2018, 17 (04).

[94] 谢宇, 胡婧炜, 张春泥. 中国家庭追踪调查: 理念与实践 [J]. 社会, 2014, 34 (02).

[95] 邢小强, 汤新慧, 王珏, 等. 数字平台履责与共享价值创造——基于字节跳动扶贫的案例研究 [J]. 管理世界, 2021, 37 (12).

[96] 徐忠, 邹传伟. 区块链能做什么、不能做什么? [J]. 金融研究, 2018 (11).

[97] 许兰壮, 张乐柱, 伍茜蓉. 数字金融释放了农村家庭消费潜力吗——基于边际消费倾向视角的机制分析 [J]. 农业技术经济, 2023 (03).

[98] 许宪春, 叶银丹, 余航. 中国政府微观数据开发应用: 现状、挑战与建议 [J]. 经济学动态, 2018 (02).

[99] 许宪春, 张美慧. 中国数字经济规模测算研究——基于国际比较的视角 [J]. 中国工业经济, 2020, 386 (05).

[100] 许宪春, 张钟文, 关会娟. 中国新经济: 作用、特征与挑战 [J]. 财贸经济, 2020, 41 (01).

[101] 许志伟, 刘建丰. 收入不确定性、资产配置与货币政策选择 [J]. 经济研究, 2019, 54 (05).

[102] 杨碧云, 王艺璇, 易行健. 数字鸿沟与消费鸿沟——基于个体消费不平等视角 [J]. 经济学动态, 2023 (03).

[103] 杨继东. 中国消费不平等演变趋势及其原因 [J]. 财贸经济, 2013 (04).

[104] 杨艳琳, 付晨玉. 中国农村普惠金融发展对农村劳动年龄人口多维贫困的改善效应分析 [J]. 中国农村经济, 2019 (03).

[105] 叶胥, 杜云晗, 何文军. 数字经济发展的就业结构效应 [J]. 财贸研究, 2021, 32 (04).

[106] 易行健, 周利. 数字普惠金融发展是否显著影响了居民消费——来

自中国家庭的微观证据[J]. 金融研究，2018（11）.

[107] 殷剑峰，王增武. 分配差距扩大、信用扩张和金融危机——关于美国次贷危机的理论思考[J]. 经济研究，2018，53（02）.

[108] 尹志超，宋全云，吴雨. 金融知识、投资经验与家庭资产选择[J]. 经济研究，2014，49（04）.

[109] 尹志超，张号栋. 金融可及性、互联网金融和家庭信贷约束——基于CHFS数据的实证研究[J]. 金融研究，2018（11）.

[110] 余向华，陈雪娟. 中国劳动力市场的户籍分割效应及其变迁——工资差异与机会差异双重视角下的实证研究[J]. 经济研究，2012，47（12）.

[111] 张川川，王靖雯. 性别角色与女性劳动力市场表现[J]. 经济学（季刊），2020，19（03）.

[112] 张号栋，尹志超. 金融知识和中国家庭的金融排斥——基于数据的实证研究[J]. 金融研究，2016（07）.

[113] 张红伟，何冠霖. 数字普惠金融对家庭风险金融资产配置的影响及机制研究[J]. 经济体制改革，2022（02）.

[114] 张冀，史晓，曹杨. 动态健康冲击下的中老年家庭金融风险评估[J]. 财经研究，2022，48（02）.

[115] 张李义，涂奔. 互联网金融对中国城乡居民消费的差异化影响——从消费金融的功能性视角出发[J]. 财贸研究，2017，28（08）.

[116] 张全红，李博，周强. 中国多维贫困的动态测算、结构分解与精准扶贫[J]. 财经研究，2017，43（04）.

[117] 张彤进，蔡宽宁. 数字普惠金融缩小城乡居民消费差距了吗?——基于中国省级面板数据的经验检验[J]. 经济问题，2021（09）.

[118] 张勋，万广华，吴海涛. 缩小数字鸿沟：中国特色数字金融发展[J]. 中国社会科学，2021（08）.

[119] 张勋，万广华，张佳佳，等. 数字经济、普惠金融与包容性增长[J]. 经济研究，2019，54（08）.

［120］张勋，杨桐，汪晨，等.数字金融发展与居民消费增长：理论与中国实践［J］.管理世界，2020，36（11）.

［121］赵明，董大治.基于区块链技术的数据资产管理机制［J］.大数据，2021，7（04）.

［122］赵涛，张智，梁上坤.数字经济、创业活跃度与高质量发展——来自中国城市的经验证据［J］.管理世界，2020，36（10）.

［123］赵炜.新就业形态给青年群体带来的机遇和挑战［J］.人民论坛，2023（01）.

［124］中国人民银行国际司青年课题组.疫情冲击下全球经济面临变革［J］.中国金融，2020（24）.

［125］周广肃，李力行.养老保险是否促进了农村创业［J］.世界经济，2016，39（11）.

［126］周广肃，梁琪.互联网使用、市场摩擦与家庭风险金融资产投资［J］.金融研究，2018（01）.

［127］周广肃，王雅琦.住房价格、房屋购买与中国家庭杠杆率［J］.金融研究，2019（06）.

［128］周广肃，张牧扬，樊纲.地方官员任职经历、公共转移支付与居民消费不平等［J］.经济学（季刊），2020，19（01）.

［129］周利，冯大威，易行健.数字普惠金融与城乡收入差距："数字红利"还是"数字鸿沟"［J］.经济学家，2020（05）.

［130］周利，廖婧琳，张浩.数字普惠金融、信贷可得性与居民贫困减缓——来自中国家庭调查的微观证据［J］.经济科学，2021（01）.

［131］周利，周弘，王聪.收入不确定与中国家庭经济脆弱性：兼论重大突发公共事件的影响［J］.湖南师范大学社会科学学报，2022，51（02）.

［132］周龙飞，张军.中国城镇家庭消费不平等的演变趋势及地区差异［J］.财贸经济，2019，40（05）.

［133］周茂君，潘宁.赋权与重构：区块链技术对数据孤岛的破解［J］.

新闻与传播评论, 2018, 71 (05).

［134］周雨晴, 何广文.数字普惠金融发展对农户家庭金融资产配置的影响［J］.当代经济科学, 2020, 42 (03).

［135］邹红, 李奥蕾, 喻开志.消费不平等的度量、出生组分解和形成机制——兼与收入不平等比较［J］.经济学 (季刊), 2013, 12 (04).

二、英文文献

［1］ACEMOGLU D, AUTOR D. Skills, Tasks and Technologies: Implications for Employment and Earnings［J］. Handbook of Labor Economics, 2011, 4.

［2］ALKIRE S, FOSTER J. Counting and Multidimensional Poverty Measurement［J］. Journal of Public Economics, 2011, 95 (07).

［3］DEATON A. Saving and Liquidity Constraints［J］. The Econometric Society, 1991, 59 (05).

［4］AUTOR D H, KATZ L F, KRUEGER A B. Computing Inequality: Have Computers Changed the Labor Market?［J］. The Quarterly Journal of Economics, 1998, 113 (04).

［5］AUTOR D H, DORN D. The growth of low-skill service jobs and the polarization of the US labor market［J］. American Economic Review, 2013, 103(05).

［6］BARATA A. Strengthening National Economic Growth and Equitable Income Through Sharia Digital Economy in Indonesia［J］. Journal of Islamic Monetary Economics and Finance, 2019, 5 (01).

［7］BARRO R J. Inequality and Growth in a Panel of Countries［J］. Journal of Economic Growth, 2000, 5 (01).

［8］BECK T, PAMUK H, RAMRATTAN R, et al. Payment Instruments, Finance and Development［J］. Journal of Development Economics, 2018, 133.

［9］BERKOWITZ M K, QIU J. A Further Look at Household Portfolio Choice and Health Status［J］. Journal of Banking and Finance, 2006, 30 (04).

[10] BLUNDELL R, PISTAFERRI L, PRESTON I. Consumption Inequality and Partial Insurance [J]. American Economic Review, 2008, 98（05）.

[11] BRESNAHAN T F, BRYNJOLFSSON E, HITT L M. Information Technology, Workplace Organization, and the Demand for Skilled Labor: Firm-Level Evidence [J]. The Quarterly Journal of Economics, 2002, 117（01）.

[12] BRUNETTI M, GIARDA E, TORRICELLI C. Is Financial Fragility a Matter of Illiquidity? An Appraisal for Italian Households [J]. Review of Income and Wealth, 2016, 62（04）.

[13] CABALLERO R. Earning Uncertainty and Aggregate Wealth Accumulation [J]. American Economic Review, 1991, 81.

[14] CAI H, CHEN Y, ZHOU L A. Income and Consumption Inequality in Urban China: 1992—2003 [J]. Economic Development and Cultural Change, 2010, 58（03）.

[15] CAMPBELL J Y, MANKIW N G. The Response of Consumption to Income: a Cross-country Investigation [J]. European Economic Review, 1991, 35（04）.

[16] CARROLL C D, SAMWICK A A. How Important is Precautionary Saving? [J]. Review of Economics and Statistics, 1998, 80（03）.

[17] CHAMON M D, P E S. Why are Saving Rates of Urban Households in China Rising? [J]. American Economic Journal: Macroeconomics American Economic Association, 2010, 2（01）.

[18] CHOUDHURY M S. Poverty, Vulnerability and Financial Inclusion: The Context of Bangladesh [J]. Journal of Politics and Administration, 2014, 2（01）.

[19] CZERNICH N, FALCK O, KRETSCHMER T, et al. Broadband Infrastructure and Economic Growth[J]. The Economic Journal, 2011, 121（552）.

[20] ZHANG X, ZHANG X, CHEN X. Happiness in the Air: How does a Dirty Sky Affect Mental Health and Subjective Well-being? [J]. Journal of

Environmental Economics and Management, 2017, 85.

[21] FISHER J, JOHNSON D S, SMEEDING T M. Inequality of Income and Consumption in the U.S.: Measuring the Trends in Inequality from 1984 to 2011 for the Same Individuals [J]. Review of Income & Wealth, 2015, 61 (04).

[22] GALPERIN H, VIECENS M F. Connected for Development? Theory and Evidence about the Impact of Internet Technologies on Poverty Alleviation [J]. Development Policy Review, 2017, 35 (03).

[23] GOOS M, MANNING A. Lousy and Lovely Jobs: The Rising Polarization of Work in Britain [J]. The Review of Economics and Statistics, 2007, 89 (01).

[24] HEATHCOTE J, STORESLETTEN K, VIOLANTE G L. Consumption and Labor Supply with Partial Insurance: An Analytical Framework [J]. American Economic Review, 2014, 104 (07).

[25] HOLLANDERS H, WEEL B T. Technology, Knowledge Spillovers and Changes in Employment Structure: Evidence from Six OECD Countries [J]. Labour Economics, 2002, 9 (05).

[26] JACK W, SURI T. Risk Sharing and Transactions Costs: Evidence from Kenya's Mobile Money Revolution[J]. American Economic Review,2014,104(01).

[27] KAPOOR A. Financial Inclusion and the Future of the Indian Economy[J]. Futures, 2014, 56.

[28] KARAIVANOV A. Financial Constraints and Occupational Choice in Thai Villages [J]. Journal of Development Economics, 2012, 97 (02).

[29] KARLAN D, ZINMAN J. Expanding Credit Access: Using Randomized Supply Decisions to Estimate the Impacts [J]. The Review of Financial Studies, 2010, 23 (01).

[30] KATZ R L, KOUTROUMPIS P. The Economic Impact of Telecommunications in Senegal[J]. Communications & Strategies, 2012(86).

[31] KIM S Y. Technological Kuznets Curve? Technology, Income Inequality,

and Government Policy [J]. Asia Research Policy, 2012, 3（01）.

[32] KOUTROUMPIS P. The Economic Impact of Broadband on Growth: A Simultaneous Approach [J]. Telecommunications Policy, 2009, 33（09）.

[33] KUZNETS S. Economic Growth and Income Inequality [J]. American Economic Review, 1955, 45（01）.

[34] LANSITI M, LAKHANI K R. The Truth about Blockchain [J]. Harvard Business Review, 2017（01）.

[35] LELAND H E. Saving and Uncertainty: The Precautionary Demand for Saving [J]. The Quarterly Journal of Economics, 1968, 82（03）.

[36] LIND J T, MEHLUM H. With or without U? The Appropriate Test for a U - shaped Relationship[J]. Oxford Bulletin of Economics and Statistics, 2010, 72（01）.

[37] MIAN A, RAO K, SUFI A. Household Balance Sheets, Consumption, and the Economic Slump[J]. The Quarterly Journal of Economics, 2013, 128（04）.

[38] MIAN A, SUFI A. House Prices, Home Equity-Based Borrowing, and the US Household Leverage Crisis[J]. American Economic Review, 2011, 101（05）.

[39] MODIGLIANI F, BRUMBERG R. Utility Analysis and the Consumption Function: An Interpretation of Cross-section Data [J]. Franco Modigliani, 1954, 1（01）.

[40] MUSHTAP R, BRUNEAU C. Microfinance, Financial Inclusion and ICT: Implications for Poverty and Inequality [J]. Technology in Society, 2019, 59.

[41] QIANG C Z W, ROSSOTTO C M, KIMURA K. Economic Impacts of Broadband [J]. Information and Communications for Development 2009: Extending Reach and Increasing Impact, 2009, 3.

[42] ROSEN H S, WU S. Portfolio Choice and Health Status [J]. Journal of Financial Economics, 2004, 72（03）.

[43] SEN A K. Poverty: An Ordinal Approach to Measurement [J].

Econometrica, 1976, 44（02）.

［44］TCHAMYOU V S, ASONGU S A, ODHIAMBO N M. The Role of ICT in Modulating the Effect of Education and Lifelong Learning on Income Inequality and Economic Growth in Africa［J］. African Development Review, 2019, 31（03）.

［45］DIJK J V, Hacker K. The Digital Divide as a Complex and Dynamic Phenomenon［J］. The Information Society, 2003, 19（04）.

［46］YIN Z, GONG X, GUO P, et al. What Drives Entrepreneurship in Digital Economy? Evidence from China［J］. Economic Modelling, 2019, 82.

［47］ZENG M, REINARTZ W. Beyond Online Search: The Road to Profitability［J］. California Management Review, 2003, 45（02）.

［48］GROSSMAN J, TARAZI M. Serving Smallholder Farmers: Recent Developments in Digital Finance［EB/OL］. The world Bank, 2014-09-25.

［49］GUELLEC D, PAUNOV C. Digital Innovation and the Distribution of Income［EB/OL］. Social Science Electronic Publishing, 2017-11-05.